AF472739

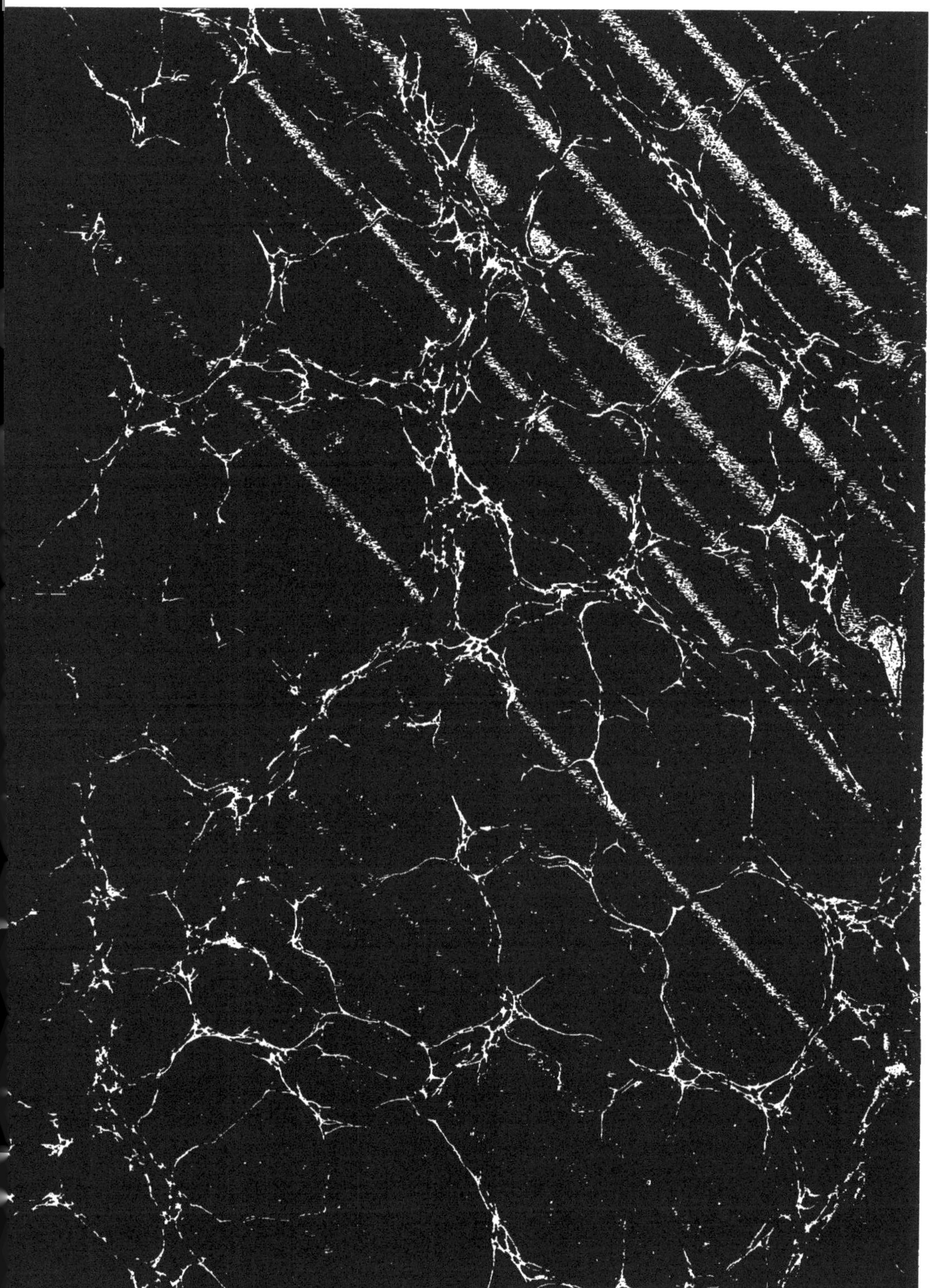

LE TONKIN

SOCIÉTÉ ANONYME D'IMPRIMERIE DE VILLEFRANCHE-DE-ROUERGUE
Jules BARDOUX, Directeur.

STÉPHANE DUMOULIN

LE TONKIN

EXPLORATION DU MÉKONG

Illustrations de DICK DE LONLAY

PARIS
LIBRAIRIE CH. DELAGRAVE
15, RUE SOUFFLOT, 15

1888

LE TONKIN

CHAPITRE PREMIER

COUP D'ŒIL SUR LE TONKIN

Le Tonkin, qu'on écrivait autrefois *Tong-King*, forme la partie est de l'Indo-Chine. Cette presqu'île, appelée aussi Inde Transgangétique (au delà du Gange), est bornée au nord par l'empire chinois, à l'ouest par le golfe du Bengale, à l'est par la mer de Chine, au sud par cette même mer, qui prend alors le nom de golfe de Siam, et par les détroits de Singapour et de Malacca. L'Indo-Chine renferme la Birmanie, dont une partie appartient à l'Angleterre, le royaume de Siam, qui comprend le Cambodge, où se trouve la Cochinchine française et l'empire d'Annam, dont le Tonkin a fait partie.

Le Tonkin lui-même est donc borné au nord par la Chine, à l'ouest et au sud par les autres provinces de l'empire d'Annam, et à l'est par le golfe du Tonkin, qui appartient à la mer de Chine.

Il y a environ une centaine d'années, Nguyen-Ahn, le fils d'un empereur ou roi d'Annam, on emploie indifféremment ces deux titres, dépossédé de ses États, réclamait, par l'entremise d'un évêque français établi en Cochinchine, Mgr Pigneau de Béhaine, la protection de la France. Il offrait en retour l'île de Poulo-Condor et le port de Tourane. Sa demande fut bien accueillie; mais, la Révolution étant survenue, il ne fut pas donné suite aux projets formés en sa faveur. Néanmoins, plusieurs officiers français en retraite, acceptant les offres qui leur étaient faites, passèrent en Cochinchine, disciplinèrent l'armée de Nguyen-Ahn, construisirent des forts, établirent des fonderies de canons et aidèrent l'empereur à se débarrasser de ses ennemis.

Non content d'être redevenu possesseur des provinces qui avaient appartenu à ses ancêtres, Nguyen, toujours aidé des Français, s'empara du Tonkin, qui jusque-là avait formé un État indépendant, gouverné par la famille des Lê.

Pour comprimer les révoltes du pays conquis, qui ne supportait que difficilement leur domination, aussi bien que pour mettre obstacle à l'ambition des Chinois, qui pouvaient avoir des vues sur cette province, le Tonkin ayant fait partie du Céleste Empire plusieurs siècles auparavant, les Annamites construisirent des forteresses sur plusieurs points du Tonkin, ou, pour mieux dire, ils les firent construire par des ingénieurs français, étant eux-mêmes incapables d'exécuter des travaux de ce genre.

Les choses restèrent en cet état pendant un certain nombre d'années, et on n'entendit plus guère parler de la Cochinchine qu'au sujet des persécutions exercées contre les chrétiens assez nombreux qui l'habitaient. Des navires français furent envoyés pour protéger les missionnaires. L'un de ces bâtiments, le *Catinat*, ayant été mal reçu dans la baie de Tourane, la France se vit obligée d'avoir recours à la force pour faire respecter son pavillon. En 1856, l'amiral Rigault de Genouilly s'y présentait à la tête d'une petite flotte et accompagné d'un bâtiment espagnol : car les Espagnols avaient aussi à se plaindre des Annamites. Les forts de la baie de Tourane furent pris; mais la difficulté de communication avec ces contrées lointaines, l'insalubrité du climat, l'insuffisance des forces dont on pouvait disposer, empêchèrent de marcher sur Hué, capitale de l'Annam, située à une quinzaine de lieues de Tourane. On se décida alors à se diriger vers Saïgon, capitale du Cambodge, et défendu par une citadelle construite en 1790 par le colonel français Victor Ollivier. C'était une ville très peuplée et très commerçante, regardée comme un des greniers de l'Annam. La flotte franco-espagnole s'en empara; mais peu après, la France et l'Angleterre réunies ayant déclaré la guerre à la Chine, il fallut dégarnir la citadelle qu'on venait de prendre et n'y laisser qu'une très faible garnison.

Les Annamites voulurent profiter de l'occasion et essayèrent de chasser les Français; mais ils ne purent y parvenir, et le traité de Pékin entre la Chine et les puissances européennes étant survenu, des troupes furent envoyées pour soutenir le détachement qui avait été laissé en Cochinchine. Les hostilités reprirent à notre avantage, si bien que l'empereur Tu-Duc fut forcé de signer la paix, nous abandonnant Saïgon, plus trois provinces et l'île de Poulo-Condor. Le traité stipulait en outre pour les chrétiens le libre exercice de leur culte. De plus, trois des ports du Tonkin furent ouverts au commerce. Jusque-là tous ceux de Cochinchine, de même que ceux du Céleste Empire, étaient interdits aux étrangers, qui y étaient reçus à coups de canon.

Cependant le gouvernement annamite, par l'entremise des mandarins,

Citadelle de Haï-Dzuong.

ne cessant d'exciter des révoltes dans les trois provinces qui nous avaient été cédées, la France se décida à punir leur déloyauté par l'occupation de trois nouvelles provinces, qui, donnant une plus grande importance à notre colonie, la mettait en état de mieux résister aux attaques dont elle pouvait être l'objet, et en même temps lui permettait de protéger les entreprises que nous pouvions former dans l'extrême Asie.

Ce qui avait décidé Tu-Duc à signer la paix avec nous, c'est qu'il était menacé d'un autre côté. Les Tonkinois, opprimés par les Annamites, dont le joug leur devenait de plus en plus lourd et de plus en plus odieux, s'étaient soulevés, et, sous la conduite d'un prince de la famille des Lê, menaçaient de renverser la domination des conquérants. Tu-Duc n'avait pas trop de toutes ses forces pour faire face à cette insurrection.

CHAPITRE II

M. DUPUIS

Pendant que ces événements attiraient les yeux de l'Europe sur l'extrême Orient, M. Jean Dupuis, négociant français établi depuis plusieurs années dans le Yunnan, province du sud de la Chine confinant au Tonkin, concevait la pensée de doter la France d'une colonie nouvelle.

Jean Dupuis était fils d'un cultivateur des environs de Roanne ; ses parents comptaient en faire un cultivateur comme eux ; mais cette profession paisible ne convenait pas aux goûts aventureux du jeune homme. Il commença par faire le négoce dans le midi de la France; puis il s'embarqua pour Alexandrie, où on lui proposait une situation avantageuse. C'était au moment où M. de Lesseps entreprenait le percement de l'isthme de Suez. Dupuis, comprenant l'importance capitale du chemin qui allait s'ouvrir et offrir de nouveaux débouchés au commerce avec la Chine, résolut d'aller sonder le terrain dans ces contrées lointaines. Il se fit expédier une cargaison à Shang-Haï, port de Chine ouvert aux Européens, s'embarqua à Suez, et arriva en Chine au moment où venait d'éclater la déclaration de guerre avec les puissances franco-anglaises. Les marchandises qu'il apportait prenaient ainsi tout à coup une valeur inattendue.

Alors, au lieu de retourner en Europe, et le traité de Pékin qui mettait fin à la guerre étant signé, M Dupuis se joignit à l'expédition de l'amiral anglais Hopp, chargé de déterminer les trois villes qui, au terme de ce traité, seraient ouvertes au commerce européen. A cet effet il devait remonter le *Yang-tsé-Kiang* ou *Fleuve Bleu* jusqu'à *Hang-Kéou,* qui avait été désigné comme une de ces villes et est situé à environ deux cents kilomètres au-dessus de Nankin.

Lorsque l'amiral eut terminé son travail, M. Dupuis, au lieu de venir avec lui, resta à Hang-Kéou, et se livra, le long du fleuve, à un négoce tellement productif qu'en peu de mois il fit une fortune considérable. Mais les pirates pillèrent ses jonques et le dépouillèrent de tout ce qu'il possédait. Sans se décourager, il se remit à l'œuvre et réussit de même. Le malheur le poursuivait, et cette fois ce fut un incendie qui, en détruisant ses magasins, le ruina complètement.

Cependant un séjour de cinq ans dans le pays n'avait pas été sans être profitable à M. Dupuis. Il avait transporté son commerce sur le fleuve, qu'il remontait ou qu'il descendait jusqu'à la province chinoise de Yunnan, selon le besoin de ses affaires. Il avait gagné dans ces trafics une connaissance approfondie de la langue du pays, et en outre avait établi des relations avec les mandarins de la province. Ayant été ruiné deux fois, il ne fit plus des affaires que pour le compte de ces grands personnages, ce qui lui permit de réaliser de gros bénéfices sans courir de risques.

Le Yunnan, situé au sud-ouest de la Chine, au pied des montagnes du Thibet, est riche en mines d'or, d'argent, de mercure, de pierres précieuses. Il fournit en outre du thé, de la gomme, des plantes médicinales; mais ces productions perdent beaucoup de leur valeur à cause de l'absence de moyens de transport, qui fait qu'on ne peut les faire sortir de la province. La seule voie de communication est le Yang-tsé-Kiang ou Fleuve Bleu, que les Chinois appellent le Fils aîné de l'Océan. Ce fleuve est après l'Amazone et le Mississipi le plus grand du monde entier, et il est navigable pendant un cours de plus de cinq cents lieues; mais ce chemin est très long, et M. Dupuis résolut d'en chercher un plus court pour mettre le Yunnan en communication avec la mer. C'est au mois de septembre 1870, pendant que l'Europe était livrée aux horreurs de la guerre entre la France et l'Allemagne, qu'il mit à exécution le projet qu'il caressait depuis longtemps.

Il s'embarqua sur un cours d'eau qui, comme le Yang-tsé-Kiang, prend sa source dans les montagnes du Thibet, et qui parcourt le Yunnan en se dirigeant vers le sud. Sans autre compagnon qu'un domestique chinois nommé Yu, M. Dupuis descendit ce fleuve, appelé dans le Yunnan Hoti-

Kiang, mais qui, en réalité, n'est autre que le Fleuve Rouge du Tonkin, au milieu de peuplades sauvages en proie à la guerre civile. Il atteignit la frontière annamite. Là il acquit la certitude que le fleuve traversait le Tonkin, qu'il poursuivait sa route jusqu'à la mer et qu'il était navigable dans toute son étendue.

Quand il se fut bien assuré de cette circonstance, M. Dupuis s'entendit avec les mandarins pour lesquels il faisait des affaires, et leur représenta

Village annamite sur les bords du Song-Koï.

les avantages qu'ils trouveraient à ouvrir ce fleuve au commerce. L'un d'eux, le maréchal Mâ, homme fort intelligent, le comprit bien vite. Le Yunnan étant désolé par des querelles intestines, c'est au trafic des armes que les mandarins se livraient le plus volontiers, car c'est celui qui leur donnait les plus gros bénéfices. Le maréchal Mâ donna donc mandat à M. Dupuis d'amener au Yunnan, par la voie la plus directe, c'est-à-dire par le golfe et le fleuve du Tonkin, une cargaison de fusils et de munitions de guerre qu'il devait aller acheter à Hong-Kong, colonie anglaise située dans la baie de Canton. Il lui octroyait les pouvoirs les plus étendus pour organiser une expédition et l'accréditait même auprès de l'empereur d'Annam.

M. Dupuis résolut de profiter de l'occasion pour ouvrir cette voie au commerce européen, et vint à Paris pour solliciter une autorisation qui le mît en situation de profiter de cette disposition bienveillante du gouvernement chinois.

CHAPITRE III

PREMIÈRES TENTATIVES

Mais M. Dupuis ne réussit pas dans sa mission aussi facilement qu'il l'avait espéré. L'empereur d'Annam ne tenait pas à voir des comptoirs européens s'établir dans une province de ses États. Il suscita à M. Dupuis tous les obstacles possibles. D'un autre côté, la France avait de graves affaires sur les bras : la guerre de 1870 venait à peine de se terminer, et elle ne se souciait guère de se jeter dans de nouvelles aventures. M. Dupuis fut donc réduit, ou à peu près, à ses propres ressources. Il engagea d'anciens militaires, des ingénieurs, des marins, en tout vingt-trois Européens; de plus une centaine d'Asiatiques, tant Malais que Chinois; il acheta deux canonnières anglaises, une chaloupe à vapeur et une jonque chinoise, les pourvut d'artillerie, puis vint jeter l'ancre devant Haï-Phong, l'un des ports du Tonkin, à l'entrée du Cua-Cam, une des bouches du Song-Koï ou Fleuve Rouge, ce même fleuve qu'il avait descendu peu auparavant.

Un navire français appartenant à la marine de l'État, le *Bourayne*, commandant Senez, l'avait précédé : car le gouvernement, tout en ne voulant pas déclarer la guerre à l'Annam, ne voulait pas non plus abandonner un de ses nationaux qui jusque-là avait fait preuve de tant de résolution.

Néanmoins une démonstration en sa faveur est tout ce qu'il lui était permis de faire. M. Senez, en attendant l'arrivée de M. Dupuis, avait exploré la côte et couru sus aux pirates qui l'infestaient. Ces pirates étaient fort redoutés. Leurs jonques, garnies de canons meilleurs que ceux de l'armée annamite, raconte M. Millot, un des compagnons de

M. Dupuis, venaient jeter l'ancre avec une audace sans pareille devant les plus fortes citadelles, comme celle de Haï-Dzuong, qui porte encore la trace de leurs boulets. Des barrages établis à l'embouchure d'un grand nombre d'*arroyos* (on appelle ainsi des canaux qui font communiquer entre eux les divers bras du Fleuve Rouge) ne suffisaient pas à les arrêter. Ils débarquaient à l'improviste, livraient les villes au pillage, puis se rembarquaient aux lueurs de l'incendie, emmenant avec eux les filles et les garçons pour les vendre à Macao ou à Canton.

Le Song-Koï.

Le commandant du *Bourayne* rendit donc un grand service aux Tonkinois, aussi bien qu'à l'expédition préparée par M. Dupuis, en coulant ou en brûlant des jonques qui portaient ensemble une centaine de canons et près d'un millier d'hommes, puis en poussant des reconnaissances sur le Fleuve Rouge. Il en rendit d'autres encore à la science navale et géographique en relevant les mouillages, et en constatant l'existence de plusieurs ports et abris sûrs sur la côte tonkinoise, où au dire des gouvernants annamites il n'en existait pas.

Quand M. Dupuis et sa petite flottille furent arrivés à l'embouchure du fleuve, ils trouvèrent donc le *Bourayne* qui les attendait. Le commandant recommanda vivement le négociant français au gouverneur des provinces maritimes du Tonkin, lui dit que, quoique M. Dupuis ne fût pas couvert du pavillon français, le gouvernement verrait avec une grande satisfaction le gouvernement annamite lui accorder l'autorisation de se rendre au Yunnan afin d'y établir des relations commerciales; puis, n'ayant pas mission pour pousser les choses plus loin, il se retira au bout de quelques jours, abandonnant M. Dupuis à sa destinée.

Le but actuel de celui-ci était de traverser de nouveau le Tonkin en remontant le Song-Koï, qu'il avait descendu une première fois jusqu'à la

Confluent de la Rivière Claire.

frontière chinoise, et de se rendre ainsi un compte tout à fait exact des difficultés que pouvait présenter la navigation de ce cours d'eau.

Le Song-Koï débouche dans la mer par un grand nombre de bras, tous d'une navigation assez difficile, et après avoir parcouru un immense banc de sable ou de terrains d'alluvion. Les terres comprises entre les différents bras du Song-Koï forment ce qu'on appelle le *Delta*.

Les cours d'eau qui traversent le Delta ne sont pas tous accessibles à des bâtiments d'un aussi fort tonnage que ceux de M. Dupuis; il fallait pour s'y engager connaître les passes; mais les Annamites se refusaient à les indiquer au négociant. Cependant, après deux ou trois jours de tentatives infructueuses, M. Dupuis finit par en découvrir une et vint jeter l'ancre devant Hanoï.

Il fut très bien reçu par les négociants chinois qui y étaient établis et qui, là comme dans les autres villes annamites, formaient des communautés à part, exerçant tous les métiers : banquiers, usuriers, commissionnaires, armateurs, marchands. Ils firent grand accueil à M. Dupuis, lui donnèrent des fêtes et lui offrirent des festins, avec accompagnement

Mirador des Pavillons-Noirs.

de chant et de musique, selon l'usage du pays; mais les Annamites étaient toujours résolus à contrecarrer ses projets.

Les mandarins font défense aux habitants de louer ou de vendre des barques. Ils ont deviné que M. Dupuis sera forcé pour remonter le fleuve d'abandonner ses navires et de transporter ses marchandises sur des embarcations plus légères; ils veulent empêcher qu'on ne lui en fournisse. Il y a même menace de mort contre ceux qui tenteront d'enfreindre cette défense et de procurer aux étrangers des vivres ou des renseignements.

Les Tonkinois pourtant ne demanderaient pas mieux que de l'aider, car ils se sentent mieux disposés pour ces étrangers que pour leurs conquérants. Il en est de même des négociants chinois établis dans la ville; mais la crainte du châtiment les retient. Néanmoins quelques-uns se décident à apporter à la dérobée des vivres; d'autres dévoilent l'existence d'une cachette de barques. Sans perdre de temps, M. Dupuis fait charger vivres et marchandises en toute hâte et se met en route pour le Yunnan, laissant la garde de ses navires à son associé, M. Millot.

Le hardi aventurier franchit les quinze ou vingt kilomètres qui le séparent de Son-Tay; il passe devant la citadelle, traverse d'abord à droite le confluent de la Rivière Claire (rive gauche), puis à gauche celui de la Rivière Noire (rive droite) et continue à remonter le fleuve. Jusqu'ici il a navigué sans obstacle; mais il arrive en un endroit où sont réunies les troupes du général annamite Ong, qui, ainsi que l'en ont menacé les mandarins annamites, doit le couper en *tout petits morceaux*.

« Le 31 janvier, dit M. Dupuis, en approchant de Kouen-ce, nous apercevons une quantité considérable de pavillons qui s'agitent pour nous inviter à nous arrêter. Loin de tenir compte de cet avertissement, nous marchons droit sur le camp, avec une pièce de canon braquée à l'avant de chaque jonque. En voyant cette attitude, le fameux général qui devait nous couper en *tout petits morceaux* perd la tête et dépêche bien vite au-devant de nous son chef d'état-major. Ce dernier vient à notre rencontre en suivant le bord de l'eau avec une nombreuse escorte, et nous souhaite la bienvenue en faisant toutes sortes de salamalecs. Nous n'y prenons pas garde, et nous venons mouiller juste en face du camp, vis-à-vis la tente du terrible général, qui fait mettre les troupes sous les armes pour nous recevoir, puisqu'il n'ose pas nous combattre. Le général fait défiler devant nous deux éléphants armés en guerre, très bien dressés et auxquels il fait exécuter toutes sortes d'exercices. »

De l'autre côté du fleuve sont campés les Pavillons-Noirs. Ils ne se montrent pas moins accommodants que le terrible général Ong, et apportent à notre compatriote de petits présents, politesse que celui-ci reconnaît par un procédé analogue. — Les petits cadeaux entretiennent l'amitié.

Cette démonstration, qui s'était annoncée comme guerrière, ayant eu une issue pacifique, M. Dupuis continue son voyage et arrive au premier rapide, qui ne l'arrête pas longtemps.

Les rapides qui accidentent le Song-Koï ne ressemblent pas à ceux qui coupent certains fleuves et y forment des obstacles presque infranchissables. Ils consistent simplement en amas de roches et de galets qui en rétrécissent le lit sans le barrer entièrement et en rendent le courant plus fort. La petite flottille en vient à bout facilement ; elle arrive à la frontière, qu'elle franchit. La voilà à Mang-Hao, sur le territoire chinois, lieu où le Song-Koï n'est plus navigable. M. Dupuis l'a parcouru d'un bout à l'autre ; son entreprise, menée avec énergie, a été couronnée de succès ; la route qui met le Yunnan en communication directe avec la mer est découverte.

CHAPITRE IV

SECOND VOYAGE DE M. DUPUIS

Muni d'une nouvelle cargaison, M. Dupuis refait en sens inverse le voyage qu'il vient d'effectuer et redescend le fleuve. Sur les deux rives, les populations continuent à être en guerre, Pavillons-Jaunes contre Pavillons-Noirs, ces derniers ayant pour chef le fameux Luh-Vinh-Phuoc.

Expliquons ce que signifient ces deux désignations.

Les *Pavillons-Noirs* ou *Hé-Kis* et les *Pavillons-Jaunes* sont un ramassis de déserteurs de l'armée chinoise qui, il y a une vingtaine d'années, sous les ordres de ce même Luh-Vinh-Phuoc, prirent part à la révolte des *Taïpings,* rebelles qui s'étaient soulevés contre le gouvernement et avaient attaqué les ports ouverts aux Européens.

Ces rebelles ayant été défaits par l'armée chinoise, une troupe composée de trois ou quatre mille fuyards franchit la frontière et envahit le Tonkin.

Les Annamites s'empressèrent de réclamer le secours de leurs voisins du Céleste Empire pour chasser ces hôtes incommodes. Les brigands furent alors refoulés dans les montagnes du Nord ; mais ils n'étaient pas vaincus, et peu après ils s'emparaient de la ville de *Laô-Kaï*.

Les Pavillons-Noirs restèrent en possession de la ville conquise, où s'établit leur chef Luh-Vinh-Phuoc, tandis que les Pavillons-Jaunes allèrent se fixer à *Hô-Yang,* sur la Rivière Claire.

Les Pavillons-Jaunes, espérant obtenir leur grâce et rentrer un jour en Chine, s'efforcèrent de vivre en bonne intelligence avec les habitants de la contrée où ils s'étaient établis, afin de faire oublier leurs méfaits.

Ils les protégeaient encore contre les entreprises des brigands réfugiés dans la montagne et même contre les Pavillons-Noirs. Ceux-ci, au contraire, répandaient la terreur autour d'eux, prélevaient des impôts et arrêtaient au passage les embarcations qui naviguaient sur le Song-Koï. Ils avaient construit, sur différents points du rivage, des postes en paillotte qui étaient de véritables bureaux de péage. Tous les bateaux qui descendaient le fleuve ou qui le remontaient étaient forcés d'acquitter un droit.

Les Pavillons-Noirs avaient comme signe de ralliement de grands étendards de soie noire, montés sur des hampes de bambou, et d'où leur venait leur nom.

Sur ces étendards on voyait, brodés en argent, et en caractères chinois, bien entendu, des devises telles que celles-ci : *Mort à l'étranger!* — *Vaincre ou mourir!*

Les Pavillons-Noirs sont généralement des hommes de grande taille, hardis, audacieux, et, s'ils n'épargnent personne, ne demandant non plus jamais quartier. Ils ont, comme les Chinois, des pommettes saillantes, un nez écrasé, de petits yeux bridés, un teint jaune et de longues moustaches tombantes.

Leur habillement se compose d'un pantalon grisâtre, d'un *kéo* ou veste chinoise de couleur jaunâtre, et d'un immense *salako*, sorte de chapeau en paille de maïs recouvert d'une laque ou vernis blanchâtre; ils ont les pieds nus.

Sur le devant de leur poitrine sont fixées trois rangées de cartouchières qui leur forment une sorte de cuirasse.

Ils sont armés de fusils des modèles les plus perfectionnés, de fabrication européenne, que leur fournissent des armateurs anglais. Se battant bien, tirant avec beaucoup de sang-froid, ils constituent des adversaires redoutables.

Dans une bataille, les Pavillons-Noirs montrent le plus grand acharnement à relever leurs morts et à les emporter : car c'est un article de foi chez eux que ceux qui ont été décapités n'auront pas de place dans leur paradis. Ils sont toujours suivis de *coolies*, portefaix chinois qui, indépendamment des vivres, sont chargés des armes de rechange, telles que lances à pointe carrée et *coup-coup*, espèce de coutelas à lame épaisse et courte renfermée dans une gaine en cuir.

Les Pavillons-Jaunes sont vêtus à peu près de même que les Pavillons-

Noirs, si ce n'est que leur pantalon est blanc et qu'ils portent des babouches entourées de jaune. Leurs étendards sont jaunes, avec ces inscriptions brodées en argent : *Honneur, valeur, discipline!*

Ainsi que nous l'avons dit, les Pavillons-Jaunes allèrent s'établir sur

Porte-étendard des Pavillons-Noirs.

la Rivière Claire. Peu à peu, ils descendirent vers le sud et se mirent au service des négociants chinois d'Hanoï et de Haï-Dzuong, pour escorter les jonques qui naviguaient sur le Fleuve Rouge et pour les protéger contre les déprédations des Pavillons-Noirs. Plus tard, ainsi que nous le verrons, une certaine partie d'entre eux se mettront au service de la France et formeront la première compagnie des *tirailleurs tonkinois*.

CHAPITRE V

RETOUR A HANOÏ

En une dizaine de jours, et en dépit des balles échangées d'une rive à l'autre de la Rivière Rouge par les Pavillons-Noirs et les Pavillons-Jaunes, M. Dupuis atteint Hanoï. En y arrivant, il apprend que les habitants qui lui ont fourni des vivres et des barques pour remonter jusqu'au Yunnan ont été dénoncés, jetés en prison, et qu'ils y sont depuis son départ. Notre compatriote ne fait ni une ni deux : il envoie saisir le préfet de police, le fait amener à son bord et déclare qu'il le retiendra jusqu'à ce qu'on ait rendu la liberté aux prisonniers. Le pauvre homme se démène comme un beau diable. Ce qui cause son désespoir, ce n'est pas l'ennui d'être privé de sa liberté ou la honte qui peut s'attacher à la peine dont il est menacé. Non ; mais on a parlé de l'enfermer dans la soute au charbon. Que vont devenir ses habits ? Une belle robe de soie rouge toute neuve ! On cède à ses prières ; on lui donne une cellule moins compromettante pour la fraîcheur de ses vêtements, et, rassuré sur le sort de sa toilette, il attend tranquillement son sort.

C'est qu'il faut compter avec M. Dupuis. Il a ramené des soldats du Yunnan ; il les a munis d'armes excellentes, les a casernés dans quelques maisons, où ils se sont barricadés comme dans une véritable forteresse, et, ainsi appuyé, leur chef peut dicter ses lois aux autorités annamites.

Cependant il se montre bon prince et ne tire pas vengeance de ce qui s'est passé en son absence, ce qui n'empêche pas les choses de se gâter de nouveau. Les hostilités se rallument au sujet d'un chargement de sel que le négociant veut faire passer sans payer les droits, par la raison que, le gouvernement annamite lui devant des sommes considérables, il ne voyait pas pourquoi, disait-il, il lui donnerait de l'argent.

Les autorités se fâchent; un grand commissaire royal, le fameux maréchal Nguyen-Tri-Phuong, le grand ennemi des Français, est envoyé de Hué. Il arrive à Hanoï et fait publier une proclamation dans laquelle il annonce que, si M. Dupuis et ses hommes ne quittent pas immédiatement Hanoï, « il les fera couper en tout petits morceaux » et qu'il exterminera leurs familles jusqu'à la racine.

Vous croyez que cette menace va intimider M. Dupuis? Vous vous trompez. Il sent qu'il doit payer d'audace; et, pour bien montrer au général annamite qu'il méprise ses provocations, il fait enlever la proclamation ainsi que le parasol qui l'abritait, et fait promener parasol et proclamation par ses soldats dans toute la ville; puis les deux objets sont brûlés au bruit des clairons et des tambours.

Or le parasol est le signe de l'autorité, et y porter seulement le bout du doigt est quelque chose comme un crime de lèse-majesté; vous devinez donc quel effet produisit dans Hanoï l'acte que venait d'accomplir M. Dupuis.

Le négociant, on le voit, agissait en petit roi, et il n'y aurait pas eu grand inconvénient à le faire s'il n'avait compromis que lui-même; mais les Annamites, voyant qu'ils étaient impuissants à rétablir l'ordre dans la ville, réclamèrent, par l'entremise de la cour de Hué, l'assistance de l'amiral Dupré, gouverneur de la Cochinchine.

L'amiral était très favorable à l'ouverture du débouché que la navigation du Fleuve Rouge devait offrir aux richesses du Yunnan et du Tonkin; néanmoins il sentait que l'intervention de la France dans ces circonstances était chose grave et pouvait amener des complication d'où il était à craindre que sortît la guerre avec l'extrême Orient.

Il ne pouvait engager son pays dans une pareille aventure, en se déclarant tout à coup le protecteur d'un négociant qui, certes, méritait la sympathie du gouvernement pour le courage et l'énergie qu'il avait déployés, mais qui avait eu le tort de traiter le pays où il était reçu un peu en pays conquis, campant militairement dans la ville, retenant les fonctionnaires comme otages et refusant de payer les droits établis. C'était dépasser le but, et l'amiral ne pouvait faire autrement que de reconnaître comme justes les plaintes présentées par les Annamites sur les agissements de M. Dupuis.

Il répondit donc aux envoyés qu'il inviterait M. Dupuis à quitter le Tonkin, ajoutant que, si le négociant n'obéissait pas à l'ordre qu'il lui intimerait, ils seraient libres de le chasser.

Il écrivit donc à M. Dupuis dans ce sens. Celui-ci ne se pressa pas de se soumettre à la décision de l'amiral, qu'il savait favorable à ses projets et auprès duquel d'ailleurs, il le pressentait, sa conduite avait été présentée comme plus coupable qu'elle ne l'était réellement. Ses adversaires, en effet, s'étaient bien gardés de parler de la mauvaise foi constante avec laquelle ils avaient agi à son égard et de dire qu'on lui devait des sommes considérables. M. Dupuis sentait que s'il quittait Hanoï tout

Barques de transport.

était perdu, non seulement pour lui, mais pour tous ceux qui lui avaient témoigné du bon vouloir.

Le salut des hommes qu'il avait engagés comme matelots, entre autres, était fort aventuré. Il resta, résolu de faire tête à l'orage; et, se disant qu'il devait plus que jamais montrer de la résolution, il ordonna à ses hommes de ne sortir que bien armés, et d'administrer des coups de rotin à tous les soldats annamites qui tenteraient de prendre ses matelots. Les coups de rotin plurent donc de tous côtés, et avec un tel succès que le négociant continua, avec sa petite troupe, à tenir en échec les forces rassemblées par Nguyen, qui, disait-on, étaient considérables.

Cette situation dura plusieurs mois : les Annamites cherchant par tous les moyens à créer des embarras à M. Dupuis, élevant des barrages pour empêcher ses bâtiments de passer, préparant des brûlots pour les incendier, mettant le feu à ses magasins; celui-ci ripostant par la force ouverte et poussant même l'audace jusqu'à remonter le fleuve, afin d'y placer des postes pour la protection des convois qu'il compte envoyer dans le Yunnan. Dans cette expédition, il passe près des milliers de brûlots préparés contre ses embarcations et il y met le feu : ce sont les incendiaires qui sont incendiés.

CHAPITRE VI

FRANCIS GARNIER

C'est alors qu'on voit apparaître dans l'histoire du Tonkin le nom de Francis Garnier.

Par une singulière coïncidence, Francis Garnier était, comme M. Dupuis, originaire du département de la Loire.

De bonne heure, une irrésistible vocation l'entraîna vers la marine, comme elle avait entraîné M. Dupuis vers les aventures. A vingt ans, il était enseigne de vaisseau et prenait part à l'expédition de Chine, dirigée par le général Montauban, plus tard comte de Palikao. Depuis il s'était distingué dans celle qui nous avait valu d'ajouter à notre colonie de la Cochinchine trois nouvelles provinces.

Francis Garnier avait un autre point de ressemblance avec M. Dupuis. Comme lui, il avait pensé à ouvrir à notre commerce une nouvelle route fluviale. Quelques années auparavant, il avait pris part comme second à une expédition dont il était le véritable instigateur et qui avait pour but de relever le cours du Mékong, ce fleuve qui prend sa source dans les montagnes du Thibet, traverse l'Indo-Chine et vient se jeter dans le golfe de Saïgon[1]. Seulement son but était complètement désintéressé, et aucune idée de lucre ou de profit personnel ne se mêlait, dans la pensée du jeune officier, à son désir et à ses rêves.

Après un long séjour dans ces contrées, Francis Garnier revint en France, rappelé par la guerre avec l'Allemagne, et fit bravement son devoir pendant le siège de Paris; puis il retourna en Chine. Il y était

1. Voir, à la fin du volume, l'*Exploration du Mékong*.

depuis deux ans, toujours préoccupé de l'idée de trouver un débouché aux produits des riches contrées qu'il avait parcourues, en vue d'en faire profiter notre commerce, lorsqu'il reçut une dépêche de l'amiral Dupré qui l'appelait à Saïgon.

On se rappelle que l'amiral avait engagé M. Dupuis à quitter Hanoï, où sa présence était une occasion de trouble, et avait même donné carte blanche aux Annamites pour le chasser s'il ne se retirait de bonne grâce. Il appelait Francis Garnier pour l'aider à dénouer cette affaire et à le tirer de l'embarras où la conduite un peu inconsidérée du négociant

Une rue du quartier des Mandarins à Hanoï.

jetait le représentant du gouvernement français. Il s'agissait donc d'apaiser les conflits élevés entre M. Dupuis et les mandarins annamites, puis de négocier un tarif douanier, et d'essayer d'obtenir pour nos nationaux l'exploitation des mines du Yunnan, avant que les Anglais, qui manigançaient de leur côté, ne l'obtinssent pour eux.

Francis Garnier, muni des pleins pouvoirs de l'amiral, reçut le commandement d'une petite escadre composée de deux canonnières : l'*Arc*, remorquée par la corvette *le D'Estrées*, et l'*Espingole*, remorquée par le *Décrès*. Les troupes embarquées sur l'*Arc* et le *D'Estrées* se composaient de quatre-vingt-trois hommes, dont une dizaine d'Annamites, et y compris un détachement d'infanterie de marine sous les ordres d'un sous-lieutenant, M. Trentinian. L'*Espingole* et le *Décrès* portaient quatre-vingtdouze hommes, dont une compagnie de débarquement, composée de soixante fusiliers, matelots et canonniers.

Le commandant du *Décrès* était M. Bain de la Coquerie, enseigne de vaisseau, qui avait pour lieutenants deux aspirants : MM. Hautefeuille et Perrin ; l'*Espingole* était commandée par M. Balny d'Avricourt, lui aussi enseigne de vaisseau.

La mission de Francis Garnier devant être pacifique, ces forces sem-

Une porte de forteresse.

blaient suffisantes. Du reste, il n'avait pas voulu en prendre davantage avec lui, précisément afin de ne pas lui ôter ce caractère.

C'est le 11 octobre 1873, par une matinée brumeuse, que la canonnière *l'Arc,* remorquée par le *D'Estrées* et portant le chef de l'expédition, quitta la capitale de la Cochinchine française. Tous les navires français qui se trouvaient dans la baie de Saïgon avaient arboré leurs pavillons pour souhaiter bonne chance à celui qui allait représenter la France dans une affaire épineuse et soutenir l'honneur du drapeau. Les deux bâtiments descendirent la rivière en suivant ses mille sinuosités, qui se déroulaient entre deux rives, présentant les aspects les plus gracieux. Quelques heures après, on gagnait la pleine mer et on mettait le cap sur le nord-est, se dirigeant vers le Tonkin. L'autre canonnière ainsi que le *Décrès* devaient suivre quelques jours plus tard seulement.

Le temps, qui était beau au départ, ne tarda pas à se gâter. Une tempête se déclara ; quelques-unes des amarres qui fixaient la canonnière *l'Arc* à son remorqueur se brisèrent, et la petite embarcation fut bientôt dans une situation si désespérée qu'il n'y eut plus d'autre parti à prendre que de couper les dernières remorques. Le malheureux navire sombra presque aussitôt, privant ainsi le commandant d'un de ses plus puissants moyens d'action. Par bonheur, il n'y eut pas de mort d'homme à déplorer ; de plus, tout le matériel de guerre étant chargé sur le *D'Estrées,* aucune partie n'en fut perdue.

Le lendemain de cette terrible tempête, et le temps s'étant remis au beau, on arriva à Tourane, où Francis Garnier avait mission de relâcher pour faire parvenir à Hué une lettre annonçant à l'empereur d'Annam sa venue, et pour demander l'envoi à Hanoï d'un plénipotentiaire chargé de régler tous les points en litige, et notamment ce qui concernait les chrétiens habitant l'Annam. Ceux-ci avaient souvent à subir des exactions, des mauvais traitements et même des persécutions de la part des autorités.

Francis Garnier attendit cinq jours la réponse à ses communications ; puis, le roi lui ayant fait dire qu'il était très content de sa venue et ayant envoyé trois mandarins pour l'accompagner, il reprit la mer et se remit en route pour le Tonkin.

CHAPITRE VII

ARRIVÉE DE FRANCIS GARNIER A HANOÏ

Le 23 octobre il était en vue du Cua-Cam, une des bouches du Song-Koï sur laquelle est située Haï-Phong. Aussitôt il envoya une missive à M. Dupuis, pour lui faire savoir qu'il était chargé par l'amiral Dupré de faire une enquête sur ses réclamations contre le gouvernement annamite et sur les plaintes de celui-ci à son endroit. Il lui annonçait en outre que l'amiral désirait mettre un terme à la situation équivoque du commerce étranger au Tonkin et pacifier la contrée. Il ajoutait qu'il comptait beaucoup sur M. Dupuis pour l'aider à résoudre ce difficile problème.

La corvette *le D'Estrées* ne pouvant remonter le Fleuve Rouge, le commandant se procura des jonques, sortes d'embarcations chinoises, et y fit charger le matériel de guerre destiné à la canonnière qui avait sombré, ainsi que des vivres; puis, avec quelques hommes, il s'engagea dans le Fleuve Rouge pour gagner Hanoï.

Il s'arrêta quelques instants à Haï-Dzuong, et continua sa route vers la capitale du Tonkin ; mais la navigation ne s'effectuait que très lentement, et la petite escadre avait quitté Haï-Dzuong depuis deux jours, lorsqu'un soir, par une nuit brumeuse, le sifflet d'un navire à vapeur se fit entendre.

C'était M. Dupuis qui venait au-devant du commandant, sur un de ses bâtiments.

Le surlendemain, les jonques, remorquées par le bâtiment de M. Dupuis, atteignaient Hanoï.

Trois vapeurs européens, pavoisés des couleurs françaises, tiraient le canon pour saluer l'arrivée de l'officier et de sa modeste escadre, tandis que sur le rivage deux cents soldats chinois, en grande tenue, bannières déployées, formaient la haie et présentaient les armes. C'étaient les navires et les soldats de M. Dupuis.

En bonne politique, et même par pure politesse, les mandarins annamites auraient dû venir au-devant de l'officier français, puisque c'étaient eux qui avaient réclamé l'intervention de son gouvernement dans leurs démêlés avec M. Dupuis; mais ils ne jugèrent pas à propos de se déranger. Francis Garnier, désirant ne pas amener de complications, ne parut pas offensé de ce manque de savoir-vivre, qui était pourtant d'autant plus significatif que les Annamites, comme les Chinois, sont très forts sur l'étiquette. Néanmoins le mauvais vouloir des autorités devint bientôt si marqué qu'il n'y eut pas moyen de fermer les yeux plus longtemps.

Avant d'arriver à Hanoï, le commandant avait pris la précaution d'écrire au gouvernement annamite pour lui demander de faire préparer pour ses hommes des logements où ils fussent à l'abri d'une surprise. « C'était bien le moins, disait-il, puisqu'ils venaient l'aider à rétablir la paix dans son pays, qu'on les logeât convenablement. » On ne trouva rien de mieux à leur assigner qu'une auberge petite et malpropre; mais, sur l'attitude énergique du commandant, qui, pénétrant tout seul dans la citadelle, était venu lui demander des explications, le maréchal Nguyen-Tri-Phuong, gouverneur du Tonkin pour l'empereur d'Annam, se décida à lui indiquer un grand camp retranché, avec de vastes logements, situé dans le voisinage de la citadelle et qu'on appelait le *Camp des lettrés*. Le soir même Francis Garnier s'y installait.

Les négociations s'entamèrent aussitôt entre lui et le maréchal gouverneur; mais ce dernier, fort mal disposé du reste pour les Français, ne tarda pas à se montrer insolent. Il commença par faire jeter en prison le capitaine qui commandait à la porte de la citadelle franchie par Francis Garnier le jour de son arrivée. Cet homme pourtant n'avait commis d'autre crime que de guider le visiteur jusqu'à l'appartement du maréchal. Il ne fut relâché que sur les instances réitérées du commandant.

Lorsque celui-ci annonça au maréchal qu'il était chargé par son gouvernement, non seulement de juger l'affaire Dupuis, mais encore de régler la question relative à l'ouverture du Fleuve Rouge au commerce européen, le maréchal prétendit que M. Garnier était venu seulement pour « chasser » M. Dupuis, et qu'il n'avait pas autre chose à faire au Tonkin.

Vous conviendrez que ce n'eût pas été la peine de se déranger pour obtenir ce résultat, et qu'on aurait pu laisser les Annamites débrouiller leurs affaires tout seuls.

Haï-Phong.

Les négociations se poursuivant toujours avec aussi peu de succès, le chef de l'expédition sentit qu'il devait frapper un grand coup; il ne pouvait laisser humilier la France dans son représentant. Il avait donné l'ordre au *D'Estrées* ainsi qu'à l'autre corvette, le *Décrès,* qui remorquait la seconde canonnière, de remonter le fleuve jusqu'à Hanoï, et quelques jours après il avait la satisfaction de les voir arriver, accompagnés de la canonnière *le Scorpion,* que l'amiral lui envoyait en remplacement de l'*Arc.*

CHAPITRE VIII

COMMENCEMENT DES HOSTILITÉS

Le commandant, à plusieurs reprises, avait fait afficher des proclamations rédigées en annamite, dans lesquelles il annonçait au peuple tonkinois ses intentions et celles de son gouvernement.

« Le représentant du noble royaume de France, leur disait-il, fait savoir à tous les habitants que, les mandarins du noble royaume d'Annam étant venus à Saïgon demander assistance, l'amiral nous a envoyés au Tonkin pour savoir comment les choses s'y passaient. »

Il leur promettait, au nom de son gouvernement, de pourchasser les pirates qui infestaient les côtes, de procurer au pays la facilité de faire le commerce en ouvrant son fleuve à toutes les nations sous la protection de la France et de lui apporter par là la richesse et la paix.

Ces proclamations avaient produit le meilleur effet sur le peuple tonkinois et sur les négociants chinois établis dans la ville : ils y voyaient l'espoir d'être délivrés de l'affreuse tyrannie des mandarins annamites; aussi accueillaient-ils avec joie ceux dont la présence pouvait leur faire espérer la réalisation d'un pareil état de choses.

Voyant qu'il ne pouvait obtenir aucune satisfaction par les moyens pacifiques, Francis Garnier se décida à avoir recours à la force, et, avec les cent quatre-vingts hommes qui composaient toute son armée, à attaquer la citadelle d'Hanoï.

Cette citadelle, construite à la Vauban et, on se le rappelle, par les ingénieurs français appelés à la fin du dix-huitième siècle par l'empereur d'Annam Nguyen, avait cinq à six kilomètres de tour; elle était entourée de murs, de fossés, de glacis, pourvue de canons et dominée par une tour d'où la vue s'étendait sur toute la plaine environnante.

Six à sept mille soldats annamites armés de lances, de sabres, de vieux fusils, y étaient réunis.

Le plan en avait été levé, dès le jour de l'arrivée, par M. de Trentinian, commandant du détachement d'infanterie de marine. Les principales rues et places de la ville y étaient en outre indiquées. C'est sur ce plan, dont il avait vérifié l'exactitude, que le chef de l'expédition traça les positions que devaient prendre les détachements.

Prise de la citadelle d'Hanoï par Francis Garnier.

Il rédigea un ordre de bataille très détaillé, indiquant l'heure de l'attaque et déterminant les différents mouvements que les soldats auraient à exécuter.

Il ajoutait :

« Les chefs devront éviter l'effusion de sang inutile. Tout ennemi qui rendra les armes devra être épargné. »

Pendant qu'une partie des faibles troupes qu'il avait à sa disposition s'avancerait par colonnes de vingt à trente hommes, les bâtiments mouillés dans la rade ouvriraient le feu sur la citadelle; ce feu cesserait aussitôt qu'un drapeau français se montrerait sur les remparts.

L'enseigne de vaisseau Balny, commandant de l'*Espingole,* était chargé de le diriger.

Voici comme Francis Garnier rend compte de cette expédition :

« 20 novembre, 10 heures du matin.

« All's right ! La citadelle a été enlevée avec ensemble. Pas un blessé. La surprise a été complète et a réussi au delà de mes prévisions. Le feu de la rade surtout (*Scorpion* et *Espingole*) a abruti ces pauvres gens, qui n'avaient pas encore vu de projectiles explosibles. Le maréchal a été blessé par une boîte de mitraille. L'envoyé de Hué et tous les grands dignitaires sont pris. C'est une opération modèle (sans me vanter). »

La citadelle de Ninh-Binh.

On voit que le combat n'avait pas duré longtemps. En effet, l'ennemi, ne s'attendant pas à pareille attaque, avait été pris au dépourvu; néanmoins, ralliés par leurs chefs, les soldats avaient essayé de faire quelque résistance : ils pointèrent tant bien que mal leurs canons, tandis que leurs camarades faisaient pleuvoir sur les assaillants une grêle de pierres ou de poutres énormes, ou bien lançaient sur le sol des clous triangulaires qui, à leur sens, devaient les empêcher d'approcher du rempart.

Tous ces moyens, qui rappelaient un autre âge, n'arrêtèrent pas longtemps nos soldats. Le canon, tirant à une faible distance, ouvrit bientôt une brèche par laquelle s'élancèrent Francis Garnier, Trentinian et deux autres soldats. Pendant quelques instants, à eux quatre, ils tiennent tête aux ennemis. Enfin nos troupes parviennent à pénétrer par d'autres points, et les Annamites fuient en désordre, pendant que le drapeau tricolore flotte sur le mirador de la citadelle, cette tour élancée qui sert aux Annamites d'observatoire.

Ainsi que le disait Francis Garnier, nous n'avions pas un seul homme atteint, tandis que l'ennemi en avait perdu quatre cents, tués ou blessés, et que son chef, le grand maréchal, était frappé mortellement.

CHAPITRE IX

PRISE DE HUNG-YEN, DE PHU-LY, DE HAÏ-DZUONG ET DE NINH-BINH

Mais ce n'était pas tout d'avoir pris la citadelle d'Hanoï; il fallait pacifier le pays et le réorganiser dans une certaine mesure, en remplaçant par des fonctionnaires tonkinois les autorités annamites, qui s'étaient empressées de déguerpir.

Il était urgent aussi de rassurer les habitants, et même de recruter parmi eux des auxiliaires, afin de former une milice qui aidât à maintenir l'ordre et à empêcher les bandes armées, formées par les soldats fuyards, de se livrer au brigandage.

Enfin il ne l'était pas moins de s'emparer des autres citadelles du Delta, qu'il ne fallait pas laisser entre les mains de nos ennemis.

La première qui tomba en notre pouvoir fut celle de Hung-Yen. Elle se rendit sans coup férir à M. Balny d'Avricourt, qui s'y présenta à la tête de trente hommes. Celle de Phu-Ly donna un peu plus de mal : pas beaucoup pourtant. Les officiers de l'*Espingole,* avec vingt-sept hommes, sommèrent la citadelle de se rendre. « Je vous donne dix minutes, » dit M. Balny à l'officier qui commandait à la porte. Les dix minutes écoulées et la soumission n'étant pas faite, cette poignée de Français donna l'assaut. En un clin d'œil tous les défenseurs s'enfuirent.

Plusieurs autres forteresses s'empressèrent de faire leur soumission ; mais il était nécessaire surtout de s'emparer de Nam-Dinh et de Haï-Dzuong, les plus importantes de toutes, car elles assuraient la communication avec la mer.

C'est l'enseigne de vaisseau M. Balny d'Avricourt qui fut chargé de marcher contre Haï-Dzuong.

Cette citadelle, qui comme celle d'Hanoï occupait un espace considérable, était entourée de solides murailles. Elle aurait nécessité un siège en règle si elle avait été bien défendue. Le chef de la petite troupe, accompagné du docteur Harmant et de plusieurs autres soldats, s'était élancé en avant. Tous, groupés autour de la porte, ils essayaient vainement de la défoncer à coups de hache. Ils étaient exposés aux plus grands périls et servaient de cible aux canons des défenseurs, qui, par bonheur, pointaient mal ; mais ils persistaient néanmoins. Après avoir tant fait, ils ne voulaient pas se retirer.

C'est alors que le docteur Harmant eut une inspiration : il brise d'un coup de feu un des barreaux supérieurs de la porte, qui vole en éclats. Il en brise un second ; aussitôt Balny s'accroche à la porte, se hisse par l'ouverture ainsi pratiquée, et se présente aux combattants ahuris du fort, le pistolet au poing.

A cette vue, tous ceux qui étaient censés défendre la porte s'enfuient, imités par les soldats qui servaient les pièces de canon. En quelques minutes la place est abandonnée, et le pavillon français flotte sur la tour.

Cette fois la citadelle, parfaitement approvisionnée, amplement pourvue de canons, dont quelques-uns de fabrication anglaise toute moderne, avait été prise par vingt-huit hommes.

Ce fut alors le tour de la forteresse de Ninh-Binh.

Pendant que Haï-Phong tombait ainsi entre nos mains, le commandant, qui ignorait ces événements, envoyait M. Hautefeuille, un des aspirants du *Décrès*, pour enjoindre à M. Balny de s'emparer de la forteresse de Ninh-Binh.

Le jeune officier porteur de cet ordre quitta Hanoï sur un canot à vapeur monté par huit hommes.

La position de Ninh-Binh est formidable. Elle est bâtie à pic sur un rocher ; ses batteries et ses remparts dominent le fleuve. C'est pourtant cette forteresse que cet officier de vingt ans a l'audace d'attaquer avec ses huit hommes et son petit canot à vapeur. La machine de son embarcation s'étant détraquée au moment où il commençait le feu, le jeune aspirant se fait échouer, saute dans une jonque, et débarque avec six hommes, pendant que les deux autres, restés à bord, continuent à tirer des coups de chassepot. Il s'élance vers la porte de la citadelle ; en chemin il rencontre un mandarin à barbe blanche, entouré de quatre para-

Prise de Haï-Dzuong par Balny d'Avricourt.

sols : c'est le gouverneur. Il lui met le pistolet sous la gorge et lui arrache la promesse d'une soumission immédiate. Il entre alors avec lui dans la citadelle et, le mandarin ayant l'air de vouloir résister, il le fait garrotter et le force à signer la capitulation. Le gouverneur, qui est loin de se douter qu'il a affaire à huit hommes, se rend, et bientôt les trois couleurs flottent sur le mirador qui surmonte la forteresse, comme elles flottent déjà sur celui des forteresses d'Hanoï, de Hung-Yen et de Haï-Dzuong.

Francis Garnier arrive quatre jours après, sans savoir ce qui s'était

L'enseigne de vaisseau Hautefeuille fait prisonnier le gouverneur de Ninh-Binh.

passé et très inquiet au sujet de l'ordre qu'il avait donné touchant Ninh-Binh : car il avait appris qu'il n'était pas parvenu à Balny, retenu à Haï-Dzuong.

Voyant les choses plus avancées encore qu'il ne s'y était attendu, le commandant pousse jusqu'à Nam-Dinh, forteresse puissante protégée par des forts, et où on avait fait de grands préparatifs de défense. En effet, les batteries annamites ouvrent un feu infernal. Le *Scorpion* leur répond terriblement; les soldats amenés par des jonques débarquent et s'élancent à l'assaut de la forteresse ; mais le feu, qui ne se ralentit pas, balaye toutes les issues. Des chevaux de frise, formés de longs madriers, couvrent le pont qui franchit le fossé plein d'eau entourant la forteresse;

nos soldats les arrachent sous une grêle de balles, et, les dressant le long de la muraille, s'en servent comme de mâts de perroquet pour l'esca-

Prise de Nam-Dinh par Francis Granier.

lader. Un marin du nom de Robert s'y élance. « Tu passes le premier, lui dit le commandant ; c'est bon pour une fois, mais que cela ne t'arrive plus! » Il le suit. Les Annamites n'ont pas plus tôt aperçu ces deux hommes sur le parapet qu'ils prennent leurs jambes à leur cou.

Par l'occupation de cette dernière forteresse, les Français se trouvaient maîtres du Delta entier.

CHAPITRE X

MORT DE FRANCIS GARNIER

En vingt jours, du 20 novembre au 11 décembre, les six forteresses du Delta étaient tombées en notre pouvoir : c'étaient Hanoï, Hung-Yen, Phu-Ly, Ninh-Binh, Haï-Dzuong et Nam-Dinh.

Aussitôt maître de ces points importants, Francis Garnier s'était hâté de réorganiser le service administratif, en nommant de nouveaux fonctionnaires à la place des anciens, et de rassurer les habitants, qui, du reste, se montraient de plus en plus favorables à l'expédition française. Par malheur, il n'en était pas de même des mandarins annamites. Ils avaient réuni les fuyards des diverses forteresses, s'étaient alliés aux Pavillons-Noirs, et avec leur aide s'apprêtaient à attaquer Hanoï.

Francis Garnier s'était empressé d'y revenir et d'y réunir tous les hommes dont il pouvait disposer. Résolu d'en finir, il s'apprêtait à faire une sortie, lorsqu'on lui annonça que des envoyés annamites venaient pour négocier la paix au nom de Tu-Duc. Francis Garnier ajourna donc ses projets.

Il reçut les envoyés avec tous les honneurs d'usage, et, persuadé qu'ils étaient d'aussi bonne foi que lui-même, il fit afficher la proclamation suivante :

« Par ordre de l'amiral, nous sommes venus faire un traité de commerce dans l'intérêt des populations. Nous n'avons nullement l'intention de nous emparer du pays ; mais, à cause de la fourberie et du mauvais vouloir des habitants d'Hanoï, nous avons été poussés à bout et forcés de faire ce que nous avons fait. Le roi d'Annam, comprenant la faute de ses mandarins, vient d'envoyer des ambassadeurs avec pleins pouvoirs pour traiter de la paix avec nous. Comme nous n'avons pas d'intentions hostiles, nous consentons à nous entendre avec eux.

« En conséquence, nous exhortons tout le monde à demeurer tranquille, chacun chez soi; qu'il y ait trêve d'hostilités, afin que, de part et d'autre, on puisse s'entendre.

« Lorsque les deux royaumes auront signé la paix, il faudra que tous se conforment fidèlement à ce qui aura été conclu. La noble cour d'Annam se concertera avec les nobles Français pour assurer une protection efficace à toutes les populations du Tonkin, afin que tous, étudiants ou laboureurs, artisans ou commerçants, puissent vaquer à leurs affaires et vivre en paix.

« Pour ce qui regarde les nouveaux mandarins que nous avons nommés, qu'ils restent à leur poste et continuent à remplir leurs charges de leur mieux, sans aucune crainte : la noble France, qui les a élevés en dignité, leur assure aide et protection par la suite. »

Le lendemain, dans la matinée, Garnier se rendit chez les ambassadeurs annamites. Il était en conférence avec eux lorsqu'on vint lui annoncer qu'une armée, précédée d'une avant-garde de Pavillons-Noirs, marchait à l'assaut de la forteresse. Les cris « La citadelle est attaquée! Voilà les Hé-Kis! » se mêlaient aux coups de feu.

Francis Garnier s'élance au dehors.

Les bannières noires brodées d'argent s'agitaient en effet dans la plaine; à quelque distance, des pierriers étaient pointés, tandis que plus loin étaient massées les troupes annamites, parmi lesquelles on apercevait des éléphants dressés à la guerre.

Les ennemis commencent par s'avancer; pourtant, voyant bientôt que la victoire sera chèrement achetée, ils se retirent, mais seulement pied à pied, profitant de tous les accidents de terrain qui peuvent protéger leur fuite.

Désirant donner aux Pavillons-Noirs une leçon dont ils se souviennent, Francis Garnier veut les poursuivre. Il s'élance derrière eux suivi de dix hommes et en faisant sonner la charge. Il va, le revolver au poing, criant : « En avant, mes enfants! » Entraîné par le désir de châtier les traîtres, il laisse derrière lui la plupart de ses compagnons et escalade un tertre. Derrière se cachaient les Pavillons-Noirs ; une décharge éclate : deux des hommes qui l'accompagnaient sont frappés et tombent. Le brave commandant continue à s'avancer en criant : « A moi, mes braves ! nous les battrons ! » Mais son pied rencontre une cavité ; il tombe à son tour. Aussitôt les ennemis sortent de leur cachette, s'élan-

Mort de Francis Garnier.

cent sur lui, le percent de coups et lui tranchent la tête, qu'ils emportent comme un trophée. C'était celle d'un des hommes les plus braves, les plus généreux, les plus dévoués, et elle ne contenait pas une pensée qui ne fût pour la patrie.

Cette perte immense n'était pas le seul malheur qui dût résulter de cette sortie funeste. Le jeune Balny d'Avricourt s'était, lui aussi, élancé à la poursuite des Pavillons-Noirs et leur avait donné la chasse jusqu'à quelque distance d'Hanoï.

Là, de nombreux Hé-Kis s'étaient embusqués derrière une pagode; ils entourent le jeune officier, qui se défend vaillamment, mais inutilement. A son tour, il est percé de coups et décapité.

La nouvelle, bientôt répandue dans la ville, y jeta l'épouvante. Chacun sentait que le coup qui avait frappé Francis Garnier frappait en même temps l'expédition française.

Quatre jours après, les renforts que le commandant avait demandés à l'amiral Dupré pour se maintenir au Tonkin arrivaient. Hélas! ils arrivaient trop tard!

CHAPITRE XI

TEMPS D'ARRÊT. — HENRI RIVIÈRE

Le sang généreux de Francis Garnier devait avoir été répandu inutilement. Peu après sa mort, on envoyait pour le remplacer M. Philastre, dont le premier soin fut d'ordonner l'évacuation immédiate des citadelles que nous occupions. M. de Trentinian tenait encore celle de Haï-Dzuong; M. Harmant celle de Nam-Dinh; M. Hautefeuille celle de Ninh-Binh : il fallut tout quitter, celles-là aussi bien que celle d'Hanoï.

Ces évacuations furent le signal du massacre de nos partisans; les chrétiens, abandonnés à la rancune des Annamites, furent égorgés au nombre, dit-on, de trente-cinq mille. M. Dupuis fut chassé d'un pays qu'il avait tenté d'ouvrir au commerce, et les troupes françaises durent se retirer à Haï-Dzuong.

C'est ainsi que se terminait une expédition si glorieusement commencée.

Le silence se fit sur le Tonkin pendant plusieurs années. Pourtant on commençait à se préoccuper des richesses présumées que renfermait ce pays lointain. Les instances de M. Dupuis, qui continuait ses réclamations près du gouvernement français, éveillaient l'attention publique. Au commencement de 1882, plus de huit ans après la mort de Francis Garnier, on se décidait à envoyer une nouvelle expédition, sous les ordres du commandant Henri Rivière, pour réclamer de la cour de Hué l'exécution des traités.

Cet officier avait pris une grande part, quelques années auparavant, à la répression de la révolte des Canaques à la Nouvelle-Calédonie.

Il partit de Saïgon à la fin de mars avec deux bâtiments, le *Drac* et le

Parseval. Il avait sous ses ordres de trois à quatre cents hommes. Il arrivait le 3 avril à Hanoï, où il fut accueilli par des feux de joie et des illuminations. Les Tonkinois étaient heureux de nous voir revenir pour les protéger. Le commandant s'installa à Hanoï, dans la concession française, où se trouvaient déjà deux compagnies d'infanterie, sous les ordres du commandant Berthe de Villiers.

Ces forces sont trop peu imposantes pour intimider l'arrogance des mandarins. Un conflit est inévitable, et Henri Rivière, de même que Francis Garnier quelques années auparavant, ne voit pas d'autre moyen pour faire respecter le nom de la France que d'ordonner l'attaque de la citadelle.

Le 26 avril, à huit heures du matin, il faisait commencer le bombardement; à onze nous y entrions, et nous n'y trouvions plus que les morts et les blessés. Le commandant aurait bien voulu continuer à agir dans le même sens ; il pensait que c'était le meilleur moyen d'établir notre autorité dans le pays; mais le gouvernement ne pensait pas de même, et il fallait obéir.

D'ailleurs un nouvel ennemi s'était joint aux premiers. Les Chinois, qui lors de l'expédition de Francis Garnier s'étaient montrés favorables à notre domination, commençaient à nous être hostiles : ils se mirent à protester très haut contre notre usurpation et à nous menacer. La crainte d'un conflit avec cette puissance inquiétait sans doute le gouvernement, qui ordonna à Henri Rivière d'agir avec beaucoup de modération.

Le commandant patienta pendant plusieurs mois ; mais les Annamites lui ayant donné de nouveaux sujets de mécontentement en élevant des travaux à Nam-Dinh pour barrer le fleuve, il résolut d'attaquer cette forteresse. Il venait de recevoir un renfort de quelques centaines d'hommes ; c'est avec des forces aussi minimes qu'il s'apprêta à donner l'assaut à une place qui contenait plus de vingt mille défenseurs.

Laissant une petite troupe à Hanoï sous les ordres de M. Berthe de Villiers, le 23 mars 1883 il part sur son aviso *le Pluvier,* suivi de dix canonnières portant cinq cents hommes.

La *Fanfare,* une de ces canonnières, est chargée de reconnaître la place. Des groupes armés se forment sur les remparts :

« Trente barres d'argent à qui apportera la tête d'un officier fran-

Le commandant Rivière entre dans Nam-Dinh.

çais ! hurle un chef dans un énorme porte-voix ; trente barres d'or à qui l'amènera vivant ! »

Le lendemain, au point du jour, le *Pluvier* donne le signal de l'attaque. Les canonnières ouvrent leurs feux convergents sur la citadelle, qu'elles couvrent d'obus, pendant que les mitrailleuses, installées dans les hunes,

Prise d'un fort.

balayent les remparts. Les soldats de l'infanterie de marine s'avancent résolument vers le pont, hérissé de chevaux de frise. On surmonte les obstacles entassés, on arrive aux portes de la ville, qui sont enfoncées à coups de crosse ; on pénètre dans la citadelle, le commandant Rivière le premier, pendant que ceux qui la défendaient s'enfuient d'un autre côté, et pour la seconde fois le drapeau tricolore flotte sur le mirador. Le tout avait duré cinq heures.

CHAPITRE XII

MORT DE HENRI RIVIÈRE

Les Pavillons-Noirs n'avaient pas manqué de mettre à profit l'absence du commandant Rivière. Ils s'étaient établis au nombre de quatre ou cinq mille sur le Song-Koï, à peu de distance d'Hanoï, et une nuit, celle-là même qui devait précéder l'attaque de Nam-Dinh, ils marchèrent vers la ville. Par bonheur, le commandant Villiers était sur ses gardes; il les repoussa. Non content de leur avoir infligé cet échec, le lendemain, à la tête de trois cents soldats et marins, il marche sur leur camp, où ils se croyaient inexpugnables, et les disperse de tous côtés.

Mais les brigands ne se tiennent pas pour battus; ils reviennent à la charge, non plus en masse, mais par petites troupes, pour harceler chaque soir les défenseurs de la ville.

De retour à Hanoï, le commandant Rivière trouve la situation très grave. Chaque jour ces bandes devenaient plus hardies et plus nombreuses. Elles étaient armées de fusils et de revolvers de fabrication anglaise ou allemande, et on avait constaté parmi elles la présence de soldats chinois. L'ennemi prenait des proportions menaçantes. Une nuit, une bande de ces pirates attaque la mission française et brûle l'église; par bonheur, quelques renforts arrivent de Haï-Phong; on va pouvoir mettre ces enragés à la raison.

A la tête d'une colonne expéditionnaire, M. Berthe de Villiers est envoyé dans la même direction où, près de dix ans auparavant, le malheureux Balny d'Avricourt a trouvé la mort. Le commandant Rivière, malade, et ne pouvant ni marcher ni monter à cheval, suit le petit corps d'armée en voiture découverte.

Près d'un pont jeté sur un arroyo se trouvait une pagode qui avait pris le nom du jeune officier tué en ce lieu : on l'appelait la pagode Balny.

La pagode Balny.

De l'autre côté du ruisseau que traverse ce pont, le pays est tout à fait favorable à la guerre de partisans, coupé de digues, de rizières, et planté de bambous et autres arbres qui en dérobent la vue.

Comme on arrivait à cet endroit, une vive fusillade se fait entendre. Des panaches de fumée sortent des arbres, sans qu'on puisse voir ceux qui ont tiré ; mais on les devine : ce sont des Pavillons-Noirs, embusqués à cette place qui nous avait déjà été si funeste ; ils tenaient leurs fusils braqués pour le moment où nos troupes apparaîtraient au détour de la route. Plus de trente des nôtres tombent. Le commandant de Villiers fait mettre en batterie trois petits canons de campagne qu'il avait amenés avec lui; mais tout le détachement est enveloppé: les ennemis sont tellement nombreux qu'il est impossible de placer les pièces et d'en faire usage. La fusillade devient de plus en plus violente. Le commandant Rivière descend de voiture; la mêlée est horrible. Il faut se replier; mais abandonnera-t-on les canons à l'ennemi? Non : seulement la grande difficulté est de les faire évoluer. On est sur une chaussée étroite; une des roues s'est accrochée au parapet du pont; c'est en vain qu'on essaye de la dégager. Le commandant de Villiers, le commandant Rivière, d'autres officiers, se portent à son secours; grâce à cet effort héroïque, les canons sont sauvés; mais à quel prix, grand Dieu! et quelle stupeur quand on s'aperçoit que le chef de l'expédition a disparu, ainsi que nombre de combattants, et qu'une multitude d'officiers et de soldats sont mortellement frappés!

Un nouveau combat se livre pour sauver au moins les cadavres du commandant et des vingt-neuf braves qui sont tombés autour de lui. Combat trop inégal! La valeur ne peut l'emporter sur le nombre, et les glorieux morts restent aux mains de l'ennemi pour lui servir de trophée!

Quatre mois plus tard, la tête du malheureux chef était retrouvée, enterrée dans une boîte de laque, sur le bord du Fleuve Rouge. A côté, dans des paniers d'écorce de palmier, on découvrit celles de ses compagnons. Enfin, un peu plus tard, à quelque distance de là, on exhuma un corps mutilé, qui, à ses vêtements, fut reconnu pour celui du malheureux chef de l'expédition. Ces restes précieux furent ensevelis dans la citadelle d'Hanoï, en attendant qu'on les rapportât en France.

CHAPITRE XIII

NOUVELLES OPÉRATIONS MILITAIRES

La nouvelle de cette catastrophe détermina en France un grand élan national, et la Chambre des députés vota à l'unanimité « des crédits pour le Tonkin », autrement dit l'argent nécessaire pour la continuation de la guerre. Le décret portait : « La France vengera ses glorieux enfants. » Vous trouverez sans doute tout naturel que l'État ne reste pas indifférent au sort de ceux qui vont se faire tuer pour faire respecter au loin l'honneur du drapeau tricolore. Outre que vous aimez votre pays et que ce qui grandit ou diminue sa renommée ne peut que vous toucher profondément, vous savez bien que ces soldats qu'on envoie là-bas vont y porter la civilisation et y ouvrir de nouvelles sources de bien-être dont tout le monde profitera; que ces contrées lointaines contiennent d'immenses richesses, restées inutiles en grande partie jusqu'ici et qui le resteront jusqu'au moment où, le pays étant ouvert au commerce, elles se déverseront sur le monde entier. C'est bien le moins qu'on ait de la reconnaissance pour ceux qui perdent la vie ou même qui la risquent dans ces expéditions.

Il fallait au moins cinq semaines pour que les vaisseaux porteurs de nouvelles troupes, de canons et de munitions de guerre pussent atteindre le Tonkin. En attendant celles qu'on allait envoyer de France, l'officier qui avait remplacé le commandant Rivière à Hanoï fit demander du secours à Saïgon, où réside le gouverneur de l'Indo-Chine, chargé de défendre nos intérêts dans l'extrême Orient.

Le gouverneur s'empressa d'envoyer toutes les forces dont il pouvait disposer, c'est-à-dire un détachement d'infanterie de marine et d'Annamites restés fidèles à la France; mais ces troupes étaient insuffisantes pour réparer le fâcheux effet que le malheur que nous venions d'éprouver avait produit sur les ennemis. La mort du commandant Rivière leur avait donné tant de confiance en eux-mêmes qu'il fallait une manifestation bien autrement imposante pour que la France recouvrât son prestige à leurs yeux.

Par bonheur, le brave général Bouet se trouvait alors à Saïgon. Le gouvernement lui envoya, par télégramme, le commandement du nouveau corps expéditionnaire, et en même temps créa une division navale, composée de plusieurs bâtiments, sous les ordres de l'amiral Courbet. De plus, on nommait un commissaire civil, chargé de l'administration de la colonie, et on choisissait pour remplir ce poste le docteur Harmant, l'ancien compagnon de Francis Garnier, qui avait longtemps résidé au Tonkin et était bien au courant des mœurs du pays.

Enfin nous allions être en état de prendre les mesures énergiques que réclamait la situation! Jusqu'ici on n'avait envoyé au Tonkin que des renforts très peu nombreux; mais cette fois le corps expéditionnaire était plus important.

Cela devenait d'autant plus urgent que les Annamites n'étaient plus seuls à nous faire la guerre. Les Chinois, ainsi que je vous l'ai dit, les soutenaient, prétendant que l'occupation du Tonkin par les Français leur était préjudiciable. Tu-Duc, l'empereur d'Annam, s'était mis sous la suzeraineté du Céleste Empire, qui, saisissant avec empressement cette occasion, avait fait passer à ses troupes la frontière de Kouang-Si, la province de Chine voisine du Tonkin. De là elles s'étaient répandues dans les provinces de l'est; sans préjudice, bien entendu, des Pavillons-Noirs, qui continuaient à tenir la campagne, guidés probablement par des chefs européens qui les mettaient au courant de la tactique moderne.

Le premier soin du général Bouet en arrivant au Tonkin fut de mettre Haï-Phong en état de défense. Haï-Phong est, comme vous savez, le premier fort sur le Fleuve Rouge; c'est par conséquent la porte pour gagner Hanoï, et aussi la porte pour quitter le Tonkin si on était forcé de le faire. Il était donc urgent qu'il fût à l'abri d'un coup de main.

Peu de temps après, le général eut à s'applaudir de sa détermination, car la forteresse fut attaquée par un parti de Pavillons-Noirs; mais

Attaque d'un village en avant de Nam-Dinh.

ceux-ci trouvèrent à qui parler et furent contraints de se retirer après de nombreuses pertes.

Sur un autre bras du fleuve, au sud de Haï-Phong, est situé Nam-Dinh. C'est une ville ou plutôt un amas de masures entourant un fort. Francis Garnier s'en était emparé une première fois, puis le commandant Rivière. Bien qu'elle fût encore en notre pouvoir, après la mort de celui-ci, les Pavillons-Noirs, nous croyant tout à fait abattus, y avaient assassiné un missionnaire et plusieurs autres personnes. Ils comptaient rentrer en possession de cette forteresse, et le roi de Hué avait envoyé pour la reprendre un régiment de sa garde, dont les soldats étaient superbement vêtus de tuniques écarlates et coiffés de chapeaux en laque dorée : costume bien élégant pour aller en guerre.

Un mirador en bambou.

A cette troupe annamite s'étaient joints plusieurs centaines de Muongs ou Moïs, habitants des montagnes qui forment les frontières du Tonkin au nord-ouest. Ces Muongs fabriquent eux-mêmes leurs armes, qui consistent principalement en fusils incrustés d'argent. Ces fusils n'ont pas de crosse; ils s'appuient sur la joue : aussi arrive-t-il parfois qu'ils blessent celui qui s'en sert. Les Muongs possèdent aussi des arcs en corne de buffle et des arbalètes très fortes; néanmoins ce sont là des moyens d'attaque bien insuffisants pour entrer en lutte avec des soldats équipés à l'européenne.

Régulièrement chaque soir, les Annamites bombardaient la citadelle de Nam-Dinh; mais leurs batteries, placées beaucoup trop loin, ne causaient d'autre dommage que d'allumer quelques incendies, ce qui n'a rien d'étonnant dans un amas de constructions couvertes en paillotte.

Un beau matin, le commandant du fort se dit que cela ne pouvait durer toujours ainsi, et il résolut de faire une sortie.

Dans les terrains aquatiques comme celui du Delta, les mouvements des troupes ne sont pas très faciles. Il faut ou suivre les digues entre lesquelles s'étendent les rizières sans cesse submergées ou s'embarquer sur des sampans. C'est en employant ces deux moyens que la petite troupe sortie de Nam-Dinh se mit en campagne. Une partie se fit porter sur les canaux, tandis que l'autre s'engageait sur la digue qui la séparait du village où les Annamites s'étaient fortifiés. Un des canons ennemis balayait le chemin suivi par nos soldats; mais ce n'est pas cela qui pouvait les arrêter. Au moment où la lumière leur apprenait que le coup allait partir (la lumière du canon, vous le savez, voyage plus vite que le boulet), ils se baissaient et s'abritaient derrière les talus de la digue; puis, le coup parti, ils se relevaient, faisaient quelques pas en courant, et quand la lumière leur apprenait qu'il en était temps, ils s'abritaient de nouveau. On n'avançait pas très vite par cette méthode; néanmoins on avançait, et c'était le principal.

En dépit des précautions prises, deux soldats furent tués dans cette course aventureuse, mais le village fut emporté.

Le village qu'on attaquait ainsi n'était pas plus un village que Nam-Dinh n'est une ville; c'était une réunion de cases en paillotte entourées de jardins palissadés de bambous; à quelque distance les maisons disparaissaient dans la verdure; on aurait dit un bois.

Les soldats, Annamites et Muongs, combattirent jusqu'au dernier moment et se firent bravement tuer à leur poste.

On trouva dans leur camp : d'abord des provisions en armes et en munitions qu'on fit transporter à Nam-Dinh, plus une quarantaine d'échelles de bambous, sur lesquelles, sans doute, ils comptaient pour escalader la citadelle ; enfin un grand nombre de petits bateaux portatifs, qu'ils pensaient leur devoir être utiles d'un moment à l'autre. Le commandant, n'en ayant pas besoin et ne voulant pas qu'ils retombassent entre des mains qui pourraient s'en servir contre nous, les fit brûler sur place ainsi que les échelles.

Il y avait encore là un mirador, en bambou lui aussi; c'est une sorte de poste très élevé où l'on monte par un mât de perroquet, et d'où l'on peut observer l'ennemi ou faire des signaux, le jour avec des pavillons de couleur, comme sur les bâtiments, la nuit avec des feux. Le mirador eut un sort analogue aux bateaux et aux échelles : il fut brûlé.

Le bambou est au Tonkin et dans l'Annam, comme en Chine, la grande ressource. Il s'élève souvent jusqu'à vingt mètres de hauteur, c'est-à-dire environ celle d'une maison à cinq étages, et ses rameaux portent de fortes épines qui les rendent très précieux pour palissades. Le bois, très dur et très résistant, est utilisé pour toutes sortes d'usages : ainsi, les jeunes tiges qui ont gardé leur souplesse s'emploient en cannes, en manches de parapluie ou d'ombrelles; quand elles ont acquis de la solidité,

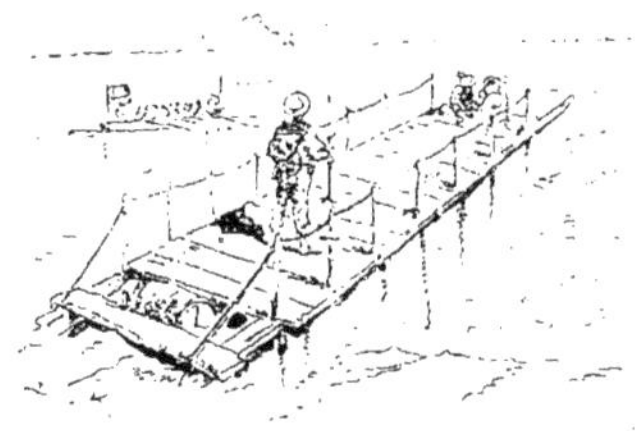

Un radeau.

on en fait des sièges, des meubles, des outils. Le bambou entre dans la construction des navires aussi bien que dans celle des maisons; c'est en frottant deux tiges de bambou l'une contre l'autre que les sauvages obtiennent du feu. Avec l'écorce on tresse des corbeilles, des nattes, des cordages; la pellicule qui entoure les rameaux est utilisée par les Chinois pour fabriquer du papier; enfin on extrait des tiges de cette plante une liqueur mielleuse qui était le sucre des anciens. C'est donc un arbre fort utile, sans compter que son feuillage est des plus élégants, et la nature l'a répandu dans tout l'Orient avec une extrême prodigalité.

CHAPITRE XIV

A ALGER

Un régiment de tirailleurs algériens était à Blidah, à quelques lieues d'Alger, quand il reçut l'ordre de se préparer au départ.

Pour quelle destination partait-il ? On ne jugea pas à propos de le lui

La soupe.

apprendre. Les officiers supérieurs n'ont pas coutume de rendre compte des décisions prises par le Conseil aux soldats placés sous leurs ordres : néanmoins, le bruit circula bientôt qu'on allait renforcer l'armée d'occupation du Tonkin.

Cette nouvelle, qui se répandit comme une traînée de poudre, eut pour effet d'exciter dans tout le régiment une satisfaction qui se traduisit par les démonstrations les plus bruyantes. C'étaient des sauts, des cris de joie, des gambades, des danses autour de feux, qui faisaient ressembler ceux qui s'y livraient à autant de diables.

En quelques instants tout le monde fut sous les armes, paré, astiqué, sac au dos et prêt à partir.

Qui ne connaît les tirailleurs algériens, qu'on désigne dans l'armée sous le nom de turcos ? Qui n'a admiré l'élégance de leur costume bleu de ciel soutaché de jaune, leur désinvolture, leur air martial et la crânerie avec laquelle ils portent la chéchia.

Quand aux revues ou dans d'autres occasions du même genre vous

Embarquement des fusils.

avez vu défiler des turcos, vous avez pu remarquer que leur teint est plus basané que celui des autres soldats. C'est que les turcos sont des Africains, Kabyles, Arabes, Bédouins, servant sous le drapeau de la France, qui est devenue leur patrie et qu'ils aiment comme on doit aimer sa patrie.

Ces soldats, tous indigènes, sont commandés par des officiers français ; cependant au-dessous du grade de capitaine, c'est-à-dire pour ceux de lieutenant, sous-lieutenant, fourrier, etc., ces officiers sont pris moitié parmi les Français, moitié parmi les Algériens.

Quand le régiment eut atteint Alger, qui n'est guère éloigné de Blidah que de cinquante kilomètres, il reçut confirmation du bruit qui avait couru. C'est bien au Tonkin qu'on l'envoyait.

Les démonstrations de joie reprirent alors de plus belle, et des hourras enthousiastes accueillirent cette communication.

Deux jours après, on procédait à l'embarquement. Tous les fusils, passés l'un après l'autre de main en main, sont déposés à fond de cale ; puis les chevaux sont installés à leur tour, et enfin les hommes.

Le voyage s'effectue dans les conditions ordinaires. Chaque matin on lave le pont du vaisseau d'un bout à l'autre ; on panse les chevaux, on leur fait la toilette, tout comme si l'on était à terre et qu'on dût passer la revue ; puis les hommes font la leur. L'eau n'est pas épargnée.

Concert à bord.

Vient ensuite le moment du déjeuner : le café est distribué ; le repas terminé, on passe le temps comme on peut. Souvent ceux de nos tirailleurs qui sont musiciens exécutent des airs de leur pays ; les autres se rangent autour d'eux pour les écouter, et au son de ces mélodies nationales ils voient passer devant leurs yeux les visions du désert.

Autrefois, il n'y a pas plus d'une vingtaine d'années, quand on voulait se rendre dans l'extrême Orient, il fallait faire le tour de l'Afrique, doubler le cap de Bonne-Espérance et traverser toute la mer des Indes. Que de temps à passer sur mer ! Que de tempêtes à essuyer ! Maintenant, grâce au percement de l'isthme de Suez, la distance est réduite de moitié.

La Méditerranée est traversée ; le bâtiment a laissé derrière lui les côtes de la Sicile ; on devine la place où l'Égypte déploie son large tapis de sable, sur lequel le Nil étend ses eaux limoneuses; cet amas de maisons blanches et basses, c'est Port-Saïd. Le temps de renouveler la provision de charbon, et on s'engage dans ce canal qui, faisant de l'Afrique une île, a réuni les eaux de deux océans qui semblaient devoir de tout temps être séparés. Des collines jaunâtres défilent de chaque côté, animées par des groupes de flamants roses qui fouillent le sable de leur bec en forme de cuiller. On croise des navires de toutes les nations. Voici maintenant les maisons d'Ismaïlia qui se montrent entre des bouquets d'arbres. Que cette verdure est agréable à contempler! qu'elle repose doucement les yeux! qu'elle leur fait de bien! Puis de nouveau des dunes

Le pansage des chevaux.

sablonneuses coupées par de grands lacs ternes et gris; puis Suez, dans une contrée brûlée par le soleil.

Le soleil! maintenant il va régner en maître. Par bonheur, les tirailleurs algériens, qui sont nés sous un climat de feu, supportent la température de cette fournaise ardente qui a nom la mer Rouge mieux que ne le feraient des hommes nés dans le Nord. Ils aiment ce soleil brûlant, ils lui font fête. Cette coulée étroite, de deux mille trois cents kilomètres de longueur, est franchie. On laisse de côté Aden et ses citernes, et l'on entre dans la mer des Indes. Il fait toujours une chaleur excessive; mais elle est moins étouffante que quand elle était réfléchie par les deux chaînes de hauteurs qui, des deux côtés de la mer Rouge, bornent le continent asiatique et le continent africain. Le soir, la brise de mer apporte un peu de fraîcheur. On a dépassé Ceylan, on relâche à Singapour. On approche du Tonkin.

Quelques jours après avoir quitté Singapour, cette ville anglaise où l'on ne trouve guère que mille Européens contre cinquante mille Chinois, on signale la terre de Cochinchine. Enfin ! on va donc voir un pays sur les édifices duquel flottent les couleurs françaises.

Le bâtiment s'engage dans la rivière de Saïgon. Des hauteurs couvertes de bois, des rizières coupées de ruisseaux, dans lesquels se vautrent des buffles dont les larges cornes sortent à peine de la verdure, des palétuviers garnissant les deux rives et d'où sortent par moments des oiseaux aquatiques, l'accompagnent jusqu'à l'entrée de la rade. Une multitude d'embarcations parcourent la rivière. Puis les blanches maisons de Saïgon, que domine la cathédrale et au milieu desquelles se remarque le palais du gouverneur, se déploient aux yeux des voyageurs. Ce n'est pas encore le Tonkin, mais c'est déjà une colonie française, et on la regarde avec l'intérêt que prend tout ce qui touche à la patrie quand on en est éloigné.

La toilette.

Les turcos saluent son apparition de leurs cris de joie.

Trois jours après, ils saluaient des mêmes cris l'apparition des maisons de Haï-Phong.

CHAPITRE XV

HAÏ-PHONG

Si l'on se figurait Haï-Phong d'après les ports de mer européens, on s'en ferait une idée tout à fait fausse. C'est un amas de cases en torchis, mélange de terre glaise et de paille hachée, couvertes de feuilles de latanier qu'on appelle paillottes. Depuis une dizaine d'années, les Français y ont élevé quelques jolies maisons blanches, couvertes de briques découpées à jour, avec des toits relevés à la chinoise, et au-dessus desquelles flotte le drapeau tricolore ; elles tranchent agréablement sur ces misérables habitations. Mais le terrain y est plus propre à l'installation d'une tribu de palmipèdes qu'à celle d'êtres humains, tant il est imprégné d'eau.

Tout le Delta, du reste, participe de cette nature spongieuse. Le sol y est traversé par des mares coupées de digues et par une multitude de canaux, appelés *arroyos,* sur lesquels on jette des ponts où vous ne vous aventureriez qu'en tremblant. Les plaines que coupent ces arroyos sont extrêmement favorables à la culture du riz, qui forme le fonds de la nourriture des Annamites du pays, comme de tous les habitants de l'extrême Orient ; mais vous comprenez alors que ce pays n'est pas très pittoresque.

Les vaisseaux de guerre ne peuvent atteindre Haï-Phong, dont la rade n'est pas assez profonde ; aussi fait-on débarquer les soldats sur des bateaux plats appelés *sampans,* dans lesquels ils gagnent le port.

C'est un spectacle très curieux que celui de cette multitude de barques recouvertes d'un toit rond, et dirigées par deux bateliers, se tenant debout, la tête couverte d'un chapeau de laque ressemblant à un plat ou à un saladier retourné, et manœuvrant une longue rame dont ils se servent à peu près de la même manière que les gondoliers de Venise se servent de leur aviron.

Ces barques sont si légères qu'un homme et une femme suffisent à les manœuvrer : la femme agitant la rame ou l'aviron, le mari, qui n'aime pas à se donner de peine, se contentant de tenir le gouvernail. Au Tonkin, presque toutes les communications se font par eau, ce qui s'explique d'abord par l'absence à peu près complète de routes, puis par la quantité de rivières et de canaux dont le pays est sillonné. Presque tous les Tonkinois, sinon tous, possèdent leur sampan. Ces embarcations ne seraient pas désagréables si l'espèce de toit qui les recouvre n'était si écrasé. Il est impossible de s'y tenir debout; il faut toujours rester couché ou accroupi. C'est là cependant que nombre de familles passent leur vie, en compagnie de leurs chiens, de leurs poules et de leurs cochons, si leurs moyens leur permettent d'en avoir : le sampan constituant dans ces occasions la cuisine, la chambre à coucher et la basse-cour.

Mais cette sorte de bateau ne sert que dans les baies et sur les rivières ; sur mer on emploie des bateaux de différentes formes et de différentes grandeurs que les Européens désignent sous le nom général de *jonques*.

Ces jonques, très solidement construites, sont de bois très dur, que les forêts de ces contrées fournissent en abondance. Le pont décrit un croissant aux pointes relevées ; car vous savez qu'en toutes choses, dans le toit de ses maisons aussi bien que dans les pointes de ses babouches, le Chinois affectionne cette forme.

Les cordages, les câbles, sont en bambou ou en fibres de palmier, matériaux peut-être plus résistants que ceux que nous employons pour le grément de nos navires, mais pas aussi souples. Les voiles sont faites des mêmes matériaux, ce qui leur donne une certaine ressemblance avec les ailes des chauves-souris. Ces bâtiments tiennent bien la mer ; seulement ils marchent mal, et ils nécessitent plus de matelots qu'un bâtiment européen.

On reconnaît les jonques annamites aux yeux qu'on y peint à la proue (à l'avant). Il est à supposer que cet usage, qui, dit-on, remonte à l'an 2800 avant Jésus-Christ (une jolie antiquité, comme vous voyez), est un souvenir des monstres marins qui ravageaient autrefois ces côtes, comme d'autres monstres, à peu près à la même époque, ravageaient autrefois les contrées européennes. — Vous vous souvenez, je suppose, des

Transbordement de troupes par les sampans.

combats que les héros grecs, Hercule, Thésée et autres, eurent à livrer contre l'Hydre de Lerne, le Lion de Némée, le Sanglier d'Érimanthe, le Minotaure, etc. — Peut-être aussi les Annamites décorent-ils ainsi leurs navires par un sentiment analogue à celui qui portait les guerriers du Nord à surmonter leurs casques de têtes d'animaux horribles, dans l'espoir d'inspirer ainsi la terreur à leurs ennemis.

Les Annamites, pas plus que les Chinois, du reste, ne sont de grands navigateurs. Quoiqu'on prétende que la boussole a été inventée dans le royaume du Fils du Ciel, les marins chinois en ignorent l'usage, tout aussi bien que celui du baromètre et du *sextant,* cet instrument grâce auquel nos marins peuvent déterminer au juste le point du globe où ils se trouvent et connaître la route à suivre. Ils n'ont d'autres guides

Un toit à la chinoise.

que les courants, les caps ou les vents, selon les saisons, et vous comprenez que ceux qui ont recours à de pareils moyens d'observation ne peuvent se permettre des navigations bien lointaines, obligés qu'ils sont d'avoir toujours la côte, ou à peu près, sous les yeux.

Quand le vent fait défaut, les Annamites sifflent pour l'appeler. On ne dit pas si le seigneur Éole répond souvent à cette invitation.

Les Chinois, eux, avant d'entreprendre une expédition maritime ont coutume d'offrir un sacrifice. On coupe la tête d'un coq et on arrose le pont de la jonque avec son sang; puis on verse une petite coupe de vin par-dessus le bord du navire. Après avoir rempli toutes ces prescriptions, on a le droit de compter sur un heureux voyage.

Ces pratiques commencent à tomber un peu en désuétude; néanmoins elles subsistent encore parmi le peuple.

Cela n'empêche pas cependant les marins chinois et annamites de se livrer à des opérations maritimes assez fructueuses. Grâce à leur connaissance parfaite des côtes, ils attaquent les bâtiments étrangers qui naviguent entre les Indes et le Japon et les pillent sans merci. Ces pirates infestent toutes les mers du voisinage depuis un nombre d'années incalculable, et si vous lisez jamais les *Mille et une nuits,* vous verrez que dans les Voyages de Sindbad le Marin, voyages qui quoique merveilleux ont cependant un fond de réalité, il en est déjà question.

Depuis qu'il s'est fondé des établissements européens dans les mers de Chine, ces déprédations ont cessé en partie, et ce sera l'honneur de l'Europe, aussi bien que son excuse pour aller s'imposer en maîtresse dans ces pays étrangers, que de les faire cesser complètement.

CHAPITRE XVI

REPRISE DES HOSTILITÉS

Pendant qu'on faisait des préparatifs pour marcher contre lui, l'ennemi se fortifiait de plus en plus à Son-Tay, ville située sur le Fleuve Rouge, un peu au-dessus d'Hanoï, et dont il avait déjà été dans la pensée du commandant Rivière de s'emparer. Il reconnaissait qu'on ne pourrait avoir aucune sécurité tant qu'on ne tiendrait pas cette place.

Le général Bouet, nommé commandant en chef de l'expédition, sentit combien il était urgent d'interrompre les travaux de l'ennemi; mais la saison était tellement défavorable qu'il ne put entrer en campagne aussitôt qu'il l'eût voulu. D'ailleurs il n'avait pas de troupes suffisantes. Quand il eut reçu les renforts attendus, il résolut d'attaquer ces positions.

Le 15 août 1883, les troupes quittaient la citadelle, dont l'escalier d'honneur est orné de dragons rampants et dorés, et, passant devant la pagode de l'Esprit-du-Roi, elles gagnaient la chaussée qui mène à Son-Tay.

Pendant que les troupes d'infanterie, divisées en trois colonnes, longeaient les rives du Fleuve Rouge, la flottille en remontait le courant pour les appuyer.

Les Pavillons-Noirs s'étaient retranchés dans un lieu appelé la pagode des Quatre-Colonnes. En y arrivant, la flottille fut accueillie par une décharge d'artillerie partie de la rive droite du fleuve. Les pièces ennemies étaient invisibles pour nos marins, car une épaisse forêt de bambous bordait le cours du Song-Koï, et la mort venait faire des ravages parmi eux sans qu'ils sussent d'où elle leur arrivait.

Les Annamites avaient établi en avant de la pagode un *redan* ou retranchement garni de six pièces de canon de gros calibre. D'étroites trouées étaient pratiquées entre les bambous qui les abritaient pour laisser passer les projectiles.

Il aurait fallu tourner cette batterie ; mais les rizières inondées la protègent ; impossible d'y songer : on est contraint de se retirer.

Le lendemain, la colonne reprend son mouvement en avant ; elle trouve la pagode évacuée ; mais la batterie est veuve de ses pièces. Les Annamites les ont-ils donc emmenées dans leur retraite ? Non ; ils ont imaginé une autre manière de s'en débarrasser, sans pourtant en faire profiter leurs ennemis. Ils les ont enterrées, mais pas si bien néanmoins que le colonel, voyant la terre fraîchement remuée, ne se doute de la supercherie. Il fait creuser le sol, et nos soldats découvrent six pièces de gros calibre. Les Pavillons-Noirs s'étaient contentés d'emporter les affûts sur leurs éléphants de guerre.

Comme on n'avait pas de machine pour les déterrer, il fallut que les soldats s'y attelassent et tirassent dessus à l'aide de cordes. Vous devez penser que la chose n'était pas facile.

On y parvint pourtant ; mais ces opérations s'étaient accomplies sous une pluie diluvienne, une pluie dont nous n'avons pas idée dans nos climats tempérés, et qui durait depuis la veille. Le Fleuve Rouge grossissait à vue d'œil. A neuf heures du soir il commençait à déborder, mettant plus d'un mètre d'eau dans la pagode où nos troupes s'étaient abritées. Vous concevez dans quelle triste situation se trouvaient les pauvres gens, après toute une journée de combat. Ils avaient de l'eau jusqu'à mi-corps et craignaient à tout instant de voir emporter le frêle édifice qui leur servait de refuge.

Cette effrayante inondation, rompant les digues, se répand dans la plaine ; l'eau arrive à la hauteur des cases. Elle nous fait beaucoup de mal, principalement en contrariant les opérations préparées et en nous forçant à ajourner la marche sur Son-Tay ; mais elle en fait plus encore à nos ennemis.

Cependant une petite compensation nous était acccordée d'un autre côté.

Haï-Dzuong était resté jusque-là au pouvoir des Annamites, qui avaient établi sur le bord du fleuve une série d'ouvrages, de *blockhaus,* pour en défendre les approches.

Déterrement de canons annamites.

Un blockhaus est une petite construction organisée de manière à fournir à une troupe le moyen de résister provisoirement à des ennemis assez nombreux. Ordinairement le blockhaus est bâti en bois ; on lui donne des formes différentes, selon le résultat qu'on veut obtenir ; néanmoins, ceux qui sont construits selon les règles de l'art militaire n'ont que des angles droits, ce qui facilite beaucoup leur défense.

Le blockhaus a été pendant nos campagnes d'Afrique un des ouvrages de fortification provisoire les plus employés. Chaque colonne partant en expédition emportait avec elle, sur des chariots, un blockhaus

Blockhaus.

démonté, et en très peu de temps les troupes du génie les avaient mis en état de servir. On les employait soit comme poste isolé, quand on avait conquis un point ou une position, par exemple, et qu'il s'agissait de la garder, soit pour servir de *réduit* aux soldats chargés de construire une fortification provisoire destinée à une opération militaire, à un campement, ou bien devant défendre une fortification semblable, provisoire aussi.

Maintenant j'ajouterai qu'on appelle *réduit* un petit ouvrage intérieur, c'est-à-dire entouré et défendu par d'autres ouvrages, destiné à servir de refuge aux défenseurs d'un grand retranchement, et dans lequel ils peuvent se retirer si l'ennemi les *réduit* à céder les fortifications principales.

Les blockhaus qu'employait l'armée d'Afrique étaient de forme carrée et avaient un étage qui débordait sur le rez-de-chaussée, à la manière des maisons du moyen âge. Les murs étaient percés de meurtrières, étroites ouvertures qui laissent seulement passer le canon d'un fusil, et le haut en était découpé en créneaux ou en mâchicoulis, derrière lesquels il était facile de s'abriter tout en canardant l'ennemi. Ces créneaux et mâchicoulis permettent en outre de voir ce qui se passe au pied des murailles, et c'est par là jadis que dans les châteaux fortifiés on jetait des pierres ou de l'huile bouillante sur les assiégeants. Les blockhaus ont de plus l'avantage sur les autres fortifications de fournir un logement aux troupes qui les occupent et les défendent.

Maison du Trésor à Haï-Dzuong.

Les blockhaus établis le long du bras du Fleuve Rouge sur lequel est situé Haï-Dzuong n'étaient pas aussi savamment construits. Les Annamites y avaient employé les pagodes et les maisons en paillotte qui se trouvaient sur le bord de la rivière. Une petite escadre, composée de deux cannonières et de quelques chaloupes, en eut facilement raison. Les ennemis en furent chassés, et les tirailleurs algériens s'y installèrent à leur tour.

Peu après, Haï-Dzuong était pris par un détachement amené par ces canonnières, et on trouvait dans la citadelle, outre un grand nombre de canons, le trésor des Annamites. Or, vous l'avez entendu souvent : « L'argent est le nerf de la guerre ; » c'est donc faire d'une pierre deux coups que de s'en procurer en en privant l'ennemi.

CHAPITRE XVII

LE COMBAT DE PALAN

Le général Bouet, qui avait été obligé de reculer plus encore devant le débordement du Song-Koï que devant les Pavillons-Noirs, ne devait pas tarder à prendre sa revanche.

A la guerre il faut savoir tirer avantage de toutes les circonstances.

Profitant donc de ce que l'inondation avait détruit une partie des retranchements des ennemis, le général se remit en campagne et s'empara de toute la partie du territoire comprise entre le Fleuve Rouge et le Day, une des branches de ce même fleuve qui, comme vous vous le rappelez, se divise en plusieurs bras pour former un *delta* avant de se jeter dans la mer.

Cette affaire fut appelée le *combat de Palan,* Palan étant un village situé au point où le Fleuve Rouge se sépare pour former cette seconde branche.

Comme la plupart des villages tonkinois, Palan n'est qu'un amas de misérables demeures, couvertes en paillotte ou en bambou, et abritant une nombreuse population. Une multitude de sampans, qui servent aux habitants de moyens de locomotion, sillonnent les deux bras du fleuve.

Palan fut pris sans résistance ; mais à peu de distance de là se trouvait un village, *Phong,* point principal de la route de Son-Tay, et où l'ennemi se tenait en force. Le général résolut de l'en déloger. Le village était relié à Palan par une digue, large de deux mètres, longeant le Day, et décrivant à peu près un demi-cercle. — Un chemin large seulement de deux mètres et long de plusieurs kilomètres ! — C'était l'unique chemin que nos troupes eussent à leur disposition ; c'était par là qu'il fallait faire passer l'artillerie. A gauche, à droite, des rizières inondées et impraticables aussi bien aux hommes qu'aux chevaux.

Les Pavillons-Noirs avaient donc pris une position presque inexpugnable. Ils étaient nombreux, bien armés, pleins de l'audace que donne la confiance en soi-même ; ils tiraient bien et sûrement, abrités qu'ils étaient derrière leurs retranchements en terre. On n'apercevait que leurs immenses chapeaux ronds en paille de bambou. Sur le talus, devant eux, étaient arborés sept de leurs grands étendards noirs brodés d'argent, et portant des inscriptions en langue chinoise. A peu de distance, dans une petite pagode, se tenait Luh-Vinh-Phuoc, leur général en chef, dont nous avons déjà parlé.

Sur cet étroit chemin, impossible de s'engager avec des canons tirés aux chevaux. Nos braves artilleurs sont donc réduits à s'atteler eux-mêmes à leurs pièces et à les traîner à la bricole. Ils en établissent plusieurs en batterie sur la digue, et en dirigent le feu sur la pagode, mais sans grand résultat. Les obus s'enfoncent sans éclater dans la terre, détrempée par la pluie des jours précédents et par celle qui ne cesse de tomber depuis la veille.

Il faut en finir ; le général Bouet donne ses ordres en conséquence : une compagnie d'infanterie de marine, le sabre haut, se jette à corps perdu au milieu des rizières pour tourner les positions des Pavillons-Noirs ; l'eau leur monte jusqu'à la poitrine. Ils sont obligés de tenir leurs fusils en l'air pour que la culasse puisse continuer à fonctionner. Une troupe de tirailleurs annamites, de ceux qui nous sont restés fidèles, se joignent à eux ; mais l'ennemi a reconnu les vareuses bleues des vaillants *marsouins,* comme on les appelle ; il concentre son feu sur eux. De tous côtés les balles viennent fouetter l'eau et briser les bambous autour de nos soldats. Entraînés par l'exemple de leurs officiers, ceux-ci redoublent d'élan pour atteindre la digue qu'il s'agit d'enlever.

Un sergent escalade le talus ; il est blessé ; il tombe au pied des étendards chinois ; mais d'autres l'ont suivi. En un clin d'œil la digue est envahie. Cette attaque a été si rapide, le mouvement exécuté avec tant de fougue, que beaucoup parmi les Pavillons-Noirs n'ont pas même le temps de se mettre en défense. Nombre d'entre eux sont cloués sur le sol par les baïonnettes, dans la position où ils ont été surpris, couchés

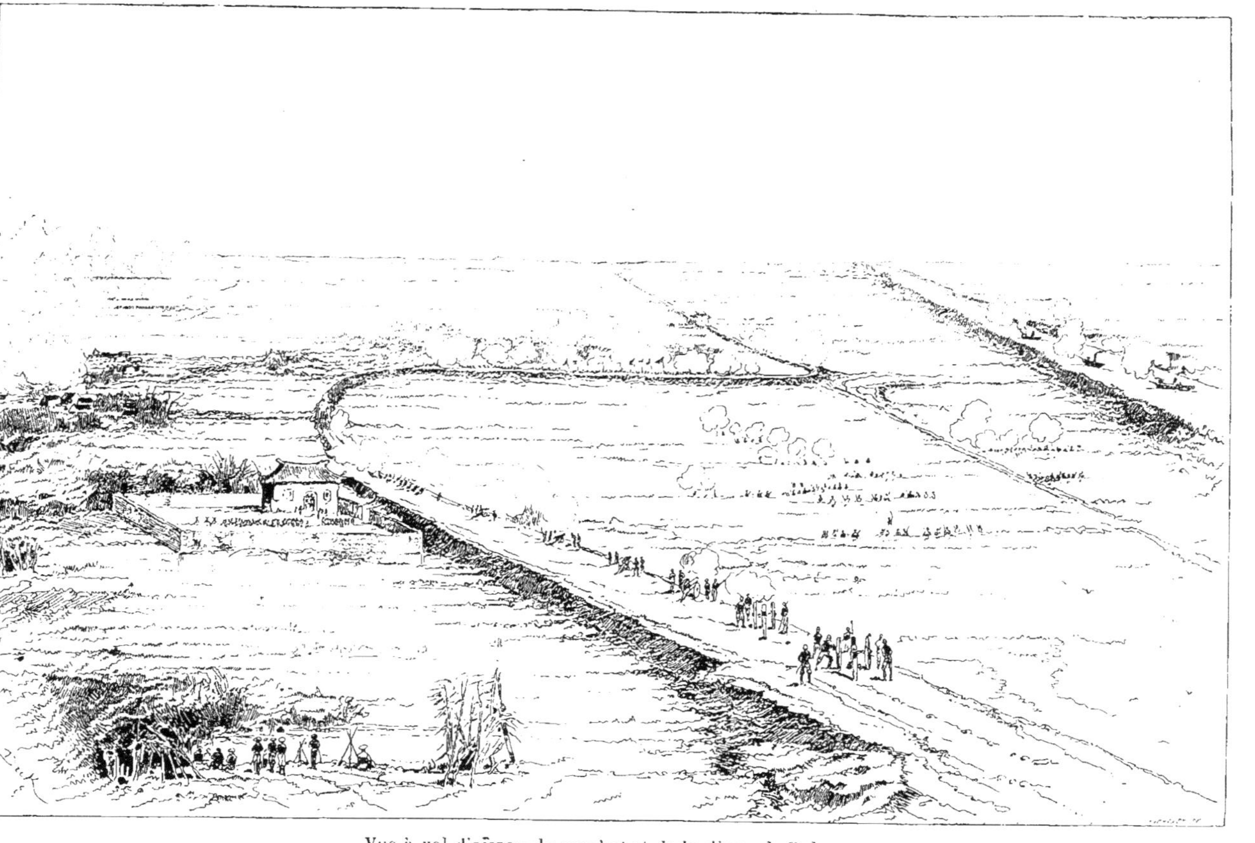

Vue à vol d'oiseau du combat et de la digue de Palan.

à plat ventre, le doigt sur la détente de leur fusil, visant ceux de nos soldats qui étaient restés sur la digue, exposés à leur feu.

Pour le coup, l'ennemi ne put y tenir, et, abandonnant ses canons, ses fusils et ses superbes étendards, il se mit à fuir de tous côtés.

Par ce combat, qui recommença le lendemain avec le même succès, mais non avec les mêmes difficultés, le général Bouet avait conquis une position importante ; de plus, il avait repris son prestige aux yeux des indigènes ; en outre, un grave événement s'était produit qui allait sans doute améliorer la face des choses.

Combat dans les rizières.

Pendant que ces choses se passaient au Tonkin, l'amiral Courbet forçait le gouvernement annamite à signer un traité qui nous conférait certains avantages. Tu-Duc, qui avait toujours été hostile à la France, venait de mourir. Il n'avait pas laissé d'enfants, et les mandarins du parti militaire faisaient tous leurs efforts pour faire élire à sa place un des neveux du défunt monarque qui fût dans les mêmes sentiments que lui. Il importait de s'opposer à l'exécution de ce dessein, et en même temps de forcer le gouvernement à respecter les engagements pris vis-à-vis de la France et qu'il avait violés en soulevant contre nous les populations du Tonkin. Donc l'amiral Courbet réunit dans la baie de Tourane un certain nombre d'hommes et de bâtiments, et, tandis que le général Bouet remportait aux environs d'Hanoï un avantage marqué sur les Pavillons-Noirs, il bloquait le port de Hué, capitale de l'Annam, qui était défendu par les forts de Thuan-An.

Le but principal de cette expédition était d'obtenir de l'empereur de Hué un traité avantageux, et l'amiral, par cette démonstration, était arrivé au but désiré.

La flotte se réunit dans la baie de Tourane ; vous devez vous rappeler qu'il a déjà été question de ce lieu. En 1856, c'est-à-dire vingt-sept ans auparavant, l'amiral Rigault de Genouilly y avait fait une démonstration pour protéger les chrétiens persécutés et s'était emparé de plusieurs ports. Cette baie présente un aspect si grandiose et si pittoresque que, d'après les voyageurs, quand une fois on l'a vue, on ne saurait l'oublier. Sous les brillants rayons du soleil, disent-ils, et encadrée de montagnes qui viennent s'y refléter, on la prendrait pour un lac de Suisse ; le soir, constellée par les feux des barques des pêcheurs, elle fait rêver à la baie de Naples, qui, vous l'avez sûrement entendu dire, est une des plus belles du monde.

Près de Tourane sont des grottes très curieuses, que les rares Européens qui fréquentent ces parages visitent avec intérêt. Elles sont creusées dans des montagnes de marbre blanc teinté de bleu, et semblent des ruines gigantesques. La grotte principale est une grande salle circulaire de vingt mètres environ de diamètre et d'une élévation de vingt-cinq ou trente (celle d'une très haute maison). Quelques trous, dans le sommet du rocher, y font pénétrer la lumière. La salle contient une pagode et nombre de statues et de petits autels. Peut-être un jour y aura-t-il des trains de plaisir pour ce pays-là : vous pourrez alors visiter ces grottes. En tous cas, il faut attendre que vous ayez du temps à votre disposition : les vacances suffiraient difficilement à ce voyage.

Nous profitons de cette interruption pour parler un peu d'Hanoï, de ses édifices et du peuple tonkinois.

CHAPITRE XVIII

PROMENADE DANS HANOÏ

Hanoï est une ville, une grande ville, quoiqu'elle n'ait pas l'aspect de nos capitales européennes. Elle contient environ cinquante mille habitants. Ce ne sont plus des cases de torchis comme à Haï-Phong, mais des maisons blanches couvertes de briques rouges, aux pignons décorés de faïence. Au-dessus s'élèvent les toits d'une multitude de pagodes, sur lesquels sont accroupis des dragons aux formes fantastiques. Un grand nombre de ces pagodes, il est vrai, tombent en ruine, et ces habitations ne brillent pas par la propreté. Pour trouver cette qualité, qui est généralement absente de l'Orient, il faut nous diriger du côté de la concession française, qui borde le joli petit lac d'Hanoï, ou bien visiter la citadelle, construite au siècle dernier par des Français, je vous l'ai déjà dit, et au-dessus de laquelle flotte le drapeau tricolore. Elle est située à côté de la ville.

En revenant de cette excursion, entrons à Hanoï par la porte des Incrusteurs.

Sur le passage des soldats, les indigènes se prosternent comme sur le passage d'une divinité. Il y a peut-être des gens que cela flatte ; mais, quant à moi, ces marques de servilité me causeraient du malaise ; je n'aime pas à voir des êtres humains se dégrader ainsi. Il me semble être un peu dégradé moi-même par cet avilissement de créatures de mon espèce.

La porte par laquelle nous pénétrons doit son nom à ce qu'elle se trouve près du quartier des *incrusteurs*.

Qu'est-ce que des incrusteurs ? allez-vous dire.

N'avez-vous jamais vu d'incrustations ? Si, n'est-ce pas ? C'est un travail qui consiste à découper des dessins en creux sur une plaque de bois, de pierre ou de métal, et à remplir ces creux avec une autre matière. On fait des incrustations d'ivoire, de nacre, d'écaille, de marbre, de lapis et de bien d'autres choses.

Les habitants d'Hanoï sont renommés pour ce genre d'ouvrage ; leurs incrustations sont généralement en nacre.

Mais entrons dans une boutique d'incrusteur en compagnie de M. Paul Bourde, qui était à Hanoï à cette époque et qui a écrit sur le Tonkin un livre fort intéressant intitulé *de Paris au Tonkin ;* puis regardons l'un des ouvriers travailler.

« Bon ! dites-vous, c'est bien indiscret ; si on allait nous mettre à la porte. »

N'ayez pas peur ; les Tonkinois y sont habitués, surtout depuis l'occupation française, et cela ne les trouble ni ne les dérange. Le peuple de ce pays vit en public ; et dès qu'il est éveillé, chacun ouvre le devant de sa maison, où le voisin peut plonger le regard et voir ce qui s'y fait.

D'ailleurs il y a derrière la maison une petite cour où croissent quelques fleurs, et où l'on peut se retirer pour se soustraire à la curiosité quand on le juge convenable.

Entrons donc sans cérémonie. Justement nous sommes chez Ki, l'ouvrier qui passe pour le plus habile.

A côté de lui est un plateau en bois de *trac ;* c'est un bois lourd, au grain serré, d'un ton brun rougeâtre très riche. Ki est occupé, pour l'instant, à examiner des coquilles et à choisir des nacres.

Il en rejette un grand nombre avec mépris, ne conservant que celles dont les tons chatoyants doivent se combiner avec le dessin qu'il veut représenter et en faire ressortir tous les détails. Vous savez déjà que la nacre est le revêtement intérieur de certaines coquilles. Celles dont on tire la nacre employée dans l'industrie, ou qui du moins fournissent les matériaux de qualité supérieure, ne se trouvent pas sur la côte du Tonkin ; on est obligé d'aller les chercher au sud de l'Indo-Chine, vers Saïgon et Singapour.

L'une d'elles, l'*aronde* ou huître perlière, se trouve dans la mer des Indes. L'aronde ressemble un peu à la coquille de l'huître ordinaire ; mais elle est beaucoup plus grande, plus plate, et sa nacre est plus épaisse. Elle renferme un mollusque, comme l'huître que vous connaissez, et ce sont les sécrétions de ce mollusque qui produisent les perles.

Hanoï. — La porte des Incrusteurs.

Seulement il n'est pas question de perles pour l'instant, mais de nacre. On dépouille cette coquille de son enveloppe grossière et rugueuse, et il reste cette matière irisée, brillante, demi-transparente, qu'on emploie pour les incrustations, pour les boutons, pour de petits bijoux et pour d'autres objets de fantaisie.

Mais Ki a fait son choix et se met à l'ouvrage.

Il commence par tracer sur sa nacre, avec la pointe aiguë d'un poinçon, les contours des dessins qu'il veut reproduire. Ce sont des enroulements de feuillage, des papillons, des insectes, de petits animaux. Après

Les Annamites sur le passage de nos troupes

les avoir tracés, il les découpe avec une lime. C'est déjà un ouvrage de patience, car la nacre est une matière assez dure. Nous qui ne sommes pas doués de la même vertu, nous ferons bien de sortir ; nous reviendrons demain : il aura fini et il passera à la seconde partie du travail.

Le lendemain, en effet, Ki, dont tous les petits morceaux de nacre sont découpés, se prépare à les incruster sur le plateau de trac.

Il commence par les coller à la place que chacun doit occuper, en suivant les dispositions générales du dessin qu'il a préparé à l'avance ; puis, du bout de son poinçon, il en trace les contours sur le bois ; alors il décolle ses morceaux de nacre. Il va maintenant, avec un burin, instrument d'acier à extrémité tranchante, enlever les portions de bois qui doivent être remplacées par la nacre. C'est la partie la plus longue et la plus difficile du travail. Pour que l'incrustation soit belle et solide, il faut que la nacre vienne remplir bien exactement les creux du bois sans laisser de vides autour d'elle. Quand chaque morceau est collé à sa place, à l'aide d'une sorte de laque, le plateau est fini, et nous pouvons l'admirer tout à notre aise.

Si je vous ai parlé si longuement des incrustations, c'est que d'abord cette industrie fait vivre depuis longtemps une grande partie des habitants d'Hanoï, et, de plus, ces sortes d'ouvrages sont devenus tellement à la mode parmi le corps expéditionnaire, que les ouvriers incrusteurs ne réussissent pas à satisfaire à toutes les demandes qui leur sont faites. Chacun, non seulement les officiers, mais même les simples soldats, quand l'état de leur bourse le leur permet, veut rapporter ou envoyer à ses amis de France un de ces jolis objets; et si vous en recevez quelques-uns vous-même d'un grand frère ou d'un cousin de là-bas, vous ne serez pas fâché de savoir comment ils sont fabriqués.

CHAPITRE XIX

LES PAGODES

J'ai eu plusieurs fois occasion de vous parler des pagodes ; je vais maintenant entrer dans quelques détails.

On donne ce nom aux temples consacrés par les peuples de l'Inde et de l'Indo-Chine à la célébration de leur culte.

Ces temples sont ordinairement construits au milieu d'une cour, plus ou moins spacieuse, autour de laquelle s'élèvent des hangars qui servent pour le service religieux.

Les pagodes sont entourées d'un mur percé d'une ou de plusieurs portes et surmontées d'ornements de formes tourmentées. Les unes sont en brique ou en pierre, avec des incrustations de marbre ou de porcelaine, les autres simplement en bois. Quelquefois l'entrée en est décorée de colonnes. Les toits en tuiles rouges, relevés à la chinoise, sont chargés de dragons en faïence dorée ou peinte des couleurs les plus vives. Sur les murs s'étalent des dessins et des bas-reliefs représentant toujours des sujets bizarres. L'autel est en laque rouge, découpé à jour, et on y voit généralement la statue de Bouddha, la divinité que vénèrent les peuples de l'extrême Orient. Parfois une boiserie, sculptée à jour aussi et laissant un passage au milieu, la divise en deux parties.

Les prêtres qui desservent les pagodes sont appelés *bonzes ;* ils sont vêtus d'une longue robe, à peu près comme nos religieux, et ils portent une queue qui leur pend derrière le dos, à la mode chinoise.

Les bonzes vivent des aumônes que leur apportent les fidèles et que ceux-ci déposent sur une table placée devant l'autel de Bouddha : c'est la *table des offrandes*.

Il y a des pagodes de toutes dimensions : les unes n'ont que les proportions d'une petite chapelle. Ce sont souvent des monuments élevés à la mémoire de parents perdus et regrettés, car le culte des ancêtres constitue la principale religion des Annamites aussi bien que celle des Chinois.

Les pagodes sont ordinairement entourées de bouquets d'arbres magnifiques, qui prennent des proportions colossales : car, ces arbres étant regardés comme sacrés, personne ne les abat jamais, et quand ils meurent, c'est de leur belle mort. Parmi eux se distingue le *banian* ou figuier indien, que vous connaissez déjà si vous avez lu *Robinson,* et qui possède une particularité bien curieuse. A l'extrémité de ses branches croissent des racines qui, quand la branche est assez longue, viennent s'implanter en terre et produisent des rejetons. Un seul arbre peut donc se multiplier au point de recouvrir une vaste étendue de terrain. En outre, il arrive souvent que des oiseaux, cherchant leur nourriture, laissent tomber sur un autre arbre, sur un palmier par exemple, des graines de banian; ces graines germent comme vous voyez parfois certaines plantes germer sur les troncs des vieux saules; mais le banian ne se contente pas de produire quelques feuilles ou quelques tiges qui font ressembler le tronc du vieil arbre à une corbeille de fleurs rustique : il grandit avec rapidité; des racines se développent au bout de ses branches; celles-ci gagnent la terre, s'y attachent, et bientôt de nouvelles plantes se multiplient, entourant le palmier et l'étouffant sous leurs innombrables rameaux. C'est cette faculté qui en a fait un arbre sacré pour tous les peuples du pays où il croît.

En voyant dans l'Annam un si grand nombre de temples et en remarquant comme ils sont bien entretenus, vous conclurez peut-être que les gens de ce pays sont très religieux. Dans tous les cas, leur religion vous semblera bien étrange.

Comme je vous le disais, il y a dans chaque temple une table appelée *table des offrandes;* c'est là qu'on dépose ce qu'on apporte au Bouddha quand on veut en obtenir une faveur. Un Annamite, par exemple, a l'intention d'entreprendre un voyage et il désire s'attirer la protection céleste : il offrira au Bouddha un cheval.

Mais un cheval en chair et en os coûte une grosse somme.

Par bonheur, Bouddha est de bonne composition : il se contentera

Pagode des Supplices à Hanoï.

d'un petit cheval de bois ou de carton, comme les jouets à bon marché de nos pays. On peut encore le satisfaire plus facilement en déposant sur son autel la figure du quadrupède en question, découpée dans du papier. De même, si un Annamite commence une affaire, afin de se rendre le Bouddha favorable, il lui consacrera un lingot d'or ou d'argent, dont un morceau de carton ou de papier doré ou argenté fera tous les frais. Ce sont des présents qui ne reviennent pas cher et qui n'exigent pas de

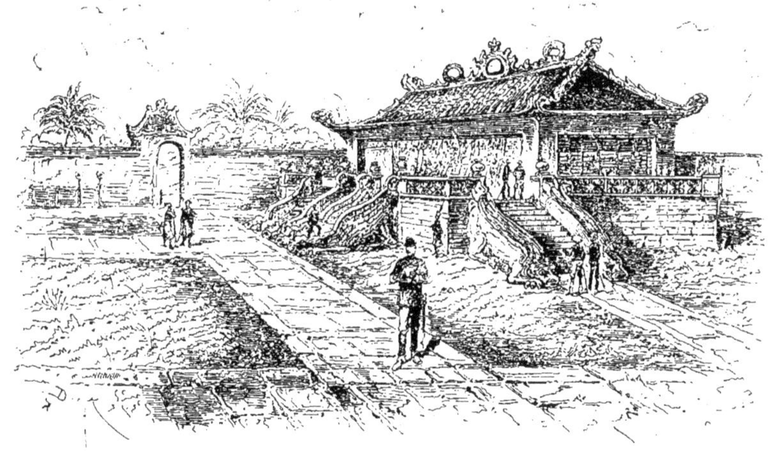

La pagode de l'Esprit-du-Roi à Hanoï.

grands sacrifices de la part de ceux qui les font. On n'est pas plus accommodant que ce Bouddha.

La plus belle pagode d'Hanoï est la pagode des Supplices.

N'est-il pas regrettable qu'un si joli édifice porte ce nom sinistre, surtout si on pense qu'il y a quelques droits ? Cette architecture chinoise a quelque chose de si gai, de si animé dans sa baroquerie, qu'elle semble ne devoir jamais évoquer que des idées de joie. Ces tours élancées, aux étages superposés et terminées par des flèches élégantes ; ces toits décorés de sonnettes, se relevant aux coins comme des bouches qui rient ; ces ponts fantastiques, ces balustrades laquées et découpées à jour ; ces dragons aux airs bonasses, roulant leurs gros yeux d'émail, font rêver fêtes, divertissements, décors d'opéra et de féerie, mais pas du tout exécutions capitales, et c'est sûrement, en dépit de son nom, ce qu'on doit se dire en regardant ce temple coquet.

Mais les opérations militaires dont le Tonkin est le théâtre depuis plus de dix ans ont fait un grand tort à ces jolis édifices. Dans beaucoup d'endroits ils ont servi de retranchements aux troupes et ne sont plus que des ruines. Les statues gisent à terre en morceaux; les boiseries délicatement ouvragées ont été broyées par les talons de nos soldats, et les monstres de faïence aux têtes grimaçantes ne forment plus que des tessons informes.

Oh! que la guerre est une triste chose, mes amis! non au moment où la grande voix de la patrie insultée et menacée vous appelle à sa défense, mais lorsque, l'enivrement du combat passé, on se trouve en face des ruines qui la suivent inévitablement!

CHAPITRE XX

LE MARCHÉ

Continuons à nous promener dans Hanoï.

Rendons-nous d'abord au marché.

Le marché à Hanoï n'a pas lieu tous les jours comme à Paris, mais seulement tous les cinq ou six jours. La place où il se tient est très animée et présente un coup d'œil amusant et original. Pas de boutiques ni d'auvents; le marchand s'accroupit modestement par terre, dans la poussière, ses marchandises étalées devant lui; quelques-uns les étendent sur du papier, sur du linge, sur un tapis, mais ce sont les raffinés. Tous se rangent autour de la place comme il leur plaît, laissant un espace libre au milieu pour les cavaliers et pour les charrettes, qui ont cela de particulier que les roues, au lieu d'être, comme les nôtres, formées d'un cercle dans lequel viennent s'emboîter des rayons qui se rejoignent à l'essieu, sont, pour la plupart, formées d'une seule pièce de bois, d'un énorme disque découpé à jour dans le milieu.

Ce ne sont que les riches propriétaires qui arrivent dans cet équipage; le plus grand nombre apportent leurs provisions dans des paniers placés sur la tête, enfilés au bras ou bien suspendus par des cordes aux deux extrémités d'une longue tige de bambou posée sur l'épaule.

Ces marchands viennent des campagnes environnantes avec les productions de leur jardin ou avec le résultat de leur travail de la semaine. Pendant que l'un porte sur la place ses fruits et ses légumes, ses œufs et ses poulets, un autre se rend chez le tisserand pour lui vendre le fil, le coton ou la soie que sa femme et lui ont filés; cet autre va proposer au marchand de laine la toison de ses moutons ou de ses chèvres; cet autre encore va acheter les matériaux nécessaires à son industrie. Ce qui est commode à Hanoï, c'est que chaque rue porte le nom du métier qu'on y exerce; ainsi il y a la rue de la Soie, la rue du Fer, la rue de la Porcelaine; on va tout de suite où l'on a affaire.

Pour l'instant, ce qui nous intéresse le plus, c'est le marché aux victuailles. D'abord il est très curieux par lui-même. Outre les productions de France ou d'Algérie, telles que raisins, figues, oranges, grenades, ananas, pastèques, bananes, etc., on y voit une foule de fruits dont à Paris on connaît à peine les noms : mangues, goyaves, mangoustans, anones, jaques, pamplemousses, cocos. Quelques-uns sont excellents,

Hanoï. — Escalier d'honneur.

mais d'autres ne valent pas grand'chose, et font sentir vivement l'absence du chasselas de Fontainebleau, des pêches de Montreuil et même des modestes pommes de reinette ; mais pour savoir au juste à quoi s'en tenir, il faut goûter.

A Paris, si vous achetez une orange de deux sous, vous tirez votre porte-monnaie et vous en extrayez un simple décime ; mais au Tonkin, comme dans l'Annam, comme en Chine, il n'en est pas de même, et une acquisition, si modeste qu'elle soit, demande une certaine dose de science numérique et surtout beaucoup de patience.

D'abord vous n'avez pas de porte-monnaie. Et, en effet, cela vous serait absolument inutile, car la petite somme que vos parents vous donnent par semaine pour vos menus plaisirs, traduite en monnaie annamite, ne pourrait entrer dans aucune bourse. Cette monnaie a si peu de valeur qu'il en faut six cents pièces, qu'on appelle *sapèques,* pour faire une *ligature* qui vaut un franc. Je dois vous dire que la matière de ces pièces n'est pas précieuse ; elles sont en zinc, percées d'un trou au milieu et enfilées sur un brin de jonc. Elles forment de longs chapelets qu'on passe à son bras quand on va au marché. Dix centimes égalent donc soixante sapèques ; vous comprenez alors que quand on va faire quelques emplettes il faut emporter tout un chargement de sapèques, et que les compter n'est pas une petite affaire.

Retranchements sur le Fleuve Rouge.

Par bonheur, il n'y a pas que des fruits sur le marché d'Hanoï : la partie sérieuse du repas, la pièce de résistance, comme on dit, y est représentée par des dindons, poulets, canards, poissons, légumes variés, sans compter le riz et le maïs, qui forment le fond de la nourriture de tous les peuples de l'extrême Orient, et jouent à peu près le même rôle que le pain chez nous. Le bœuf et le mouton y sont rares ; mais en revanche le porc y est abondant. Nous nous en faisons couper un bon quartier, auquel on joint quelques poulets, deux canards, des perdreaux, plus des poissons pêchés dans le joli petit lac d'Hanoï. Nous pouvons maintenant, sans redouter la famine, attendre le prochain marché

Mais ce sont principalement les poissons qui fournissent à la cuisine des indigènes; il y en a une variété infinie, dont nous ne savons pas le nom. Les arroyos en pullulent, aussi bien que les fossés et les mares qui coupent les rizières ; il suffit d'y jeter la ligne et le filet pour rapporter de quoi dîner.

Nos provisions faites, livrons-nous à l'observation. Ce qu'on remarque d'abord, c'est la consommation de sucre filé et de nougat au caramel qui se fait autour de soi. Décidément il n'y a pas qu'en France qu'on aime les bonbons, et la seule différence qu'on puisse y faire, c'est que chez nous il n'y a que les enfants qui se livrent ainsi, en public du moins, à leur amour pour les sucreries, et qu'ici ce goût paraît être de tous les âges : les gens de la campagne, venus à la ville pour affaires, ne manquent pas de se régaler de ces confiseries tonkinoises.

Ils ne se contentent pas, du reste, de sucreries; ils y entremêlent toutes sortes de friandises indigènes : des vers à soie frits, de petits crabes rôtis, et des hydrophiles, sortes de scarabées aquatiques, dont on a enlevé les ailes. — Des goûts et des couleurs...

Les confiseurs du cru sont très forts dans la fabrication du sucre d'orge, et on les voit manier et remanier de gros écheveaux d'une matière brillante, qu'on prend d'abord pour de la soie et qui n'est autre que du sucre caramélisé qu'ils sont occupés à convertir en ces bâtons dorés si fort aimés des enfants. C'est ordinairement devant leur porte qu'ils se livrent à cette industrie, et les voisins, les passants, les flâneurs (ils sont nombreux à Hanoï), suivent leur opération avec un vif intérêt.

La boutique de l'épicier présente aussi un curieux aperçu de toutes les productions du pays, un assortiment complet de poissons séchés, les uns menus comme des anguilles, les autres ressemblant à d'énormes cloportes. Ceux-ci, sortes de poulpes de rivière, étalent leurs bras multiples à côté d'énormes crevettes et de jeunes crabes. On y voit encore des pointes de bambous conservées, de l'amidon de riz qui sert à faire des gâteaux, des légumes secs et, parmi eux, une sorte de petit haricot dont on tire une gelée assez semblable à du lait caillé; puis ce qu'on trouve dans toutes les épiceries : du sel, du poivre, des oignons, des champignons, de l'ail, de l'huile, du thé, de la cassonade; et aussi ce qu'on ne trouve que dans certaines contrées de l'extrême Orient : du *nuoc-man*, une sauce dont on assaisonne invariablement tous les mets et qu'on obtient en laissant pourrir des poissons dans l'eau. Ne vous récriez pas trop : quelques-uns de nos fromages ont un parfum assez semblable à celui du nuoc-man.

Les boutiques d'Hanoï n'ont pas de brillants étalages comme les nôtres, et surtout pas d'amoncellements de marchandises : tout ce qui est à

Marchand tonkinois.

vendre, ou à peu près, est dans la montre. Le matin, le marchand soulève sa devanture en auvent, comme en avaient nos boutiquiers au moyen âge, ou comme en ont encore nos petits étalagistes au jour de l'an, et il nous est loisible d'examiner tout ce que contient l'établissement.

CHAPITRE XXI

LES MANDARINS

Dans l'Annam comme en Chine, on donne le titre de *mandarin* à tous les fonctionnaires ainsi qu'aux officiers.

Certains mandarins sont très savants; mais d'autres, surtout dans l'Annam, sont très ignorants. Tous sont également détestés du peuple, qu'ils pressurent, qu'ils volent et aux dépens de qui ils vivent.

Ils doivent une obéissance aveugle et complète à leurs supérieurs, à commencer par le souverain; et quand ils se sont rendus coupables d'une faute dont ceux-ci se sont aperçus (ils ne s'aperçoivent généralement que de celles qui les touchent personnellement), le châtiment ne se fait pas attendre. Souvent même ce châtiment est corporel. C'est ainsi que les interprètes du ministre des affaires étrangères à Hué, des mandarins lettrés, décorés de je ne sais quel bouton, convaincus d'avoir mal traduit une note envoyée par notre agent, furent condamnés à recevoir trente coups de rotin (un traitement qu'on ne ferait pas subir ici à un chien). La même punition fut infligée au médecin du roi pour avoir fait prendre à Sa Majesté une médecine qui ne produisit pas l'effet désiré.

Il y a des mandarins de divers grades, et ces grades sont indiqués par la couleur du bouton placé au sommet de la coiffure. Ce bouton a trois centimètres environ de diamètre. L'insigne du rang le plus élevé est le bouton rouge de corail; puis viennent le bouton bleu, en lapis-lazuli; le bouton bleu clair, simplement en verre; le bouton blanc opaque, qui est en porcelaine; le bouton de cristal; le bouton doré, etc., etc.

Un autre insigne de noblesse, c'est l'éventail.

Un mandarin de haut rang se fait escorter de deux domestiques tenant de grands éventails en plumes de paon avec lesquels ils chassent l'air vers *Son Excellence*. Il y a aussi le parasol, dont nous avons déjà parlé; les lances ornées de banderoles; les piques où sont attachées des queues de cheval; les bannières, les lanternes; puis les palanquins, sorte de fauteuils ou de litières fermées par des rideaux de couleur voyante dans lesquels les mandarins se font porter sur les épaules de leurs serviteurs.

Ces palanquins sont souvent extrêmement riches : les draperies sont en étoffes brodées et les bâtons en bois sculpté et doré, avec des ornements d'ivoire travaillés très finement.

Quand un mandarin va en expédition ou simplement en promenade, sa suite forme une véritable procession. En tête marchent deux soldats chargés de faire écarter le public; puis des domestiques, puis le mandarin lui-même, dans son palanquin, porté par d'autres domestiques, dont l'un est armé du parasol traditionnel; quelquefois il y en a deux, et le second est chargé de la boîte à chiquer : car presque tous se livrent à cette dégoûtante récréation qui consiste à mâcher du bétel. Cette habitude donne à leur bouche et à leurs dents un aspect repoussant et à leur haleine une odeur fétide.

Le mandarin sur son palanquin prend les airs les plus importants, tandis que les passants se prosternent sur son passage, avec les marques les plus exagérées d'humilité et de respect; c'est à qui prendra la posture la plus humble et la plus servile. Cela ne les empêche pas, en véritables enfants qu'ils sont, de s'en moquer aussitôt qu'il a le dos tourné, comme des enfants se moquent de leur maître. Si ce mandarin en rencontre un autre d'un rang supérieur au sien, il se prosternera à son tour, se faisant aussi humble que possible; puis, le mandarin disparu, il s'en moquera comme les gens du peuple se sont moqués de lui tout à l'heure.

Tous les fonctionnaires sont des mandarins, mais tous les mandarins ne sont pas des fonctionnaires : on entend aussi souvent par mandarin un homme lettré qui a passé certains examens. C'est ainsi que M. Paul Bourde, dont je vous ai déjà parlé, nous fait le portrait de Khoa, le mandarin qui lui servait d'interprète.

Je copie pour vous :

« Sa face jaune présente les caractères de sa race, qui s'éloignent le plus de notre idéal : le front bombé, les yeux bridés, le nez camard aux narines renflées, une bouche démesurément fendue. Il s'est fait couvrir les dents de laque noire pour s'embellir...

« Notre Khoa ne quitte jamais un large parapluie qu'il ouvre en toute occasion; c'est un insigne annonçant de loin un personnage qui n'est pas du commun. Quand on l'approche, une grosse bague de jade vert (espèce d'onyx ou pierre laiteuse à demi transparente) passée à l'annulaire appelle l'attention sur sa main; ses ongles, qui ont dix centimètres de long et qu'il soigne avec plus d'amour-propre qu'une jolie femme,

Un mandarin.

révèlent en lui le lettré. Il porte un turban en crépon de soie rouge qui laisse poindre le dos d'un peigne de prix en écaille enrichie d'argent; sa robe noire, de fine soie de Chine, est brodée de chrysanthèmes de satin, et ses élégantes bottines à l'européenne ont des pointes vernies... »

Je m'arrête : vous voudriez tous pour le carnaval avoir un costume pareil à celui de Khoa.

Il s'en faut que tous les mandarins annamites soient aussi élégants que Khoa. Généralement ils ont leurs pieds nus dans de grosses sandales, et, tout en causant, ils jouent avec, ce qui laisse un peu à désirer au point de vue de la convenance. Sous leur turban de crépon noir, leurs cheveux sont ramenés en chignons auxquels ils ajoutent quelquefois de fausses nattes. Quand ils veulent se faire beaux, ils passent le plus souvent par-dessus leurs habits une belle tunique de soie brochée, bleue ou violette ; mais il leur vient rarement à l'esprit de nettoyer leurs ongles, qui sont longs de deux pouces. C'est qu'aussi les Annamites ne se piquent guère de propreté : à peine passent-ils de temps en temps un peu d'eau sur leur figure. Même dans les plus grandes chaleurs de l'été, ils ne prennent pas de bains de mer, de peur des requins, — cela se comprend, — ni de bains de rivière, parce que, disent-ils, les bains de rivière sont mauvais pour la santé ! Le savon leur est inconnu ; on n'en fabrique pas chez eux; et quant à leurs cheveux, dont ils sont très coquets et qui en effet sont fort beaux,... je crois qu'il ne faut pas y regarder de trop près.

Il faut encore que je vous dise deux mots d'un autre mandarin que M. Paul Bourde avait dans sa suite. C'était son cuisinier. Ce personnage se prévalait de ce titre ronflant, et à l'occasion il ne manquait pas d'arborer le riflard. Aussi ne daignait-il pas, quand il allait au marché, rapporter lui-même les provisions; il louait un petit garçon (un *boy* comme on dit là-bas) pour tenir le panier.

Où la vanité va-t-elle se nicher ?

CHAPITRE XXII

LES TRIBUNAUX AU TONKIN

La justice était autrefois rendue au Tonkin par des tribunaux annamites; maintenant elle l'est par des tribunaux que nous avons institués et qui sont présidés par des officiers.

Tant que notre pouvoir ne sera pas complètement établi là-bas, il devra en être ainsi, et il faudra mettre les lois sous la protection de l'uniforme, les gens peu civilisés ne reconnaissant que le pouvoir du sabre.

Ces tribunaux infligent les châtiments en usage dans le pays, la bastonnade ou autres supplices du même genre, les seuls que les indigènes comprennent et qui produisent quelque effet sur eux.

Le malheureux qui a commis un délit ou une infraction quelconque aux lois est amené devant le juge, et celui-ci a bientôt fait de le condamner. Généralement, du reste, les preuves ne sont pas difficiles à faire, et il a été pris, comme on dit, la main dans le sac. On étend le condamné par terre tout de son long, et, séance tenante, on lui administre, à tour de bras, une quantité de coups de rotin plus ou moins forte, selon le méfait dont il s'est rendu coupable. Le juge les a déterminés d'avance, ainsi que la grosseur de la baguette avec laquelle on doit frapper. Il compte gravement les coups, tandis que des soldats annamites, l'arme au pied, assistent à l'application du jugement, prêts, sans doute, à prêter main forte à l'exécuteur des hautes œuvres pour le cas où le patient tenterait de se soustraire à la peine qu'il a méritée.

Le condamné pour vol est promené dans les rues pendant l'exécution, précédé d'un porteur de gong, et d'un homme tenant un écriteau qui indique le nom du criminel, sa profession et l'infraction qu'il a commise.

Voilà le public bien prévenu; et s'il se laisse prendre par ce voleur, c'est qu'il le voudra bien.

La plus grande rigueur est nécessaire pour réprimer les actes de brigandage qui se commettent principalement par les pirates. Non seulement ces bandits rendent la navigation très dangereuse dans les parages du Tonkin, mais encore ils opèrent des descentes et font des razzias sur les biens des habitants; dans ce pays-là, on n'a pas de notions très exactes sur le tien et sur le mien, et c'est précisément une des choses

Supplice de la bastonnade.

que nous aurons à inculquer aux indigènes. Pour commencer, on est obligé d'employer les moyens violents et de ne faire grâce à aucun.

Ces braves militaires aimeraient mieux monter à l'assaut d'une redoute ou d'une embarcation de pirates, le sabre au poing, que d'assister à ces supplices; mais on ne choisit pas son devoir, et, quel que soit celui que le pays vous impose, il faut le remplir avec fidélité et dévouement.

Du reste, les supplices en Chine sont très cruels, et vous avez peut-être entendu parler de celui de la *cangue*. La cangue est une lourde pièce de bois percée d'un trou par lequel on fait passer la tête du patient. Vous pensez combien le malheureux doit souffrir avec un pareil collier attaché à ses épaules! Il tâche d'en alléger le poids en le posant à terre ; il rampe alors dans une position presque aussi cruelle. Des bandes de papier collées le long de la face du coupable indiquent son nom et

Hanoï. — Le tribunal.

son crime. Comme il est hors d'état de porter ses mains à sa bouche, ses parents sont obligés de le faire manger. Parfois il ne peut résister à ses souffrances et il meurt misérablement.

CHAPITRE XXIII

L'AMIRAL COURBET

C'est donc de Tourane, misérable village situé au fond de la magnifique baie qui porte son nom, que l'amiral Courbet et sa flotte étaient partis pour Thuan-An, autre village situé à l'embouchure de la rivière de Hué et servant de port à cette ville dont il est très rapproché.

Thuan-An est aussi malpropre que les autres villages annamites ; les enfants s'y vautrent pêle-mêle dans une boue fétide avec les chiens et les porcs, de vilains porcs noirs dont le ventre traîne à terre, tant ils sont gras.

Tourane, le principal port de l'Annam sur la mer de Chine, est relié à Hué, la capitale, par une route, la seule du reste qui existe dans le pays. Ordinairement on n'y trouve que des chemins d'un ou deux mètres de large, séparant entre elles les plantations. Sur cette unique route, on rencontre de temps en temps des endroits appelés *trams*. Ce sont des agglomérations formées de quelques cabanes où sont disposés des relais de poste pour les courriers du roi, et où les voyageurs trouvent un abri. Ces courriers, montés sur des petits chevaux du pays qui ne quittent jamais le trot, portent les dépêches dans des tubes de bambou passés en bandoulière. Quand ils arrivent à un *tram*, ils remettent la bandoulière au courrier qui l'attend, et qui repart avec la même vitesse.

Mais l'amiral Courbet a quitté Tourane pour Thuan-An : suivons-le.

Comme vous pensez bien, les Annamites n'étaient pas disposés à laisser les Français pénétrer sans coup férir jusqu'à leur capitale. D'ailleurs quand on fait la guerre, on a une manière assez brutale de demander le passage : c'est ordinairement le canon qui s'en charge, et c'est le moyen qu'avait employé l'amiral Courbet. Il faut dire que nous n'avions pas beaucoup de ménagements à garder avec les Annamites, qui s'étaient mal comportés avec nous, et ce n'est plus en ami qu'on se présentait chez eux. A peine arrivé, l'amiral commence donc par ouvrir son feu, comme on dit, sur les batteries de Thuan-An. Les autres répondent de leur mieux ; mais comme leurs engins ne valent pas les nôtres, ils ne nous font pas grand mal, tandis que presque tous nos obus portent juste.

Si bien que dès le lendemain l'amiral aurait pu tenter le débarquement. Par malheur, la mer était si mauvaise qu'il était impossible d'y songer : tous les canots eussent chaviré ; il faut remettre l'opération au jour suivant.

Le surlendemain donc, dès cinq heures du matin, les chaloupes, remorquées par des canots à vapeur et chargées de soldats d'infanterie de marine, se dirigent vers le rivage, pendant que tous les navires de la flotte couvrent la plage et les forts de leurs projectiles, afin de protéger le débarquement des nôtres.

Les ennemis ripostent vigoureusement. On les voit courir dans leurs retranchements, qui s'étendent le long du rivage, vêtus à la légère, et la tête couverte du salako, ce petit chapeau de laque, agitant leurs fusils, leurs lances, et leurs sabres emmanchés au bout d'un long bambou. Ils s'abritent derrière leurs boucliers de paille ou de carton peint, sur lesquels grimacent des monstres menaçants, et qui, en dépit des matériaux avec lesquels ils sont faits, présentent néanmoins une certaine solidité.

Mais ces monstres, pas plus que ceux qui les portent, ne font peur à nos soldats, dont les barques viennent de toucher terre. Ils se jettent à l'eau, tenant leurs fusils en l'air pour qu'ils ne soient pas mouillés. D'autres débarquent des canons, qui en un clin d'œil sont montés sur leurs affûts.

Nos soldats sont suivis de nos alliés annamites, avec leur face jaune et leur costume pittoresque : salako laqué, cravate et ceinture rouges, pantalon noir flottant. Ils ont les pieds nus. Cela ne paraît pas les gêner du tout, et ils n'en courent pas moins allègrement. Du reste, les souliers ne jouent qu'un rôle très secondaire dans le costume de la majeure partie des Annamites, qui vont pour la plupart nu-pieds, laissant le luxe des babouches aux riches. Quant aux bas, ils sont si parfaitement inconnus dans l'Annam que le mot n'existe pas pour les désigner.

Thuan-An. — Débarquement des fusiliers marins.

Malgré la grêle de boulets lancés par les forts, les nôtres avancent vers Thuan-An, en repoussant devant eux les ennemis. Ceux-ci pour retarder notre marche incendient le village. Leur espoir est déçu, et ces flammes ne nous arrêtent pas ; vous pensez pourtant si ces chaumières en paillotte se font prier pour brûler !

Malgré les *trous à loup* (des excavations creusées dans le sol et hérissées de bambous taillés en pointe), malgré les chevaux de frise, malgré les plantes grasses garnies de piquants qui hérissent les parapets et les transforment en porcs-épics, les marins sautent dans le premier fort, le fort de la Pagode, qui est évacué.

Quelques heures après, c'est le tour du fort central, grande forteresse de forme circulaire qui constitue la principale défense de la rivière. Nous y entrons après une assez vigoureuse résistance. Les Annamites affolés se jettent par-dessus les murs, sautent dans les fossés ; on en fait un massacre, hélas ! épouvantable.

Enfin à neuf heures retentit la sonnerie « Cessez le feu ! »

Un contremaître grimpe au sommet du mât qui surmonte le fort et porte le grand étendard jaune de l'Annam. Il l'amène et fait flotter à sa place le pavillon tricolore. Alors le clairon sonne l'air si connu des marins :

A nos couleurs sacrées
Soyons toujours fidèles !

Chacun se découvre et salue le drapeau de la patrie, pendant que tout autour Thuan-An et les autres villages continuent à flamber comme autant de feux de paille.

Ça, voyez-vous, c'est un moment qui vous émeut toujours profondément, et qui vous fait oublier dangers, fatigues et souffrances.

CHAPITRE XXIV

PROMENADE DANS HUÉ

Nous avons laissé nos soldats maîtres des forts de Thuan-An. L'amiral Courbet vient les féliciter et interroger les prisonniers.

Toute résistance était désormais impossible. Hué (on prononce *Houé*), qui jusque-là avait compté sur ses fortifications réputées inexpugnables, est sous le coup de la consternation. Pendant la nuit, le ministre des affaires étrangères d'Annam se présente aux avant-postes français, demandant la paix à tout prix.

Le traité est signé quelques jours après.

Nous pouvons donc entrer à Hué.

Jusqu'ici c'est une satisfaction qui n'a été donnée qu'à un très petit nombre d'Européens. De même que les villes chinoises, Hué leur était fermé; aussi faisait-on courir une foule de légendes sur cette capitale. On prétendait, entre autres choses, que l'empereur faisait garder ses trésors par des caïmans. Le fait est que dans le palais du roi est un bassin où l'on entretient des caïmans comme chez nous on entretient des carpes; le fait est aussi que ce seraient de bons gardiens si la férocité constituait le principal mérite des chiens de garde; mais vous saurez que le roi de Hué élève quelques-uns de ces aimables animaux dans un but beaucoup plus pacifique. C'est simplement pour l'entretien de sa table. Il paraît que la queue de caïman, de même que la queue de requin, fournit un mets très apprécié des Annamites, mais que nous autres Européens nous goûtons peu et auquel nous préférons les carpes dont je vous parlais tout à l'heure.

Hué possède une citadelle importante, élevée au commencement du siècle, de même que celles du Tonkin, sous la direction d'officiers français. Elle renferme des casernes, des arsenaux, des parcs d'artillerie, des greniers, des prisons. Son enceinte bastionnée, qui a près de sept kilomètres de tour, est percée de larges portes, surmontées chacune d'un pavillon chinois, aux angles garnis de sonnettes, et qui sert pendant la nuit de guérite aux factionnaires; mais les Annamites ont été si bien étrillés à Thuan-An qu'ils ont renoncé à faire usage de leurs moyens de défense, tout formidables qu'ils sont.

Au milieu de l'enceinte dont je viens de parler est le palais du roi, dont on ne franchit la porte que tête baissée et parasol fermé, en signe de respect.

Le parasol, que nos soldats appellent irrévérencieusement un *riflard,* joue un grand rôle dans l'Annam aussi bien qu'en Chine. C'est le signe de la puissance, et un fonctionnaire ne marche jamais sans un, deux ou même quatre parasols, portés par d'autres dignitaires d'un grade inférieur. Le nombre de parasols auxquels on a droit est réglé par le rang qu'on occupe; seulement dans l'Annam on ne ne se gêne pas pour s'adjuger un ou deux riflards de plus; il en est de cela comme du galon : quand on prend du riflard...

Avoir au-dessus de sa tête deux ou trois de ces objets, ce n'est pas le moyen d'être mieux abrité du soleil ou de la pluie; mais c'est là la moindre des fonctions du parasol dans l'extrême Orient. Il n'est pas destiné à l'usage vulgaire auquel, nous autres Européens, nous l'avons fait descendre. Ce ne sont pas les personnes seules qu'il abrite, mais aussi, à l'occasion, les objets. Ainsi, quand il s'agit d'un traité avec une puissance étrangère, le contrat est porté à la signature du roi escorté de quatre parasols jaunes, la couleur impériale; en certaines occasions aussi les chevaux du monarque sont couverts de même.

Ces parasols sont de couleurs voyantes, richement brodés et montés sur des manches en bois sculptés et dorés.

Ce sont des objets sacrés, et se permettre de toucher à l'un deux, c'est insulter celui à qui il appartient. Du reste des soldats sont chargés de les faire respecter.

Il y a des circonstances où, quoiqu'on n'exerce aucune fonction et qu'on ne possède aucune dignité, l'on a droit au parasol. Ainsi, dans un mariage, le personnage principal de la cérémonie marche avec un parasol ouvert au-dessus de sa tête. Vous allez penser que c'est le marié ou la mariée qui jouit de cet honneur. Détrompez-vous : il est réservé à celui qui a été chargé par la famille de porter le coffret contenant le contrat de mariage.

Mais revenons à Hué.

La rivière est couverte de sampans, de jonques chinoises ou annamites : car là, comme au Tonkin, comme en Chine, la plupart des transports se font par eau. Des troupeaux de buffles, conduits par un enfant

Thuan-An. — Le fort du Nord.

(c'est avec les buffles qu'on laboure la terre dans ce pays), tout dégouttants d'eau et de vase, viennent se baigner dans la rivière, que bordent de chaque côté de jolies cases aux toits relevés et aux silhouettes bizarres. Des jardins bien ombragés s'étendent jusqu'au rivage. Hué étant situé bien plus au sud qu'Hanoï, il y fait beaucoup plus chaud, et les productions y sont encore plus variées. De même qu'au Tonkin, le sol est très fertile. Une foule de plantes inconnues à nos pays y croissent en abondance : le palmier d'eau, le manguier, le jacquier, l'arbre à pain, le tamarinier, le bananier, etc. On y voit aussi ce figuier indien appelé *banian* ou *bo-dé* dont je vous ai déjà parlé. Le tronc de certains de ces banians dans l'Annam a jusqu'à vingt mètres de circonférence.

A mesure qu'on remonte le fleuve, en allant de Thuan-An à Hué, le nombre des bateaux augmente. Ils sont chargés de soie, d'ivoire, de poivre, de sucre, de cannelle, d'indigo, de thé, de tabac, d'opium, de porcelaine, d'étoffes, de résine, de plumes d'oiseaux, de petits meubles en bois sculptés ou incrustés d'ivoire et de nacre : car Hué est une ville importante et fait un commerce considérable de tous ces objets.

Elle commence, aussitôt le traité conclu, à reprendre son aspect accoutumé : les ouvriers, les marchands, leurs fardeaux fixés aux deux extrémités d'une perche de bambou posée sur l'épaule, ce qui les fait ressembler à une balance gigantesque, retournent à leurs travaux; les

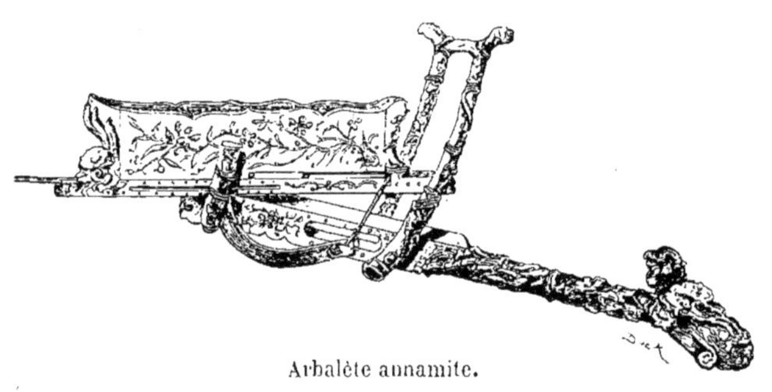

Arbalète annamite.

bébés, à cheval sur la hanche de leur maman (manière de porter les enfants particulière au pays et qui probablement n'est pas plus mauvaise qu'une autre), sourient aux passants, comme les bébés de tous les pays, de leurs yeux noirs qui éclairent leurs gentilles petites figures jaunes : car une chose particulière à l'Annam, c'est que les hommes sont fort laids et les enfants jolis; les gamins jouent à la toupie (un jeu dans la nature ou à peu près, il faut croire, car on le retrouve partout), et des éléphants défilent majestueusement sur la chaussée pour gagner la route de Tourane.

Les Annamites n'emploient pas les éléphants seulement comme des bêtes de somme, ils en font encore usage à la guerre, et on leur enseigne l'exercice comme à des soldats.

A cet effet on dresse un rang de pieux et de palissades, défendus par d'énormes mannequins, armés de piques et de fusils de bois, derrière lesquels se tiennent de véritables soldats. Ceux-ci crient, tirent des pétards, déchargent leurs armes, pour animer les éléphants; puis ils se sauvent à toutes jambes, et ils font bien, car ces animaux, très excités, prennent le jeu au sérieux. Montés par des cavaliers, ils s'avancent rapidement

Cortège de Luh-Vinh-Phuoc, généralissime des Pavillons-Noirs.

en faisant trembler le sol sous leurs pas. Ils se ruent sur les mannequins et les culbutent. Leurs cris, mêlés à ceux des soldats et au bruit du tam-tam, produisent un tapage épouvantable. Ils font voler les faux ennemis en l'air ou les broient sous leurs pieds. Quand ils ont ainsi renversé deux ou trois rangées d'obstacles, la fête n'est pas encore terminée. On leur donne une sérénade et on les fait tourner en rond. — Est-ce que les éléphants prendraient à ce divertissement autant de plaisir que les petites filles?

La ronde finie, ils rentrent chez eux, tout glorieux sans doute de s'être si bien acquittés de leur tâche.

On dit que c'est dans le Laos, contrée voisine de l'Annam, qu'on prend les plus beaux éléphants, les plus remarquables pour leur intelligence.

Ces animaux ont encore un rôle à jouer dans les grandes cérémonies. Ils figurent dans les cortèges solennels, et on les voit alors porter sur leur dos des palanquins richement brodés où quelque personnage de haute distinction se prélasse. Un cornac est assis sur leur cou pour les diriger ; un autre, sur la croupe, tient un parasol de couleur voyante, un de ces parasols qui indiquent le haut rang de celui qu'ils abritent.

Luh-Vinh-Phuoc, le fameux généralissime des Pavillons-Noirs, avait ses éléphants dressés au combat et qui le portaient dans les grandes occasions.

Tu-Duc en possédait aussi un grand nombre, et deux entre autres qu'il habillait de draperies jaunes brodées de dragons multicolores. A leurs pieds étaient attachés des bracelets; leurs défenses étaient enrichies d'or, et ils portaient sur la tête des ornements rouges. Un mandarin à robe bleue leur servait de cornac, et un parasol jaune ombrageait leurs majestueuses personnes. Il y a bien des gens qu'on ne traite pas avec autant de cérémonie.

CHAPITRE XXV

UN COUP D'ŒIL SUR L'ANNAM

Pour l'instant, nous laisserons les occupations militaires se poursuivre sans nous, et nous nous promènerons dans l'Annam.

On n'est pas fâché de savoir comment vivent les habitants de ces pays lointains et comment sont obligés d'y vivre les Européens qui viennent les occuper.

Les éléphants, dont je vous parlais l'autre jour, ne sont pas les seuls animaux sauvages qu'on trouve au Tonkin et dans l'Annam, et parfois un officier sous sa tente a été surpris par la terrifiante visite d'un tigre. On y rencontre encore le bœuf sauvage, qui est beaucoup plus gros que le bœuf de nos pays et qui marche par troupes; mais il n'attaque l'homme que quand il est attaqué. Les singes aussi, surtout dans l'Annam, sont fort à redouter. Quelquefois ces malicieuses bêtes ravagent en une nuit tout un champ de cannes à sucre. Ils ne se contentent pas de s'en régaler à satiété, quand ils n'ont plus faim, ils brisent toutes les tiges qui restent, détruisant ainsi toute la récolte. On leur fait la guerre en allumant de grands feux et en frappant sur des gongs pour les effrayer; mais le bruit et la lumière sont de faibles armes contre cette engeance endiablée.

Il y a en outre dans ce pays une multitude d'animaux qui, s'ils ne sont pas redoutables par la taille, constituent une compagnie d'autant plus désagréable qu'ils s'introduisent sans façon dans vos demeures. Tels sont les moustiques, qui nuit et jour vous harcèlent de leurs piqûres; les rats et les souris, qui s'établissent dans les toits en paillotte; les grenouilles, les crapauds, les lézards, et parmi eux le *jecko,* qui est énorme et de plus fort laid; ces animaux passent sous les portes mal jointes pour venir se chauffer à votre feu, manger à votre table ou s'installer dans votre lit.

C'est qu'aussi les maisons ne sont pas parfaitement bien construites. Ce sont pour la plupart des hangars couverts de feuilles de latanier. La porte ne s'ouvre pas, comme les nôtres, en se promenant de gauche à droite ou de droite à gauche; elle se soulève, à peu près comme la fermeture de certaines échoppes, et on la tient ouverte pendant le jour; le soir on la laisse retomber. A l'intérieur, des nattes servent de cloison. Les maisons des gens riches et les pagodes surtout sont mieux construites; mais elles n'en sont pas moins très humides, et si on a l'imprudence de laisser ses habits à terre, on les retrouve le lendemain tout trempés.

Une Française qui a séjourné au Tonkin, dont le climat est à peu de chose près le même que celui de l'Annam, a raconté avec esprit toutes les précautions qu'elle était obligée de prendre pour préserver ses vêtements, son linge, ses livres, de l'humidité.

Chaque matin les souliers, même ceux que l'on n'a pas portés, doivent être sortis et cirés; les vêtements dépliés, secoués. Si on ne prend pas la même précaution pour les livres, ils s'imprègnent d'une détestable odeur de moisi, se piquent, se tachent.

Vous voyez combien, chaque matin, cela complique le ménage.

C'est l'ouvrage du *boy,* jeune garçon chinois ou annamite, qui, s'il fait sa besogne en conscience, n'a pas le temps de se croiser les bras.

Nous sommes allés au marché à Hanoï, allons-y maintenant à Hué. Ordinairement, à ce qu'on nous a dit, les vivres y sont à très bon compte. Ainsi, on a un poulet pour cinquante ou soixante-quinze centimes; un porc pour une quinzaine de francs, et les fruits, œufs, légumes, pois, sont pour presque rien. Mais l'arrivée des troupes françaises a fait hausser considérablement ces prix, et il nous faudra défiler pas mal de sapèques pour obtenir quelque chose.

Jamais on ne vit une telle profusion de légumes : aubergines, tomates, concombres, navets, champignons, topinambours, pourpiers, potirons, fèves, pois, épinards, patates, oignons, haricots verts, etc., etc., sans compter ceux dont nous ne connaissons pas même le nom. Pour le fromage et le beurre, absents. Les Annamites ne font pas usage du lait, qu'ils n'aiment pas. Ils disent que c'est un aliment malsain et ne trayent pas leurs vaches. — Le lait un aliment malsain! Qu'en pensez-vous?

La place du Marché à Hué.

Heureusement qu'au Tonkin du moins on commence à revenir de ce préjugé, et que, si vous y alliez, vous ne seriez plus obligé de vous en priver, pas plus que de crème et de beurre. Vous pourriez aussi, si le cœur vous en disait, vous régaler de canne à sucre : car on en cultive une espèce particulière, très grosse, qu'on mange crue; l'autre sert à faire du sucre, ou plutôt une sorte de cassonade jaunâtre, mais qui n'est pas désagréable au goût.

Quant au reste de la cuisine annamite, sauterelles frites, pieuvres séchées, amandes sautées dans le sel, tranches d'œufs confites dans la chaux et devenues noires, oignons trempés dans la moutarde, salmis de pattes de canards, escargots aquatiques, nids d'hirondelles, nageoires de requins, queues de caïmans, chrysalides de vers à soie, etc., etc., vous ne vous en accommoderiez guère, pas plus que de la sauce au nuoc-man dont je vous ai déjà parlé.

Il n'est pas étonnant que le marché soit si bien approvisionné, car les Annamites s'entendent merveilleusement bien en culture. Ils se servent pour labourer la terre d'une petite charrue légère traînée par un buffle. Les plaines sont coupées d'une multitude de canaux qui servent à répandre partout l'humidité. Quand ce n'est pas la nature qui a creusé ces canaux, comme au Tonkin, dans le delta du Fleuve Rouge, ce sont les hommes, et ils les ont établis de manière à porter de l'eau partout où il est besoin. Les Annamites sont, du reste, très laborieux, et on les voit travailler ayant de l'eau jusqu'à mi-jambe, soit dans les champs, soit autour de leurs demeures, où ils entretiennent des jardins dans lesquels croissent toute espèce de légumes. La production principale du pays est le riz; mais on cultive aussi beaucoup le maïs.

Quand le riz est récolté, on étend les gerbes à terre, et on les fait piétiner par les buffles pour séparer le grain de l'épi. Cette opération est ce qu'on appelle le *dépiquage,* et cette manière de procéder était encore en usage il n'y a pas longtemps dans le midi de la France pour les grains.

Une particularité qui frappe tous les voyageurs dans l'Annam et au Tonkin, c'est que, comme je vous l'ai déjà dit, les enfants y sont très gentils et les hommes fort laids. Cela vient en grande partie de la déplorable habitude qu'ont ceux-ci de faire usage du *bétel.*

Le bétel est une plante qu'on cultive dans les jardins et dont on mâche les feuilles. Cette plante a une saveur tellement âcre qu'il serait impossible de l'employer seule: c'est pourquoi on y mêle de la chaux, afin de l'adoucir. On y ajoute encore une autre substance végétale appelée *noix d'arec,* qui est une drogue du même genre et qui pousse aussi dans le pays. Quand vous saurez que le bétel noircit les dents, les gâte et les fait tomber, qu'il donne à la salive une couleur rougeâtre qui tache les parquets, vous aurez peine à vous expliquer la passion des Annamites pour cet ingrédient, qui est d'un usage général dans toutes les classes de la société. Les jeunes filles *chiquent,* car c'est le mot, comme de vieux loups de mer; et comme avec cela elles se font enduire les dents d'une belle laque noire vernie, afin de se rendre plus séduisantes, vous devinez l'effet qu'elles doivent produire sur les Européens.

De même que chez nous les jeunes gens ont des étuis ou des boîtes à cigares coquets et élégants, les Annamites riches qui font usage de bétel ont des boîtes à chiquer très jolies. Les unes sont en bois de trac avec incrustations de nacre, d'autres en laque ou en métal. Elles sont divisées en compartiments renfermant la boîte à chaux, les feuilles de bétel et la noix d'arec, avec tous les ustensiles nécessaires au fumeur ou au chiqueur.

On étend avec soin la chaux sur la feuille de bétel, on ajoute la noix d'arec coupée en petits morceaux, et on déguste le tout. Cela ne vous fait-il pas envie?

Une autre drogue aussi pour laquelle les peuples de l'extrême Orient sont passionnés et qui produit des effets encore plus funestes, c'est l'opium. L'opium est le suc d'un genre particulier de pavot. Vous connaissez bien cette fleur, dont les couleurs sont si riches et qui est une sorte de grand coquelicot double. Le pavot a la propriété de faire dormir, et, si vous avez appris la mythologie, vous avez vu qu'on représente Morphée, le dieu du sommeil, entouré de pavots. Quand une personne est malade et ne peut reposer, on lui fait prendre de la tisane faite avec la capsule du pavot, cette espèce de boîte ressemblant à un hochet d'enfant, et qui contient les graines. Le pavot blanc qu'on cultive dans l'Inde a les mêmes propriétés que le pavot d'Europe, mais à un degré beaucoup plus fort. On fait des incisions à la capsule, et il en sort un suc laiteux qui s'épaissit, brunit et forme comme des *larmes*. C'est l'*opium*, et c'est avec l'opium qu'on fait la *morphine,* ce médicament dont vous avez entendu parler et dont on se sert pour calmer les douleurs les plus vives.

Chez nous on n'emploie l'opium qu'en pharmacie, et encore avec de grandes précautions, car c'est un poison violent ; mais les Orientaux, et principalement les Chinois, se sont avisés de le fumer comme on fume du tabac. Soit dit en passant, le tabac lui-même n'est pas déjà une si bonne chose pour la santé, car c'est aussi un poison ; mais l'opium est bien autrement actif encore, et ceux qui en font usage ne tardent pas à devenir maigres, hâves, puis hébétés et idiots. On se demande vraiment comment l'idée d'introduire dans son corps une pareille substance peut venir à l'esprit de gens raisonnables ; de plus, l'odeur en est extrêmement désagréable, et c'est à peine si ceux qui n'ont pas la déplorable habitude de fumer de l'opium peuvent la supporter.

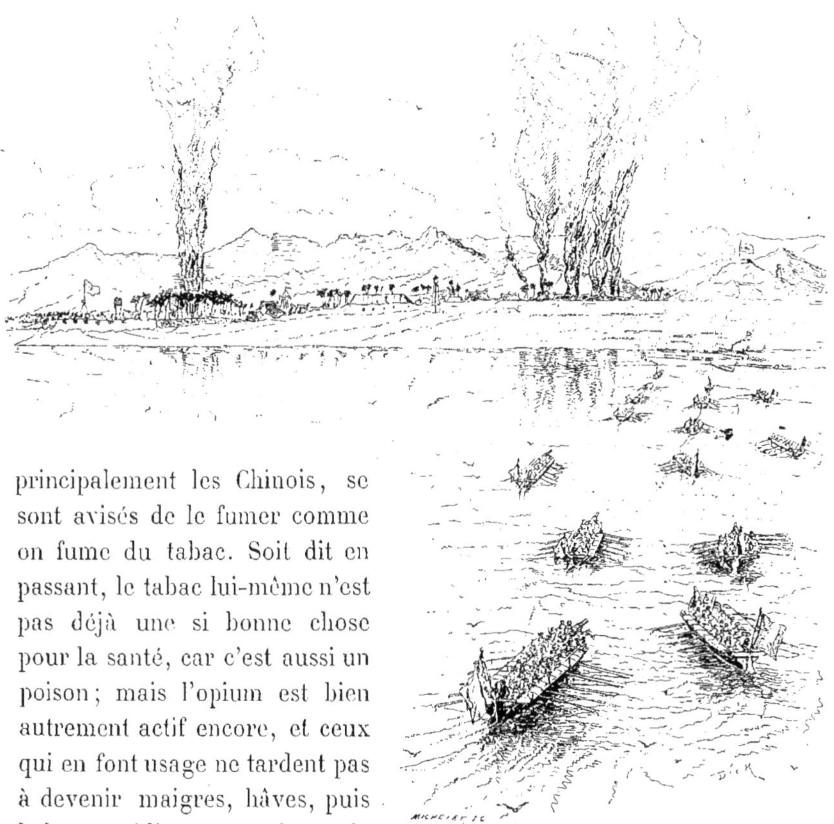

Thuan-An. — Débarquement des troupes.

Je veux encore, pendant que je suis à Hué, vous parler du théâtre. Il y a d'abord les saltimbanques, les jongleurs, les prestidigitateurs, les faiseurs de tours de toutes sortes : vous savez que les Chinois sont très habiles dans ce genre d'exercices. Les Annamites professent la même dextérité pour les tours de passe-passe ; personne n'excelle comme eux à se disloquer le corps, à avaler un sabre sans en éprouver la moindre gêne, à escamoter une muscade ou à jouer avec une demi-douzaine de boules sans en laisser tomber une à terre.

Puis il y a des chanteurs ambulants, qui s'accompagnent d'un petit tambourin, d'une guitare à une seule corde et d'une paire de castagnettes. En outre, les Annamites aiment beaucoup les représentations dramatiques, et chaque soir les soldats indigènes, nos alliés, tantôt devant une caserne, tantôt devant une autre, dressent une baraque, qu'ils décorent de lambeaux d'étoffes bariolées, où ils jouent des pièces. La scène occupe le fond du théâtre, et les musiciens se tiennent accroupis à droite et à gauche des acteurs. Sur un des côtés de la salle est une estrade pour les mandarins et les personnages de distinction ; le parterre est à tout le monde, et l'entrée en est gratuite, car les artistes jouent « pour l'amour de l'art » ; cependant ils ne refusent pas, dit-on, les sapèques que leur jettent les spectateurs généreux. Les acteurs, la figure barbouillée de couleur et revêtus de costumes grotesques, débitent des discours en faisant de grands gestes, des cabrioles et des contorsions de toutes sortes qui semblent divertir beaucoup le public. Pendant ce temps, les spectateurs, ceux qui consentent bien entendu à payer ce luxe, boivent du thé dans des tasses microscopiques, et les musiciens font un tapage assourdissant en frappant sur leurs gongs, en soufflant dans leurs flûtes et en grattant leurs instruments à cordes.

CHAPITRE XXVI

MARCHE SUR SON-TAY

Ce n'était pas tout que de contraindre les ennemis à signer un traité, il fallait encore le faire accepter et respecter.

Celui que l'amiral Courbet avait forcé le gouvernement annamite à signer reconnaissait notre *protectorat* sur le Tonkin, et stipulait que les troupes annamites qui occupaient les forteresses de cette province seraient rappelées. En outre, il y était dit expressément : « La France se charge à elle seule de chasser du Tonkin les bandes connues sous le nom de Pavillons-Noirs et d'assurer la sécurité du commerce du Fleuve Rouge. C'était à nous maintenant qu'il appartenait de *protéger* les habitants contre les agressions des Pavillons-Noirs ou autres bandits et d'entretenir la paix chez eux.

Mais les mandarins, qui jusque-là avaient gouverné le Tonkin au nom du roi d'Annam et qui y trouvaient leur intérêt, n'étaient pas disposés à abandonner leur poste. Soutenus par ces mêmes Pavillons-Noirs, sous les ordres de leur chef Luh-Vinh-Phuoc, et par les Chinois, ils s'étaient fortifiés à Son-Tay et à Bac-Ninh et s'apprêtaient à résister.

Son-Tay est cette forteresse située au nord du Delta, au delà de Palan, sur la route de laquelle s'étaient déjà livrés plusieurs combats. Les Pavillons-Noirs y avaient établi de tels retranchements que les en déloger était une entreprise difficile. Cependant, comme elle était de la plus haute importance, il n'y avait pas à reculer.

Près de Son-Tay est un village nommé *Phu-Sa* ou *Phu-Xa* et un autre nommé *Phu-Ni* (vous allez vous perdre dans ces *Phu*). Les ennemis avaient relié le premier, Phu-Sa, à la ville et celle-ci à Phu-Ni par des fortifications formidables, faisant ainsi de Son-Tay une place presque imprenable.

De son côté, tous ses préparatifs terminés, l'amiral Courbet se mit en marche. Des chaloupes à vapeur, des jonques, embarquent une partie de ses troupes, qui doivent remonter le fleuve, tandis que l'autre partie le longera pour gagner Son-Tay.

Ce fut un spectacle imposant que celui de cette flottille s'ébranlant au bruit des salves de canon qui saluaient son départ, lui souhaitant ainsi la victoire.

Les troupes qui suivaient la voie de terre composaient la colonne la plus bigarrée du monde. Elle contenait des Arabes, des Cochinchinois,

Son-Tay. — Mur d'enceinte de la citadelle.

des Tonkinois, la légion étrangère, l'infanterie de marine, trois batteries attelées, les télégraphistes, les ambulances, etc. Elle avait plus de deux kilomètres de long, depuis l'avant-garde jusqu'à la foule traînante des coolies (porteurs chinois), des brancardiers, des cuisiniers, etc.

Parmi ces troupes se remarquaient les tirailleurs annamites. Voici comment un officier les décrit :

« Petits, sans barbe, relevant en chignon leurs cheveux retenus par un peigne en écaille, portant un large pantalon qui a l'air d'un jupon court, coiffés d'un petit chapeau tout à fait semblable au chapeau rond et pointu des paysannes de Nice, et qui est attaché au chignon par deux longs rubans rouges pendant sur le dos, ils ont absolument l'air d'un bataillon de jeunes demoiselles. »

« Serait-ce les dames qui font la guerre ici ? » diriez-vous, si vous les aperceviez. Mais ces « jeunes demoiselles » sont des soldats qui, comme

Son-Tay. — Les mutilés à Phu-Sa.

courage, discipline et science de la guerre, ne le cèdent à aucune des troupes européennes ou africaines qui combattent auprès d'eux. — Nous dirons donc, une fois de plus, que la valeur ne se mesure pas à la taille. — En outre, ces soldats savent fort bien se débrouiller, et leur table est toujours la plus promptement et la mieux garnie, ce qui en campagne est une science ayant son utilité. Ils connaissent l'art de tirer des vivres des habitants qui s'en disent le plus dépourvus. — Entre compatriotes on s'entend toujours.

La colonne de terre traverse le Day, l'affluent ou le bras du Fleuve Rouge, en bateaux, et s'engage sur une digue très étroite, haute de dix à quinze mètres, qui conduit à Son-Tay. On marche tout le jour, mais sans avancer beaucoup, tant le chemin offre de difficultés. La nuit n'arrête pas la marche. La lune, qui brille de tout son éclat, produit sur les rizières qui s'étendent au-dessous de la digue de noires silhouettes. A chaque instant la marche est interrompue par le mauvais état du chemin. Ce n'est qu'à grand'peine qu'on fait avancer l'artillerie. Une pièce dégringole de la route dans la rizière ; on parvient à la hisser de nouveau ; mais que de peines ! que de fatigues ! que de temps perdu ! Quand le clairon donne le signal de la halte, chacun, épuisé, se laisse tomber où il se trouve et s'endort profondément.

Au matin, le réveil est pénible, car le sommeil a été insuffisant. Par bonheur, et comme compensation, la maraude est permise. Gare aux poulets, canards, cochons, qui se trouvent aux alentours ! Leur affaire est bientôt faite, et tout en marchant on plume une volaille.

Son-Tay commence à apparaître.

Au milieu de la ville est la citadelle, qui, de même que celle d'Hanoï, de même que celle de Hué, a été construite par des ingénieurs français, d'après le système de Vauban. C'est là que se trouvent l'arsenal et le trésor. Au centre s'élève une pagode dont la tour domine l'horizon.

La citadelle est un carré de murailles en briques entouré d'un large fossé. La ville elle-même est bordée d'une enceinte formée d'un parapet de quatre à cinq mètres de hauteur, avec embrasures et créneaux.

Au-devant est une haie de bambous large de deux mètres. Au dire des officiers, cette haie constitue la meilleure défense et la mieux appropriée aux armes modernes. Les projectiles viennent s'y perdre sans effet. Si on essayait de la couper, elle formerait encore une barrière par ses débris. Autour est un fossé rempli d'eau. Vous voyez que la ville est bien défendue.

Le combat s'engage; il dure toute la journée ; à deux heures, les turcos, qui n'avaient pas encore donné, reçoivent l'ordre de se porter en avant pour l'assaut. Ils partent au pas de course et escaladent la barrière de bambous ; mais ils se heurtent à une barricade derrière laquelle les Pavillons-Noirs se sont retranchés et qu'ils défendent avec acharnement. A deux reprises ils s'élancent, mais ils sont repoussés.

Le combat se prolonge jusqu'au soir; la nuit même ne l'interrompt pas. L'ennemi ne veut pas s'avouer vaincu; il compte sur l'obscurité pour prendre sa revanche. Cependant il profite des dernières heures de la nuit pour évacuer les fortifications de Phu-Sa et celles de Phu-Ni, sur lesquelles l'amiral avait concentré tout l'effort de ses troupes, et se retire à Son-Tay. Un spectacle horrible attendait ceux de nos soldats qui pénétrèrent dans le retranchement de Phu-Sa : c'était celui que formaient les corps de neuf turcos mutilés et de trois soldats de l'infanterie de marine qui étaient tombés au premier assaut. Les ennemis les avaient décapités, après leur avoir fait subir toute espèce d'atrocités. Cette scène exaspère les soldats et leur donne une nouvelle ardeur.

La journée se passe à occuper les positions conquises et à préparer l'attaque décisive. Quoique murée, la porte ouest paraît à l'amiral offrir les conditions les plus favorables à l'attaque. C'est donc contre elle qu'il ordonne de diriger le feu de nos canons. Une action très vive s'engage des deux côtés; par bonheur, nos soldats ont d'excellents abris, ce qui leur permet de pointer en sûreté. L'ennemi essaye bien de les prendre à revers, mais ce « mouvement tournant », comme on dit, est facilement arrêté.

Enfin, le 16 décembre, à cinq heures du soir, sur l'ordre de l'amiral, on donne l'assaut. La légion étrangère, les fusiliers marins, une compagnie d'infanterie de marine, se précipitent en avant. Ils se frayent un passage au travers du fouillis de bambous, ils grimpent sur le parapet, et, aux cris de Vive la France ! les grands étendards noirs tombent et sont remplacés par le drapeau tricolore.

Ah ! comme vous auriez voulu être là ! et que de bon cœur vous auriez mêlé vos cris de joie et de triomphe à ceux qui s'élevaient dans les airs !

Le lendemain matin, la citadelle était complètement évacuée. Les

Pavillons-Noirs, qui du reste s'étaient très vaillamment comportés, avaient repris avec leur chef Luh-Vinh-Phuoc la route du haut Tonkin, abandonnant la forteresse qu'ils avaient crue imprenable.

Chinois et Pavillons-Noirs s'en allaient de compagnie, comme des amis

Prise de la pagode de Phu-Sa.

et alliés. Luh-Vinh-Phuoc, en effet, reconnaissait les droits de la Chine sur le Tonkin, et la proclamation qu'il avait adressée à ses soldats et au peuple annamite débutait ainsi :

« Luh-Vinh-Phuoc fait remarquer que l'Annam fait partie de la Chine, et que celle-ci a toujours été sa protectrice désintéressée. »

Il me semble qu'il y a beaucoup à dire sur le désintéressement de la Chine en cette occasion.

CHAPITRE XXVII

SON-TAY

De la tour hexagone, servant de mirador, qui s'élève au milieu de la forteresse de Son-Tay, la vue s'étend sur tout le pays environnant, et ceux qui y seraient montés le jour où nous nous emparions de la ville auraient pu voir les troupes annamites s'enfuyant vers Hong-Hoa, autre forteresse située aussi sur le Fleuve Rouge, au-dessus de Son-Tay.

Cette tour faisait partie de la pagode royale, et au pied s'étendent de grands bassins où peu de jours auparavant allaient boire les éléphants de Luh-Vinh-Phuoc.

Dans les bâtiments qui entourent la pagode on a trouvé, avec une multitude d'objets de toutes sortes, une quantité prodigieuse de riz : six mille mètres cubes, c'est-à-dire une masse égalant à peu près les proportions d'une maison à six étages.

Les murailles de la ville sont percées de quatre portes, surmontées, selon l'usage, de kiosques chinois.

Une promenade dans Son-Tay après l'assaut qu'il vient de subir n'a rien de bien réjouissant. Ce ne sont partout que toits défoncés par les obus, murs éventrés. Ces tristes débris racontent les horreurs de la guerre mieux que ne le ferait la bouche la plus éloquente.

A Son-Tay, les plus belles habitations sont en briques, couvertes en tuiles ; mais le plus grand nombre est en pisé, sorte de terre argileuse; elles ont des toits en paillotte. On n'est pas riche au Tonkin, et surtout on ne veut pas le paraître. C'est tout juste le contraire de ce qui se passe en France et dans nombre de pays, où on n'est pas fâché de passer pour riche, même quand on ne l'est pas. Là-bas, on a peur d'exciter la jalousie des voisins : car cette malheureuse contrée est si mal gouvernée que personne ne peut jouir tranquillement de ce qu'il possède. La manifestation de la richesse ne servirait qu'à exciter la convoitise, et principalement celle des mandarins gouverneurs ; aussi, loin de faire parade de ce qu'on a, on s'empresse de le cacher.

Et pourtant ce pays est riant vu du haut de la tour de la pagode, et

La tour et l'étang de Son-Tay.

il a un air tranquille et heureux. Les rizières ondulent doucement sous la brise qui les argente et les moire, et le sol, où les productions de toutes sortes se pressent l'une contre l'autre, témoigne de l'industrie de ses habitants.

Une multitude d'oiseaux animent et égayent le paysage. Dans les rizières, ce sont des échassiers, comme l'ibis, la grue, le héron ; des palmipèdes, tels que le canard, la sarcelle, la poule d'eau. Le martin-pêcheur, à la brillante livrée jaune, verte, rouge et bleue, rase la surface des arroyos. Tout en volant, il plonge dans l'eau son bec long et aigu, qui lui

Hotchkiss dans la hune du *Pluvier*

sert d'engin de pêche, et happe le poisson au passage. Puis ce sont dans les vergers des oiseaux chanteurs, piailleurs ou jaseurs, qui n'attendent pas toujours que les fruits soient complètement mûrs pour s'en régaler; puis des pies et des corbeaux, qui suivent les sillons tracés par la charrue du laboureur que tirent des buffles gros et lourds.

Mais les habitants n'ont pas encore repris leurs occupations. Ils sont toujours sous le coup de la terreur qu'ils viennent d'éprouver. Non qu'ils aient sujet de regretter les Pavillons-Noirs : avant qu'il soit longtemps, ils verront bien qu'ils n'ont pas perdu au change, et que sous la protec-

Attaque du premier retranchement de Phu-Sa.

tion du drapeau français ils pourront vivre en paix et à l'abri des mauvais traitements dont ils ont été l'objet pendant si longtemps. Pour l'instant, ils n'en sont pas encore là.

Il n'y a que leurs enfants qui se soient bien vite habitués à nous. Dans tous les pays du monde, les enfants aiment le changement, le remue-ménage. Quelle partie de plaisir pour eux qu'un déménagement! Eh bien, notre arrivée avait produit sur les jeunes habitants de Son-Tay le même effet qu'un de ces bouleversements qui leur sont si chers. Je ne dirai pas qu'il n'avaient pas eu un peu peur pendant l'action, et probablement plus d'un, parmi eux, avait cherché un abri dans les jupons de sa mère; mais, une fois le dernier coup de fusil tiré, ils s'étaient vite rassurés et recommençaient à montrer leurs petites frimousses. Émerveillés du reste de la tenue de nos soldats, de leur air martial et bon enfant tout à la fois, ils étaient devenus bien vite très familiers.

Ces gamins sont gentils, en dépit des singulières coiffures qui leur sont imposées et que M. Paul Bourde nous décrit. Ainsi, l'un est complètement rasé, tandis qu'un autre a encore le bonheur de posséder derrière la tête une petite houppette, qui sans doute grandira avec le temps et lui procurera une jolie queue chinoise. On a conservé à cet autre deux mèches, et à cet autre encore un simple carré, qui lui fait sur le crâne comme une calotte de velours de forme bizarre. Une petite fille a la tête entièrement dénudée, sauf une paire de bandeaux qui lui tombent le long des joues : on la croirait coiffée d'un petit béguin gris laissant passer les cheveux de devant ; sa compagne, elle, porte deux petites tonsures carrées, les plus drôles du monde.

Vous voyez que l'artiste coiffeur ou barbier tonkinois peut se livrer tant qu'il lui plaît à sa fantaisie.

Il faut aussi que je vous dise la manière dont les gens de ce pays entendent les bouquets.

Au lieu de cueillir les fleurs avec la tige, comme nous le faisons ici, ce qui nous permet de les porter ou de les conserver fraîches dans l'eau pendant quelque temps, ils en arrachent simplement les corolles, et quand ils veulent faire un bouquet, ils prennent un rameau épineux et les y piquent.

Encore une manière de procéder, comme celle qui regarde la coiffure, qu'il ne faudra pas imiter.

Et puisque nous parlons des enfants...

Vous croyez peut-être que les enfants annamites ne vont pas à l'école? Détrompez-vous. L'école est une grande salle qui contient des tables larges et basses, devant lesquelles on s'accroupit simplement sur des nattes. Les élèves trempent leur pinceau dans une sorte de godet qui contient de l'encre de Chine et s'essayent à tracer les difficiles caractères chinois, ou récitent les maximes de Confucius, un sage qui vivait environ cinq cents ans avant Jésus-Christ.

CHAPITRE XXVIII

DE SON-TAY A BAC-NINH

Son-Tay était pris ; il eût été malheureux de s'arrêter en si beau chemin ; c'est pourquoi on résolut de s'emparer de Bac-Ninh, où les Chinois avaient réuni un corps d'armée considérable sous les ordres d'un général de leur nation. C'est qu'en effet la Chine ne se contentait plus de réclamer un droit de suzeraineté sur le Tonkin ; comme nous l'avons vu par la proclamation de Luh-Vinh-Phuoc, elle prétendait maintenant à la possession complète du pays, sans pourtant se déclarer ouvertement. Dans tous les cas, elle ne voulait pas, disait-elle, d'Européens sur ses frontières ; aussi avait-elle été fort mécontente du traité de Hué ; elle aurait préféré pouvoir toujours s'abriter derrière cette puissance pour nous faire une guerre sourde.

Dans le haut Tonkin, les Chinois trouvaient de l'appui auprès des mandarins annamites, furieux de se voir privés des profits que leurs exactions tiraient des gens qu'ils pressuraient, lesquelles exactions ils ne pouvaient plus commettre du moment que nous étions les protecteurs déclarés du pays. Ils savaient bien que la France ne leur permettrait pas d'abuser de leur autorité pour tyranniser ceux qu'ils devaient au contraire défendre contre les injustices.

Le général chinois envoyé à Bac-Ninh commença par renforcer les fortifications de la ville et par établir des redoutes sur les hauteurs qui l'entourent, afin de se mettre en état de résister à l'attaque qu'il prévoyait ; il avait, disait-on, avec lui quinze mille soldats bien armés, bien équipés, bien disciplinés, et possédait des canons Krupp. Leurs batteries, disait-on encore, étaient protégées par des abris blindés ; de plus, la route qui menait à Bac-Ninh était, on le savait, étroite, accidentée et pénible.

De leur côté, les généraux français ne restaient pas inactifs ; mais il fallait pourtant pour faire la campagne qu'on méditait attendre des renforts de France. En attendant, on s'occupait des approvisionnements ; on faisait des reconnaissances autour de la place qu'on voulait attaquer, tant par terre que le long du fleuve. Plusieurs petits bâtiments, entre autres le *Mousqueton*, avaient remonté le Song-Koï le plus haut possible. Un matin du mois de mars, les troupes quittaient les unes Hanoï, sous les ordres du général Brière de l'Isle, les autres Haï-Dzuong, sous ceux du général Négrier, et se dirigeaient vers Bac-Ninh.

Bac-Ninh est situé à trente-cinq kilomètres au nord-est d'Hanoï. Par une bonne route, ce serait simplement une grande journée de marche ; mais les routes du Tonkin, vous le savez, sont loin d'être bonnes. Pratiquées dans une sorte de terre glaise, elles forment aussitôt qu'il a plu une surface savonneuse sur laquelle on a peine à se tenir. Le malheureux soldat qui perd pied est entraîné par le poids qu'il porte et roule dans la boue.

Or il pleuvait depuis huit jours sans désemparer. Jugez de l'état dans lequel devaient se trouver les chemins !

Sous un brouillard épais et glacé, les troupes s'embarquent pour traverser le Song-Koï : car Bac-Ninh est situé de l'autre côté.

Les bords de la rivière sont couverts de curieux qui regardent les chaloupes et les canots à vapeur faire la navette entre les deux rives du fleuve, partant pleins et revenant vides, pour chercher un autre chargement de soldats.

On se met en marche au milieu de rizières sans fin. Le soleil perce à demi les nuages, et la chaleur est accablante. Au-dessus de la colonne se balancent deux ballons qui vont servir à faire des reconnaissances chez l'ennemi.

Les chemins sont tellement défoncés par la pluie incessante et l'humidité naturelle du sol, que les canons, qu'on traîne à bras, ont toutes les peines du monde à avancer. Tantôt une roue enfonce jusqu'au moyeu, tantôt c'est l'autre. Parfois le sentier est si étroit qu'il ne peut porter les deux roues à la fois. Il faut alors que les hommes, plongés jusqu'à mi-corps dans l'eau, soutiennent le canon et le fassent avancer d'un côté,

Attaque générale de la citadelle de Son-Tay.

pendant que l'autre roue continue à fonctionner. Dans certains endroits la pièce disparaît, à moitié engloutie. Que d'efforts pour la tirer de l'abîme où elle a failli se perdre!

Par moments on retrouve la terre ferme; ce sont alors des amas de maisons couvertes de tuiles ou de paillotte; puis des pagodes aux toits relevés, quelques-unes avec des portes monumentales, et presque toujours entourées de beaux arbres.

Les coolies chinois aident les artilleurs dans leur rude besogne, et

Coolies ou porteurs chinois.

tous, aussi bien que les canons et les affûts, sortent de là couverts d'une boue épaisse et collante qui ne veut plus se détacher.

Ces malheureux coolies chinois! Dieu sait quelle troupe nombreuse ils forment à eux seuls! Sans compter ceux qui aident à traîner l'artillerie, il y a ceux qui portent les bagages de l'armée. Ces pauvres gens remplacent les bêtes de somme, difficiles à se procurer, et marchent deux par deux, à la queue leu leu, formant des lignes dont on ne voit pas la fin. Sur l'épaule de celui qui marche en tête est posée l'extrémité d'un bambou, dont l'autre bout va s'appuyer sur l'épaule du compagnon qui vient après. Entre les deux, une caisse, un ballot, un tonneau est suspendu et se balance aux mouvements des deux porteurs. Il y a des centaines et des centaines de ces couples, dont l'aspect lamentable, les jambes et les pieds nus, le visage hâve, les membres décharnés, inspirent la pitié ; mais c'est une des terribles nécessités de la guerre que, partout où elle passe, elle traîne la misère après elle. Ne faut-il pas emporter à manger pour nos soldats, leur fournir des munitions, pourvoir aux ambulances pour les blessés ? et les caisses suivent les caisses, les tonneaux suivent les tonneaux. Quand une épaule est meurtrie, la pauvre créature transporte son fardeau sur l'autre et continue à marcher. Il le faut bien !

CHAPITRE XXIX

ATTAQUE DE BAC-NINH

Pour arriver à Bac-Ninh, il faut franchir le canal des Rapides. Ce qu'on appelle ainsi est un bras de rivière qui traverse le Delta, allant d'une branche du Song-Koï à l'autre. De nouveau les soldats s'embarquent sur les bateaux de la flottille qui a suivi nos troupes en remontant le fleuve, pendant que l'artillerie et la cavalerie gagnent l'autre côté du canal, à l'aide d'un pont fait de bateaux attachés bout à bout et recouverts de planches.

Voilà les deux brigades réunies; elles vont concerter leurs opérations. Une colonne, celle du général Brière de l'Isle, attaquera Bac-Ninh en avant; l'autre, celle du général Négrier, en arrière, à Dap-Cau, afin de fermer aux Chinois la route de la Chine.

Les collines de Tuong-Son, derrière lesquelles se cache Bac-Ninh, sont hérissées de fortifications et ornées du haut en bas d'énormes étendards multicolores, sur lesquels sont peints ou brodés des monstres grimaçants. Il y en a de toutes couleurs; chaque troupe ou plutôt chaque mandarin ayant le sien. Les Chinois croient intimider leurs ennemis par ce luxe d'étoffes flottantes.

Un officier du génie est monté en ballon; de cette position élevée, Bac-Ninh, avec ses fortifications et celles des collines qui l'entourent, se montre comme sur une carte en relief. L'officier fait en criant aux officiers restés en bas la description du terrain et des dispositions prises par l'ennemi; à l'aide des appareils photographiques qu'il a emportés, il en lève le plan.

L'artillerie commence alors à gronder. C'est le corps du général

Négrier qui est en position ; il s'agit de déployer toutes les ressources de la vaillance et de l'art militaire ; mais voilà qu'au premier coup de canon, et de même que les murailles de Jéricho au son des trompettes, les étendards multicolores, ces orgueilleux étendards qui un instant auparavant déroulaient si fièrement leurs plis soyeux, les étendards s'abattent et disparaissent comme par enchantement. De tous côtés s'agitent et courent des points noirs. Ce sont les Chinois qui lâchent pied, sans attendre une seconde sommation. La débandade est générale, et pendant que les vaillants défenseurs de la place dégringolent en toute hâte et dans une affreuse confusion les pentes des glacis du côté de la route de Chine, de l'autre les turcos escaladent la redoute en bon ordre et en gagnent le sommet, où ils s'établissent à leur tour. Cependant les officiers se demandent si cette fuite ne cache pas un piège : car ils ne peuvent croire à un abandon si complet ; mais non, les Chinois, pris de terreur, continuent à jouer des jambes, sans même essayer la plus faible résistance.

A six heures du soir, le général Négrier entrait à Bac-Ninh par la porte de Chine, et ses soldats, pleins d'enthousiasme, le surnommaient *Maolein,* d'un mot annamite qui signifie *fait vite*.

Le lendemain, il allait au-devant du général en chef, et tous deux, quelques heures plus tard, rentraient ensemble dans la ville.

Le drapeau tricolore a remplacé le drapeau chinois sur la porte surmontée d'un mirador de la citadelle. Cette porte est chargée de soldats qui acclament les généraux, pendant que les tambours battent et que les clairons sonnent aux champs.

Quel beau moment encore que celui-là !

Après la prise de Bac-Ninh, les généraux Négrier et Brière de l'Isle poursuivirent les ennemis. Des bandes chinoises s'étaient retranchées à Phu-Lang-Thuan et à Kep, sur la route de Lang-Son, qui est celle de Chine. Le général Négrier les délogea, pendant que le général Brière de l'Isle s'emparait, sans coup férir, des citadelles de Yen-Thé et de Thaï-Nguzen.

Les drapeaux pris à Bac-Ninh furent envoyés en France, et vous pouvez les voir aux Invalides, où, comme vous le savez sans doute, on garde les glorieux trophées de toutes les guerres. L'un deux, le pavillon du généralissime chinois, qui flottait sur la citadelle, est en soie jaune,

Les remparts de Bac-Ninh.

avec bordure violette. Il est haut de cinq mètres (d'assez jolies proportions, comme vous voyez) et est monté sur une hampe en bambou. Un autre est entièrement blanc avec lettres noires; d'autres sont de diverses couleurs et de différentes étoffes, et presque tous sont armés, à leur extrémité inférieure, d'un fer pointu qui sert à les planter en terre

Ce ne sont pas les moyens de défense qui ont fait défaut aux Chinois. Dans la cour de la pagode sont alignés de beaux canons Krupp, à l'aspect rébarbatif, mais qui, pour cette fois, sont restés inoffensifs. Ils sont aussi bien astiqués que les armes d'un soldat à la parade, et l'on voit que la poudre n'a pas terni leurs gueules menaçantes. Les Chinois ont pensé qu'il suffisait de nous les montrer pour nous faire peur. Il faut croire que la vue seule de ces engins terribles produit sur eux cet effet foudroyant; du moins on peut le supposer par la manière dont ils se sont comportés à Bac-Ninh.

Il faut dire que ces malheureux Chinois ne se doutaient pas, pour la plupart, de ce que c'est que la guerre. C'étaient des artisans ou des laboureurs qu'on avait enrôlés de force, puis emmenés au Tonkin. On leur avait donné des armes perfectionnées, mais dont ils ne connaissaient pas l'usage. Leurs officiers, des mandarins qui n'en savaient pas beaucoup plus qu'eux à ce sujet, n'étaient pas capables de les retenir, n'ayant pas plus qu'eux le sentiment de l'honneur et du devoir.

Il faut dire encore que les soldats chinois sont fort mal payés. Les nôtres ne le sont guère mieux, mais du moins ils ont en compensation la gloire et l'honneur qui s'attachent chez nous à leur profession. Rien de pareil en Chine.

On paye le soldat tous les mois; mais, au lieu de lui donner de la monnaie, comme ici et comme dans tous les pays civilisés, on le solde en lingots. Ce n'est pas une petite affaire pour l'officier payeur de calculer ce qu'il doit à chacun, et Dieu sait s'il est obligé de compter et de recompter, de peser et de repeser. Il arrive ainsi à des parcelles de métal grosses comme la tête d'une épingle. Quand le soldat a reçu son dû, il va chez le changeur, qui en remplacement de son argent lui donne des sapèques. Pour un mois de sa paye, le pauvre homme reçoit je ne sais combien de chapelets de ces petites pièces enfilées dont il faut, vous vous le rappelez, six cents pour faire vingt sous. Il n'en est guère plus riche pour cela, et revient au camp chargé comme un baudet.

CHAPITRE XXX

INTERPRÉTATION CHINOISE

Les Chinois rendirent compte à leur manière des événements qui s'étaient passés à Bac-Ninh.

Ils avaient répandu dans le gouvernement de Canton et dans celui de Kouang-Si, le plus voisin du Tonkin, des dessins représentant les divers combats qui s'étaient livrés autour de la place, accompagnés de légendes explicatives.

L'une d'elles était ainsi conçue :

« Liou-Yung-Foh, à la tête des troupes de trois districts, attaque en personne les Français, qui, *frappés de terreur, n'ont pu faire aucune résistance.* »

Une autre :

« Les Français, ayant attaqué et livré bataille, ont marché sur Bac-Ninh, engageant le combat contre les Pavillons-Noirs. Tous leurs plans ayant désastreusement échoué, ils ont été défaits et ont battu en retraite sur Wan-Shou-Fo. »

Et voilà comme les Chinois écrivent l'histoire !

Néanmoins, quoique le gouvernement eût jugé à propos de répandre le bruit de notre défaite, ou du moins de le laisser circuler, il savait bien à quoi s'en tenir, et la nouvelle de la prise de Bac-Ninh fut accueillie avec stupeur par l'impératrice douairière. Plusieurs des mandarins membres du conseil privé et d'autres grands dignitaires furent révoqués, et le décret qui prononçait leur exclusion, décret signé de la « plume vermillon », c'est-à-dire émanant de la main impériale, était fort sévère à leur égard. A propos du prince Kong, parent de l'empereur, il était dit :

« Le prince Kong a été de tout temps plein de soins et d'activité dans l'assistance qu'il nous donnait; mais ensuite il est devenu négligent et s'est plus occupé de ses intérêts que du bien public. En outre, dans ces dernières années, il a été de moins en moins attentif à ses devoirs. »

D'un autre :

« Li-Yung-Tsao est au service depuis plusieurs années; mais son intelligence est si étroite qu'il a prouvé dans toutes ses entreprises qu'il était incapable. »

Et Li-Yung-Tsao ainsi qu'un autre de ses collègues étaient dégradés.

Et au sujet de ceux qui avaient pris une part directe à la guerre, un autre décret s'exprimait ainsi :

« Eu égard à la guerre avec la France en Annam, les frontières du Kouang-Si réclamaient des mesures spéciales de défense. Nous avons alors promulgué un décret ordonnant au *fou-tai* (gouverneur provincial) Hsu-Yen-Hsu de prendre le gouvernement des garnisons, afin de protéger les frontière de l'empire.

« Le sus-dit fou-tai s'est contenté de s'établir à Lang-Son (c'est la ville la plus rapprochée de la frontière de Chine) et a envoyé le général Yoang-Kuei-Lon, le *tao-tai* Tchao-Wou et d'autres mandarins pour garder la ville annamite de Bac-Ninh. Quand les Français attaquèrent cette place, le général ci-dessus ne se montra pas, et Bac-Ninh fut pris pendant sa fuite, fait des plus déplorables en vérité ! Tchang-Shu-Sheng et Hsu-Yen-Hsu nous annoncèrent tous deux l'évacuation de Bac-Ninh, et ce dernier nous suppliait lui-même de lui infliger le châtiment le plus sévère. Tchang-Shu-Sheng a également pétitionné pour réclamer la peine dont il méritait d'être frappé sans adoucissement.

« Nous avons alors signé un décret secret ordonnant à Pan-Ting-Hsin de se rendre du Kouang-Si par les barrières de Chin-Nan, avec la mission spéciale de dégrader Hsu-Yen-Hsu et de le saisir pour être mis en jugement. Nous avons donné le même ordre relativement à Hoang-Kuei-Lon et à Tchao-Wou.

« Pan-Ting-Hsin fera une enquête sur la défaite de Hoang-Kuei-Lon et Tchao-Wou à Bac-Ninh; et, s'il est prouvé qu'ils ont quitté leur poste et pris la fuite, un mémoire nous sera adressé directement pour demander leur châtiment.

« Le capitaine Tchin-Te-Kuei est déjà dégradé; c'est lui qui commandait la forteresse de Pu-Lang-Giang et qui l'a évacuée à la première

Les remparts de la citadelle de Bac-Ninh.

attaque des Français. Le colonel Tang-Min-Hsuan a montré sa couardise en n'osant pas marcher à l'ennemi et en postant son bataillon en arrière de la ligne de bataille. Ces deux officiers seront décapités immédiatement devant les troupes.

« On recherchera les autres officiers qui ont été défaits dans les mêmes affaires, et ils recevront des châtiments proportionnés à leurs fautes. Un rapport nous sera adressé pour réclamer notre assentiment relativement à l'exécution des peines prononcées. Qu'il n'y ait ni partialité ni secret! »

Le décret, comme tous les décrets émanant de l'empereur, se terminait par ses mots :

« Obéissez respectueusement! »

CHAPITRE XXXI

LA SCIENCE MILITAIRE

Vous avez pu remarquer que les ennemis qui nous avaient donné pas mal de fil à retordre à Son-Tay s'étaient rendus presque sans coup férir à Bac-Ninh.

C'est qu'à Son-Tay nous avions devant nous les Pavillons-Noirs. Ceux-ci, connaissant la supériorité de la science européenne et voulant prendre avec nous tous leurs avantages, ce qui était leur droit, ne s'étaient pas fiés à leurs propres talents pour nous combattre. Ils avaient confié la direction des travaux de défense de Son-Tay à des ingénieurs anglais, allemands ou américains, connaissant toutes les ressources de la science militaire. C'était fort sage de leur part : car malgré leur courage (ils ont beau être nos ennemis, on ne peut pas refuser aux Pavillons-Noirs de savoir se battre), malgré leur courage, il est probable qu'ils n'auraient pas réussi à nous tenir si longtemps en échec.

Les Chinois n'avaient pas agi aussi prudemment. Persuadés de leur science supérieure, ils n'avaient demandé conseil à personne pour défendre Bac-Ninh, et ces fortifications, qui paraissaient si formidables, étaient conçues de telle sorte que rien n'était plus facile que de les emporter. Ils avaient bien des canons, qu'ils avaient fait venir d'Europe ou d'Amérique, des canons Krupp, qui alignaient leurs gueules noires et menaçantes le long de leurs redoutes et de leurs fortifications ; mais ils n'avaient pas disposé ces canons de manière à rendre leur feu effectif, et, quant à ces fortifications elles-mêmes, ce n'était, pour la plupart du moins, que des entassements de matériaux, élevés sans souci de l'usage auquel ils étaient destinés, par des gens qui ne connaissaient pas le premier mot de l'art militaire. La sagesse, pour les Chinois, consiste à imiter leurs pères, sans rien changer à ce qu'ils leur ont vu faire. « Ils ne se contentent pas, dit un écrivain, de se regarder comme le premier peuple du monde ; ils se regardent comme le seul digne de ce nom. » Ce n'est pas là le moyen de s'éclairer et de se mettre en état de tenir tête à ses ennemis. C'est que l'art militaire, tel qu'on le comprend maintenant, est des plus compliqués et demande des connaissances très variées et très étendues.

Il faut avoir étudié à fond la *balistique,* ou science qui traite du jet des projectiles, afin de savoir, par exemple, étant donné un canon de tel calibre, à quel point au juste le boulet qui s'en échappera ira tomber, et pouvoir distribuer ses ouvrages en conséquence. Il faut connaître la *castramétation,* ou l'art de camper de manière à ne pas être surpris inopinément par l'ennemi ; la *stratégie,* ou l'art de préparer un plan de campagne, de diriger une armée ; la *tactique,* qui est celui de ranger ses troupes en bataille, de faire les évolutions ; la *topographie,* qui fait connaître exactement le pays ; la *trigonométrie,* qui enseigne à lever les plans. Il faut surtout, quand on veut défendre une ville, prévoir de quel côté on doit être attaqué, reconnaître les points à défendre, tirer le meilleur parti possible des dispositions du terrain, élever des fortifications et creuser des fossés pour protéger la ville ; ouvrir des tranchées pour s'avancer le plus près possible de l'ennemi sans en être vu et tâcher de lui faire du mal afin d'empêcher qu'il ne vous en fasse. Ah ! c'est une triste chose que la guerre ; mais, si on est obligé de la faire, encore faut-il que ce soit dans les meilleures conditions possibles.

A mesure que la science fait des progrès, l'art militaire se complique encore. Ainsi, maintenant, il faut qu'un chef d'armée sache se servir de la *télégraphie,* de la *photographie,* de l'*aérostation,* de manière à pouvoir profiter des avantages que l'application des nouvelles inventions procure dans des occasions de ce genre.

C'est ainsi qu'au siège de Bac-Ninh les ballons ont rendu de grands services.

Ce n'était pas la première fois, du reste, que les aérostats étaient employés à la guerre. A la fin du siècle dernier, un corps d'*aérostiers* avait été attaché à l'armée française. A la journée de Fleurus

Attaque des hauteurs sous Bac-Ninh par le général Brière de l'Isle.

(26 juin 1794), où nous remportâmes une victoire signalée sur l'Autriche, le général français Jourdan employa un aérostat pour examiner les positions ennemies. Cependant le corps des aérostiers fut supprimé par Napoléon; mais il a été rétabli depuis.

Quoique vous ne fussiez peut-être pas nés lors de la dernière guerre avec l'Allemagne, en 1870, vous avez sûrement entendu parler du siège de Paris. La grande capitale était séparée du monde entier par une ceinture de fer qui se resserrait chaque jour autour d'elle. Impossible, pour ceux qui y étaient enfermés, d'en sortir; impossible, pour ceux qui y avaient laissé des parents, des amis chers, de savoir ce que ceux-ci devenaient. C'est alors qu'on pensa aux aérostats. On construisit des ballons, dans lesquels des hommes intrépides s'élancèrent par-dessus les murailles et par-dessus l'armée allemande qui campait autour de Paris, allant porter au dehors des nouvelles des prisonniers.

En même temps qu'on construisait des ballons, on formait une école d'*aérostiers* ou navigateurs aériens; des marins, principalement, furent dressés à la manœuvre de ces nouveaux engins de transport.

Pendant les quatre mois qu'a duré le siège, on a vu s'élever ainsi soixante-quatre ballons. Dans ce nombre deux se sont perdus en mer, et ceux qui les montaient ont été victimes de leur dévouement; cinq sont tombés dans les lignes allemandes, et les navigateurs aériens ont failli être fusillés. Un autre aérostat, après avoir passé au-dessus de la mer du Nord et avoir manqué d'y être englouti, fut emporté jusqu'en Norvège, où les aéronautes reçurent le meilleur accueil : d'autres encore allèrent échouer à l'étranger; mais la plus grande partie cependant tomba sur la terre de France, allant annoncer aux habitants que Paris ne perdait pas courage et qu'il tiendrait tant qu'il lui resterait une bouchée de pain.

Mais nous voilà loin de la Chine, des Chinois et du siège de Bac-Ninh.

La plupart des sciences dont je viens de vous parler étaient inconnues aux généraux chinois et principalement aux mandarins qui avaient été chargés de la défense de Bac-Ninh. Cependant, si derrière ces remparts de terre ou de briques, construits sans art, il y avait eu des cœurs résolus, ils auraient tenu quelque temps; néanmoins ils devaient toujours finir par s'abaisser devant une science supérieure. C'est sans doute le sentiment de cette infériorité qui avait déterminé les Chinois à commencer par s'enfuir. Puisqu'il fallait toujours en venir là, autant le faire tout de suite! — Ce n'est pas ainsi que raisonnent les gens qui ont du courage.

C'est que de tous les peuples de la terre le Chinois est bien celui qui a le moins de goût pour le métier de soldat. La gloire militaire le touche fort peu, et même il ne la comprend pas. Fuir ne lui semble pas, comme à nous autres, une honte à laquelle on ne se résout qu'à la dernière extrémité, et il en prend très facilement son parti.

CHAPITRE XXXII

LES TURCOS

Dans tous les combats livrés contre les Chinois ou contre les Pavillons-Noirs, à Palan, à Son-Tay, à Bac-Ninh, à Hong-Hoa, les turcos ou tirailleurs algériens s'étaient particulièrement distingués.

Leur arrivée avait produit un grand effet au Tonkin, et les Annamites se demandaient quels étaient ces hommes minces et élancés, à la peau brune, aux yeux noirs et ardents. Ils admiraient leur élégant costume, qui fait si bien valoir la souplesse de leur taille et de leurs mouvements. Ils regardaient avec curiosité leur front rasé, leurs cheveux noirs, non pas droits et raides comme ceux des Chinois et des Cochinchinois, mais bouclés ou crépus, et sur lesquels était posée crânement la *chéchia* : car, bien que les soldats des autres armes eussent adopté le casque à double visière, qui protège mieux la tête contre les blessures aussi bien que contre l'ardeur du soleil, les turcos avaient conservé la calotte rouge à gland tombant qui rappelle la coiffure orientale. — Pour être turco on n'a pas renoncé à toute coquetterie ; je dirai même : au contraire, et il est sûr que la chéchia est plus seyante que le casque de campagne.

Les turcos sont d'excellents soldats ; ils aiment la guerre avec passion, et c'est pour eux une joie sans pareille que de « faire parler la poudre », pour employer leur langage imagé, c'est-à-dire de manier un fusil et d'entendre le bruit du canon.

Ils vont au combat comme à une partie de plaisir, et même, quand on est en expédition, ils emploient les moments où ils ne se battent pas à danser des rondes guerrières autour du feu, en chantant des airs de leur pays et en frappant leurs mains pour marquer la mesure.

C'est plaisir de les voir s'élancer au pas de course pour franchir un de ces étroits ponts de bambou jetés sur un de ces cours d'eau profonds nommés *arroyos*.

Ils brandissent leurs fusils et poussent des cris pendant que le gland de leur chéchia décrit des évolutions au-dessus de leur tête.

Ils font la guerre en amateurs, en artistes ; et quand ils sont placés en sentinelles avancées ou en tirailleurs derrière un buisson, un fossé, un pli de terrain, ils semblent éprouver ce qu'ils éprouvent dans leur pays quand ils vont à la chasse contre les animaux sauvages et terribles du désert.

Les danses autour du feu.

Les pauvres gens sont bien chargés avec leurs armes, leurs munitions et les vivres qu'ils sont obligés d'emporter pour plusieurs jours. Les colis s'empilent les uns au-dessus des autres, et la gamelle, qui vient couronner le tout, leur fait comme une seconde coiffure par-dessus l'autre.

Ils se plaisaient dans cette contrée, qui par certains côtés leur rappelait celle où ils étaient nés. Ils retrouvaient dans les productions quelques-unes de celles de leur pays : le riz, les bananes ; il leur semblait reconnaître dans le cactus le figuier de Barbarie ; et dans la chaleur tropicale qui parfois accablait leurs pauvres compagnons habitués aux climats tempérés, ils saluaient avec joie un soleil africain.

Chaque fois qu'il s'agissait de monter à l'assaut d'une forteresse, les turcos s'y élançaient en poussant des cris et avec une joie sauvage. Ils s'étaient conduits admirablement à Son-Tay ; néanmoins ils avaient échoué au pied d'une barricade formidable, derrière laquelle les Pavillons-Noirs avaient concentré tout l'effort de leur résistance. A plusieurs reprises, leur élan formidable était venu s'y briser. Quelques-uns pourtant étaient parvenus à la franchir, sans que leurs camarades pussent les suivre, et quand le lendemain, après un combat qui avait duré toute la nuit et forcé les Pavillons-Noirs à reculer, les turcos pénétrèrent dans la citadelle, ils y trouvèrent les cadavres de sept ou huit des leurs torturés et décapités.

Passage d'un arroyo.

A Bac-Ninh, c'est encore les turcos qui s'élancent les premiers ; ils veulent venger leurs frères massacrés ; mais cette fois, comme vous l'avez vu, ils ne rencontrent pas de résistance. Ils n'en rencontrèrent pas davantage à Hong-Hoa : les ennemis avaient-ils appris à redouter ces diables incarnés et préféraient-ils se rendre tout de suite, sachant d'avance qu'ils devaient être vaincus ?

Du reste, si les turcos sont braves, ils ne sont pas seuls à mériter cette épithète. Les soldats d'infanterie de marine, les fusiliers marins, les chasseurs d'Afrique, ceux qu'on appelle les « vitriers », montraient tous le même élan et le même entrain. Il en était de même des malheureux artilleurs, forcés de traîner leurs équipages dans ces chemins inondés et sur ces digues défoncées, où ils s'épuisaient en efforts inutiles. Les tirailleurs annamites, ces soldats à la tournure de demoiselles, qui portent un chignon et un petit chapeau niçois, ne reculaient pas non plus devant le danger. Même on les plaçait ordinairement en avant, leur qualité d'indigènes les rendant plus propres que les soldats européens à faire la guerre dans ce pays.

Entre chacune des expéditions dont nous avons rendu compte, les troupes qui n'étaient pas nécessaires pour la défense de la citadelle qu'on avait prise retournaient à Hanoï pour se reposer et se ravitailler. Aussitôt que le canon cesse de se faire entendre, les habitants du pays, qui se sont empressés de se cacher pendant qu'on se battait (vous en auriez fait autant à leur place peut-être), les habitants s'empressent de sortir de leurs demeures. Les voilà qui reprennent leurs occupations, et de nouveau les sampans parcourent les rivières, les enfants recommençent à jouer dans les rues, et leurs parents courent porter les produits de leur champ et de leur jardin au marché. N'est-ce pas triste qu'il n'en soit pas toujours ainsi, et ne vaudrait-il pas mieux que les hommes vécussent en paix, sans qu'on fût obligé d'employer la voix du canon, « de faire parler la poudre », comme disent les turcos.

CHAPITRE XXXIII

LA CHINE ET LES CHINOIS

Puisque décidément nous avons affaire aux Chinois, parlons un peu d'eux et de leur pays.

La Chine, qu'on appelle encore Céleste Empire, est à elle seule plus grande que l'Europe. C'est un pays qui n'est pas encore parfaitement connu, et je vous en ai dit la raison : il n'y a qu'un petit nombre d'années que la Chine a ouvert ses portes aux étrangers ; peut-être même serait-il plus juste de dire qu'elle les a entre-bâillées, car elle continue à tenir ceux-ci dans la plus grande défiance.

Au lieu, comme les autres nations, de tâcher d'établir des relations au dehors, de profiter des inventions modernes et de s'empresser de les appliquer dans leur pays, les Chinois semblent les redouter et les fuir. Chez eux, pas de chemins de fer, pas de machines à vapeur, pas de télégraphes électriques. Ils croient que quand ils auront changé leur ancienne manière de vivre et qu'ils seront sortis des habitudes de leurs pères, ils perdront le bonheur intime, la paix de la famille, à laquelle ils tiennent par-dessus tout. Si, en effet, la civilisation européenne devait amener ce fatal résultat, ils feraient bien d'y renoncer ; néanmoins je ne vois pas trop en quoi, parce que des rapports plus intimes existeront entre les peuples, parce qu'on profitera des inventions, des progrès les uns des autres, on en serait moins bon ou moins heureux ; seulement les Chinois se l'imaginent, et c'est ce qui fait que pendant si longtemps ils se sont opposés de toute leur force à tout rapprochement.

Mais quand une nation veut garder son indépendance, il faut qu'elle sache la défendre, et c'est une science que les Chinois ont ignorée jusqu'ici.

En restant enfermés chez eux, ils se sont tenus à l'écart de toutes les grandes découvertes de la science, ou du moins les mandarins seuls ont quelques données sur ce sujet ; le peuple y est resté totalement étranger. Le gouvernement a bien pu acheter des canons Krupp, des fusils perfectionnés, des mitrailleuses ; il a même pu payer des officiers et des ingénieurs européens pour construire des forteresses ; mais il n'a pas su faire entrer dans l'âme du soldat chinois le sentiment de sa propre dignité et celui de l'honneur national, auquel le soldat européen se dévoue, pour lequel il donne sa vie, ce sentiment qui fait que, tout enfant, quand vous jouez à la guerre, vous voulez tous être des Français chargés de défendre le drapeau tricolore, et que c'est à grand'peine que quelques-uns consentent à représenter l'ennemi.

Seulement il n'est pas dit qu'il en sera toujours ainsi et que les Chinois un jour ne se décideront pas à faire comme les autres peuples.

Suivant les traditions nationales, ce furent d'abord les dieux qui régnèrent sur la Chine, et c'est une croyance assez logique dans un pays où le souverain s'intitule Fils du Ciel.

Les Chinois font remonter leur histoire jusqu'à plus de 2000 ans avant Jésus-Christ. Le fait est que ce pays était déjà complètement civilisé quand l'Europe était encore plongée dans la barbarie. Ils avaient inventé la poudre depuis longtemps au moment où elle fit sa première apparition chez nous, c'est-à-dire vers le quatorzième siècle ; mais au lieu de s'en servir pour faire la guerre, ils l'employaient principalement en pétards, en feux d'artifice, pour lesquels ils ont un talent tout particulier et qui sont un de leurs divertissements préférés. L'époque la plus brillante de l'histoire de la Chine fut du septième au dixième siècle après Jésus-Christ. Sa domination s'établit alors de l'est à l'ouest, depuis la mer de Chine jusqu'au Turkestan, et au sud jusqu'au Cambodge, à la Cochinchine et au royaume de Siam. De là le nom d'Empire du milieu qu'elle s'était attribué. Mais ces jours de prospérité prirent fin, et pendant plusieurs siècles le nord de la Chine fut constamment désolé par les Tartares. Les empereurs réclamèrent l'appui des Mongols, qui accoururent sous la conduite de Gengis-Kan, mais qui, ainsi que cela arrive presque toujours, n'eurent pas plus tôt aidé leurs voisins à se tirer d'affaire, qu'ils tournèrent leurs armes contre ceux dont ils avaient été les alliés, et qu'ils firent la conquête du pays.

A partir de ce moment une dynastie mongole régna sur la Chine, qu'on appelait alors le Cathay. Très peu de voyageurs européens la visitaient. L'un d'eux pourtant, Marco Polo, Vénitien de naissance, parvint

Soldat chinois.

jusqu'à ces régions lointaines et demeura dix-sept ans à la cour du « Grand Mogol », comme on disait alors. Il parcourut toute l'Asie depuis l'Arménie jusqu'au Japon, et revint en Europe par les îles de la Sonde, l'océan Indien et la Perse. Quand il fut de retour dans son pays, le récit de tout ce qu'il avait vu fut accueilli avec la plus complète incrédulité. Il fit l'effet d'un homme qui aujourd'hui prétendrait avoir fait une excursion dans la lune. Ce n'est que peu à peu qu'on reconnut la vérité de ses assertions. Un peu plus tard, les Portugais, les grands navigateurs d'alors, commencèrent à s'établir dans le voisinage des Chinois, à Macao et dans d'autres îles, pour y faire le commerce et entretenir quelques relations avec eux ; c'est alors que le port de Canton leur fut ouvert; mais pendant près de trois cents ans il fut le seul où les étrangers pussent faire le trafic.

Quelques missionnaires cependant avaient pénétré dans l'intérieur du royaume, et l'un d'eux, le père Gabriel, y comptait en 1677 : 4,402 villes murées, 1,890 forteresses, 3,000 tours ou châteaux, 1,159 arcs de triomphe, 1,189 temples, et 360,000,000 d'habitants.

Quoique les Européens pussent s'établir à Canton, ils étaient en butte, surtout les missionnaires, à la haine du peuple et aux mauvais traitements des autorités.

Les choses même en arrivèrent au point qu'en 1815 les chrétiens furent chassés de la Chine.

Les Anglais, qui avaient remplacé les Portugais dans la domination des mers et qui avaient de grands intérêts en Chine, étaient plus atteints que les autres nations européennes par cette décision; néanmoins ils patientèrent. Ils entretenaient avec la Chine un commerce très lucratif d'opium, que fournissaient les Indes, et pour lequel elle avait besoin du débouché de Canton. En 1839, l'empereur de Chine, voulant empêcher ce commerce, qu'il jugeait nuisible à ses sujets, retint les négociants anglais prisonniers, les menaçant de mort s'ils ne livraient leurs cargaisons d'opium. L'Angleterre alors déclara la guerre à la Chine. Cette puissance fut vaincue et forcée d'ouvrir plusieurs ports, si bien que la Chine est maintenant librement parcourue par les voyageurs.

Les traités n'ayant pas été exécutés fidèlement par la Chine, et plusieurs missionnaires français ayant été massacrés, la guerre recommença en 1856 entre le Céleste Empire d'une part et la France unie à l'Angleterre de l'autre. Canton fut pris et resta pendant plusieurs années occupé par les deux puissances européennes. De Canton, les troupes alliées se dirigèrent vers le nord de la Chine. Un traité fut alors signé à Tien-Tsin. Ce traité assurait le libre exercice de la religion chrétienne dans tout l'empire; la navigation du Yang-tsé-Kiang ou Fleuve Bleu devait être libre, et cinq nouveaux ports étaient ouverts au commerce européen.

L'échange des ratifications de ce traité devait être fait à Pékin même, dans le délai d'un an ; mais, quand les envoyés de France se présentèrent

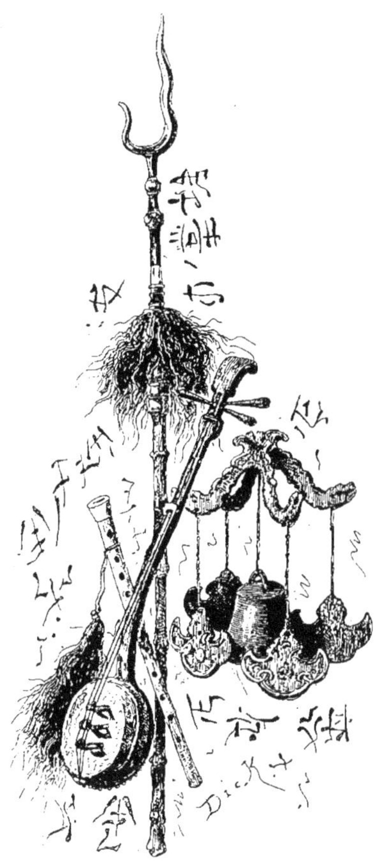

Lance et instruments de musique chinois.

dans ce but à l'entrée du Peï-Ho, le fleuve qui passe à Pékin, ils le trouvèrent barré par des estacades, et l'entrée leur en fut refusée.

Une seconde guerre de Chine fut alors décidée, en 1860, par la France et l'Angleterre.

Après un combat livré vers l'embouchure du Peï-Ho, les forts de Ta-Kou, qui défendaient l'entrée du fleuve, furent pris ; les armées alliées marchèrent alors sur Tien-Tsin, qu'elles dépassèrent, et s'arrêtèrent à seize kilomètres de Pékin. Pendant que les commissaires chinois trompaient les ambassadeurs français et anglais par des ouvertures de négociations, les alliés furent attaqués ; mais les assaillants furent vaincus, le camp chinois de Pa-li-kao emporté, et l'armée franco-anglaise entra dans Pékin.

Deux traités y furent signés avec les puissances alliées, où se confirmaient les conditions du traité de Tien-Tsin, et trois nouveaux ports étaient livrés aux Européens.

Vous verrez bientôt qu'il devait en être d'une autre convention signée à Tien-Tsin comme de la première.

Peu de temps après ces événements, la Chine étant tombée dans l'anarchie, la ville de Canton fut menacée par les Taïpings, rebelles qui s'étaient soulevés contre le gouvernement sous la conduite de Luh-Vinh-Phuoc, qui devint plus tard le chef des Pavillons-Noirs. Ils avaient attaqué en outre deux autres ports ouverts aux navires étrangers. La France et l'Angleterre furent encore obligées d'intervenir pour faire respecter leurs nationaux. Les bandes de Luh-Vinh-Phuoc furent dispersées, et la tranquillité rétablie.

Shang-Haï et Hong-Kong sont les plus importants des ports où les bâtiments européens peuvent entrer, et les Anglais ont fondé dans ces deux villes des établissements magnifiques. Ce sont de véritables palais, qui s'alignent sur le port, au milieu de jardins pleins d'ombre et de fraîcheur; rien au premier coup d'œil ne rappelle la Chine.

CHAPITRE XXXIV

CANTON ET L'INDUSTRIE EN CHINE

Canton est la première de leurs villes que les Chinois aient consenti à nous ouvrir. Les Portugais y furent admis en 1517, les Anglais en 1634. Ces derniers s'en emparèrent en 1841 ; puis, en 1856, les Chinois ayant maltraité des navires marchands, il s'ensuivit, en 1857, une guerre à laquelle la France prit part ; c'est celle dont je vous ai parlé. Au cours de cette guerre, la ville fut de nouveau reprise par les deux nations alliées.

Canton a une physionomie toute particulière, avec les palais magnifiques qu'y ont fait bâtir les marchands européens pour y établir leurs comptoirs, les édifices étranges de la ville chinoise, et surtout avec sa ville flottante, composée de milliers de barques et de bateaux. Ces bateaux s'alignent pendant plusieurs lieues sur le fleuve, formant une seconde ville, avec ses quartiers, ses rues, ses passages, qui se déplacent continuellement et que sillonnent sans cesse des jonques et des sampans comme ceux qui circulent sur le Fleuve Rouge. Des barques élégantes la parcourent aussi, avec leur carène peinte d'azur, de rouge vif, leurs sonnettes dorées, leurs pavillons aux mille couleurs, et quelquefois surmontées du traditionnel parasol indiquant qu'elles ont l'honneur de porter un mandarin ou un personnage de qualité.

Le soir, cette ville mouvante s'illumine et se remplit de bruits, de chansons et de cris, avec accompagnement de gongs, de bruit de pétards, de pièces d'artifice : car les Chinois forment le peuple le plus tapageur de la terre. Rien n'est joli à voir comme toutes ces lanternes qui dansent ou qui glissent sur l'eau.

Les boutiques de Canton sont remplies d'objets rares et précieux : des ivoires travaillés comme de la dentelle ; des porcelaines fines et transparentes aux peintures fantaisistes; des laques étincelantes d'or ; des satins brodés comme par les mains des fées ; des bronzes d'un fini parfait, représentant des monstres fantastiques; des jades (pierre très dure) fouillés avec un art merveilleux. Les ouvriers de Canton sont les plus habiles de tout l'empire; ils copient dans la dernière perfection le modèle qu'on leur donne à imiter, et on cite l'histoire d'un Parisien qui ayant brisé une tasse de porcelaine en envoya les débris à Canton pour qu'on lui en refît une pareille. On la lui refit et on la lui renvoya... en morceaux.

Une pagode à Haï-Dzuong.

Les Chinois ne sont pas artistes dans le sens que nous donnons à ce mot : c'est-à-dire qu'ils ne s'attachent pas, comme nous autres Européens, à imiter la nature ou la figure humaine dans ce qu'elles ont de plus beau et de plus noble; ce que nous nommons *idéal* semble leur être inconnu, ou du moins ils ne paraissent pas y être sensibles. Leur tournure d'esprit les porte vers le laid, le bizarre, le grotesque ; c'est ainsi qu'ils se plaisent à décorer d'animaux fantastiques tous les objets qu'ils fabriquent ; et ces monstres, ils les reproduisent jusque sur leurs étendards, ainsi que nous l'avons vu.

Ils sont travailleurs assidus et aussi économes que laborieux, se contentant d'un petit bénéfice. L'ouvrier chinois ne gagne guère que vingt sous par jour; mais comme il vit avec cinq, c'est-à-dire avec le quart de son gain, se contentant de quelques sapèques de riz, il n'est pas nécessaire d'être bien fort sur le calcul pour se dire qu'il est plus riche que l'ouvrier parisien qui gagne dix francs par jour, n'en dépensât-il que la moitié. Pour vingt centimes, c'est-à-dire pour environ deux cent cinquante sapèques, il aura huit ou dix bols de riz cuit à l'eau; une petite tasse de thé par là-dessus, c'est tout ce qu'il lui faut.

Si les Chinois ne reçoivent pas volontiers d'étrangers chez eux, en revanche ils vont volontiers chez les étrangers; ainsi il y en a un grand nombre en Amérique; mais ils retournent en Chine aussitôt qu'ils ont amassé une petite fortune, ce qui leur est facile, les salaires étant beaucoup plus élevés dans les autres pays que dans le leur, et eux vivant toujours avec la même sobriété.

CHAPITRE XXXV

MŒURS ET COUTUMES

L'empereur de Chine est regardé par ses sujets comme le représentant de Dieu sur la terre, et il se fait appeler modestement Fils du Ciel. Non seulement on se prosterne devant lui, mais même devant son trône vide et devant son paravent de soie jaune. N'est-ce pas pousser bien loin le respect? — Tous les vêtements du souverain et les objets à son usage sont ornés de broderies représentant le dragon à cinq griffes, emblème du bonheur, et la tortue, emblème de la puissance.

Je me demande en quoi cet animal inerte a mérité cet honneur.

Ces symboles lui sont consacrés, et ce serait un crime de lèse-majesté, plus même, un sacrilège d'en faire usage.

Quand un mandarin reçoit un message de l'empereur, il commence par se frapper le front contre terre; puis, avant de l'ouvrir, il l'encense. Tous les écrits émanant de l'empereur sont terminés par ces mots : « Qu'on tremble et qu'on obéisse ! » Vous saurez du reste qu'un fonctionnaire destitué, condamné à mort même, doit remercier son souverain. — Il y a des cas où ces remerciements doivent avoir de la peine à sortir.

L'empereur prend toujours ses repas seul, ce qui ne doit pas toujours être amusant; huit mets, ni plus ni moins, lui sont réservés. Il se montre très rarement en public, et ce n'est que dans des circonstances tout à fait exceptionnelles qu'il accorde des audiences aux ambassadeurs étrangers.

Bien que l'empereur soit souverain absolu, il a besoin de ministres pour l'aider dans les affaires du gouvernement. Il en a cinq, et ils se réunissent tous les matins de quatre à six heures. Que de gens dorment encore à cette heure-là !

Ils s'assoient sur des nattes ou sur des coussins, personne n'ayant le droit de prendre un autre siège devant l'empereur ni même devant son trône vide. Leur titre signifie *grands ministres de la machine nationale.*

Quant au mot de *mandarin,* que nous employons pour désigner les grands personnages de ce pays-là, ce n'est pas un terme chinois; il vient d'un mot portugais qui signifie conseiller.

La famille chinoise est très unie; tous les membres doivent vivre en commun et se soutenir les uns les autres. Le père, ou celui qui est considéré comme le chef de la famille, possède un pouvoir presque illimité sur ceux qui la composent; c'est lui qui décide des choses importantes; aucun des membres de la famille ne peut se marier sans son consentement; d'ailleurs ce sont les parents qui marient leurs enfants sans leur demander leur avis et sans que ceux-ci aient jamais vu le futur ou la fiancée qu'on leur destine.

Dieu merci ! il y a en France et en Europe beaucoup de familles qui sont aussi unies que des familles chinoises, mais cela ne va pas jusqu'à s'en rapporter absolument à ses parents pour choisir son mari ou sa femme et pour se marier les yeux fermés.

Le type du Chinois est bien connu : il a le visage large, les yeux, la bouche et le nez petits, les pommettes très saillantes, le teint jaune. Généralement sa taille est au-dessous de celle des Européens. Il est doux, et aime la paix au point de lui sacrifier toute dignité, ce qui ne l'empêche pas d'avoir un orgueil intolérable et de se regarder comme le premier peuple du monde.

Les femmes chinoises ne sortent guère qu'en palanquin, et il y a une bonne raison pour cela : les pauvres créatures ont les pieds mutilés dès leur plus tendre enfance ; on les leur comprime de manière à les empêcher de prendre leur développement normal, de sorte qu'elles ne peuvent se tenir dessus, et que marcher pour elles consiste en une série de petits sauts qui doivent être très fatigants.

Le Chinois est extrêmement poli ; on pourrait dire trop poli. Deux personnes se rencontrent-elles à la porte d'un appartement, elles se font tant et tant de salamalecs, en s'adressant l'une à l'autre des compliments emphatiques et en se qualifiant soi-même de la façon la plus modeste,

Jonque de guerre capturée à Haï-Phong.

qu'elles en ont souvent pour un quart d'heure à rester là : « Mon indignité, ma pauvre personne, disent-elles, ne saurait passer avant la lumière de l'esprit, le centre de la raison, » etc., etc.

En Chine, le style est fort imagé, et la poésie y est en grand honneur. Il faut dire que l'instruction y est très répandue. Les lettres y sont le chemin des dignités et de la fortune. Pour faire partie de la classe des lettrés, qui conduit au mandarinat, il faut avoir subi trois examens publics.

Ce n'est pas une petite affaire d'apprendre à écrire en chinois : la

Entrée principale de la citadelle d'Hanoï.

langue comprend trente-six mille sept cent quatre-vingt-cinq caractères, outre cent vingt-sept lettres mères servant à former les autres.

L'instruction est obligatoire en Chine ; tous les habitants du Céleste Empire, ouvriers ou paysans, sont capables de faire eux-mêmes leurs comptes, leur correspondance, et de lire les affiches ainsi que les inscriptions répandues à profusion sur les murs des édifices, le long des routes, dans les pagodes, les maisons, et même sur les édifices en laque et en porcelaine. Il faut croire qu'il n'est pas nécessaire pour cela de savoir la langue à fond, car il doit falloir toute une vie de savant pour y suffire.

On trouve des écoles en Chine jusque dans le plus petit hameau, et dans les villes il y a des classes du soir pour ceux qui ne peuvent fréquenter les classes du jour.

C'est à six ans généralement qu'on entreprend l'éducation du petit Chinois.

La classe commence à six heures du matin et dure jusqu'à dix heures ; il n'y a pas de vacances, et l'école reste ouverte toute l'année.

On y apprend surtout les maximes de Confucius.

Comme chez nous, les jeunes gens qui veulent devenir bacheliers et obtenir les autres grades passent des examens. Le premier degré, qui répond à peu près à notre baccalauréat, s'appelle *talent fleuri ;* le second, qui répond à la licence, *homme supérieur ;* enfin *puits de science, forêt de littérature,* équivalent à peu près à notre doctorat.

La calligraphie est un des premiers talents qu'il faille posséder si l'on veut triompher aux examens. Il ne servirait de rien de déployer la science la plus profonde et la plus étendue si l'on ne savait pas tracer de la manière la plus correcte et la plus élégante les caractères à l'aide desquels on exprime sa pensée.

Il n'y aurait pas grand mal à ce que chez nous on exigeât au moins une écriture déchiffrable de la part de nos jeunes bacheliers.

La littérature conduit à de tels honneurs, que le candidat sorti le premier du concours de doctorat peut aspirer à la main d'une fille de la famille impériale. On dit chez nous :

> N'a-t-on pas vu des rois épouser des bergères ?

En Chine, c'est la princesse qui épouse un simple lettré.

CHAPITRE XXXVI

TOUJOURS LA CHINE. — PRODUCTIONS. — MONUMENTS

La Chine est riche de toutes sortes de productions. On y trouve des pierres précieuses et des mines d'or et d'argent, qui ne peuvent être exploitées qu'au nom de l'empereur et par son ordre.

Le kaolin y est commun; il y existe aussi des mines de mercure, de charbon. Les forêts sont rares, principalement dans le sud de la Chine; mais le bananier, l'oranger, l'arbre à vernis, le cannelier et le mûrier y croissent en abondance.

Les grands quadrupèdes, tels que l'éléphant, le rhinocéros, l'ours, la panthère, le bison, habitent les provinces éloignées du centre, tandis que les oiseaux aux mille couleurs et les papillons, que les Chinois savent si merveilleusement broder ou peindre, animent la campagne.

Une des principales sources de la richesse du pays est l'agriculture. Les lois et les coutumes l'élèvent au-dessus des autres professions, et il n'y a pas de pays où l'on fasse rendre plus à la terre qu'en Chine.

Le riz, qui forme la base de la nourriture, comme le blé chez nous, le coton, le mûrier, le tabac, l'indigo, la canne à sucre, le thé surtout, y sont l'objet de cultures très bien entendues; de plus, les maraîchers de ce pays ont le talent de faire produire quatre ou cinq récoltes par an à leurs plantes potagères.

Les jardins chinois sont aussi fort renommés. Ils n'occupent pas des espaces considérables, la terre étant rare en Chine, vu le grand nombre d'habitants, mais ils sont aménagés de manière à représenter en miniature des paysages complets. Autrefois chez nous, au lieu de dire un *jardin anglais,* on disait un *jardin chinois,* et c'était à peu près la même chose;

seulement tout est particulièrement petit dans ces jardins. On y voit de petites collines qui longent de petits ruisseaux, sur lesquels nagent de petits canards en porcelaine, et il y a des petits ponts pour traverser ces ruisseaux; on y voit même de petits arbres, car les Chinois ont trouvé le secret, secret peu désirable à connaître, de donner à un chêne ou à un orme les proportions d'un rosier nain.

Autrefois, en Chine, on célébrait tous les ans la fête de chaque saison.

Dans les premiers jours de février avait lieu celle du Printemps, c'est-à-dire bien longtemps avant que cette jolie saison fît elle-même son apparition.

Le premier magistrat de chaque province sortait de son palais, couronné de fleurs et accompagné de musiciens jouant de divers instruments.

Un grand fonctionnaire chinois.

On promenait par la ville, dont les rues étaient tapissées de riches étoffes et ornées de lanternes, un grand buffle de terre cuite aux cornes dorées. Un enfant, un pied nu et l'autre chaussé, représentait l'Esprit du travail et frappait le buffle d'une baguette. Il était suivi de laboureurs portant leurs instruments aratoires, et de comédiens, de masques, qui formaient son cortège. La cérémonie terminée, on brisait le buffle de terre cuite, et on en retirait une quantité innombrable d'autres petits buffles, qui étaient distribués au peuple, ainsi que les débris du grand, en souvenir de la cérémonie.

La fête du Labourage avait lieu au mois d'avril, au moment où le cultivateur ouvre la terre avec la charrue.

L'empereur en personne prenait part à cette fête, et traçait lui-même trois sillons dans un champ réservé, à Pékin, près du palais impérial.

La charrue qu'il dirigeait, et qui était traînée par un bœuf jaune, était peinte en jaune (la couleur impériale), ainsi que le fouet qui l'accompagnait. Elle était suivie de plusieurs autres charrues peintes en rouge et conduites par des princes de la famille impériale ; celles-ci étaient attelées de bœufs noirs.

Un fort à Hanoï.

Trente-cinq vieux laboureurs, choisis parmi les plus honorables, prenaient part à la cérémonie.

C'est le maire de Pékin, ou du moins le magistrat qui remplit les mêmes fonctions que nos maires, qui remettait à l'empereur le fouet et l'aiguillon. Il le suivait au bout du champ ; puis, accompagné de trente-cinq vieillards et dignitaires auxquels leur rang donnait le droit d'assister à la cérémonie, il venait se ranger au pied d'un édifice nommé la Tour de contemplation du Labourage, et là, à un signal donné, toute l'assistance se prosternait neuf fois.

Vous pensez bien que l'empereur ne labourait pas le champ tout entier ; ce travail, regardé comme un grand honneur, était réservé aux vieux laboureurs présents. Le champ où s'était promenée la charrue impériale devenait, à partir du moment où le blé commençait à germer jusqu'à ce qu'il arrivât à maturité, l'objet des soins les plus assidus, et le produit en était réservé pour les sacrifices de l'année suivante.

Au mois de septembre, on célébrait la fête des Moissons. Elle durait quinze jours, et pendant tout ce temps le peuple assistait à des représentations théâtrales, et fêtait par des repas et des réunions intimes la fin des travaux de l'année.

En Chine, de même qu'au Tonkin, on voit un grand nombre de pagodes, et la fameuse tour de porcelaine de Nankin était un de ces monuments. Par malheur, elle a été fort endommagée par les dernières guerres. C'était un édifice à neuf étages, séparés les uns des autres par autant de toits à angles aigus et à coins relevés. Elle était recouverte du haut en bas de plaques de faïence blanche, à dessins d'or, représentant des dragons. Du sommet de la tour descendaient une infinité de chaînes, auxquelles étaient suspendues des clochettes ; une multitude d'autres clochettes encore étaient fixées aux angles des neuf toits. Quand le vent venait à les agiter toutes à la fois, elles produisaient le plus joli carillon.

Lors des grandes fêtes, on illuminait la tour à l'aide de cent quarante-quatre fanaux disposés le long de l'édifice. Cet éclairage formait une décoration du plus brillant effet. Du reste, les Chinois s'entendent à merveille à ces sortes de spectacle, et ils excellent en divertissements du même genre, feux d'artifice, marches aux flambeaux. Les élégantes lanternes dont on fait usage maintenant ici dans les réjouissances publiques sont des copies de celles qu'ils emploient dans des occasions semblables.

Un des monuments les plus célèbres de la Chine est la Grande Muraille. C'est un mur haut de dix mètres et épais de six ou huit, élevé pour empêcher les incursions des Tartares. Elle suit toutes les inégalités du terrain qui sépare la Chine de la Tartarie, sur une étendue de deux mille sept cents kilomètres. De deux en deux cents mètres, elle est flanquée de tours. Des parties considérables sont écroulées, mais il en reste suffisamment pour qu'on puisse juger des dimensions prodigieuses de cet ouvrage.

CHAPITRE XXXVII

QUESTIONS DE THÉATRE ET QUESTIONS DE CUISINE

Je vous ai dit que les Annamites aimaient beaucoup le théâtre ; les Chinois partagent le même goût. Tout pour eux est prétexte à représentation théâtrale ; il n'y a pas de fête sans que les acteurs s'en mêlent. Chaque fois qu'un ambassadeur européen est reçu par l'empereur, il y a spectacle à la cour. — Il en est de même chez nous dans des occasions semblables, et on organise alors ce qu'on appelle une « représentation de gala ». — A Pékin, quand l'empereur y réside, on compte, dit-on, jusqu'à sept cents troupes d'acteurs.

Les riches Chinois se donnent souvent le plaisir du spectacle pendant leurs repas. — Si un mandarin est promu à une nouvelle dignité, si un négociant a fait de bonnes affaires, s'il est survenu quelque événement heureux dans sa famille, la naissance d'un enfant, la guérison d'un autre, il donne une fête dans laquelle figurent des artistes dramatiques.

On voit alors arriver cinq ou six acteurs richement vêtus. Ils saluent tous ensemble, en frappant quatre fois la terre de leur front, et proposent une pièce. S'il se trouve dans cette pièce un personnage portant le nom d'un des invités et jouant le rôle d'un coquin, immédiatement on change la pièce, pour éviter à cet invité la mortification de voir son nom accolé à une vilaine action.

C'est de la courtoisie, ou je ne m'y connais pas !

En dépit de ce penchant prononcé, l'art dramatique est peu avancé en Chine, et généralement, afin de venir en aide à la compréhension des spectateurs, l'artiste chargé d'un rôle a soin de commencer par dire : « Je suis un tel, j'ai tel ou tel grade ou tel rang dans la société. »

Les représentations durent de onze heures du matin à six heures du soir, et la salle de spectacle ressemble assez à ce qu'on appelle chez nous une salle de café-concert. Au parterre sont rangés des bancs et des petites tables, où les assistants s'installent pour boire du thé tout en écoutant la pièce. Une galerie de face est aussi occupée par des petites tables; les loges sont placées sur le côté ; mais, à cause de la disposition de la scène, qui avance presque jusqu'au milieu de la salle, ces places se trouvent être très bonnes, et ce sont celles qu'occupent les spectateurs distingués.

Dans quelques grandes villes, dans le palais de l'empereur et dans beaucoup de pagodes, un emplacement spécial est réservé aux acteurs, et dans chaque quartier ordinairement on se cotise pour avoir au moins deux fois le spectacle par an. Le plus souvent pourtant les représentations ont lieu sur la place publique, en plein air ; des rideaux, qui se tirent des deux côtés de la scène, remplacent la toile. Les spectateurs se tiennent debout. — Il en était de même autrefois aux parterres de nos théâtres, et je suis sûr que beaucoup d'entre vous sont à cet égard comme les Chinois : ils aimeraient mieux assister debout au spectacle que de n'y point assister du tout.

Autour du théâtre circulent des loueurs de bancs : car, si le directeur n'offre pas de stalles, il n'empêche personne d'apporter la sienne. Les marchands de sucreries proposent aussi leurs marchandises aux spectateurs, si bien que lorsque il y a une représentation théâtrale dans un quartier, tout le voisinage est en l'air : les uns pour y assister, les autres pour tâcher d'en tirer parti.

Il est un genre de spectacle très goûté du peuple : c'est celui des ombres chinoises, ces amusantes silhouettes qui viennent se projeter sur un drap blanc et qui sont produites par des dessins qu'on fait passer entre une lampe et le verre grossissant d'une lanterne magique. — Les Chinois excellent dans ce divertissement, et on lui a donné leur nom.

En dépit de l'excellent appétit dont, j'aime à le croire, vous êtes doués, je ne sais quelle mine vous feriez si vous étiez invités à dîner chez un Chinois qui vit tout à fait à la mode chinoise.

D'abord, pas de table ni de chaise, quoique l'on commence à en faire usage assez généralement aujourd'hui ; pas même de lit à la manière antique, mais des nattes pour s'accroupir à la façon des tailleurs, et, en guise de table, une estrade basse qui disparaît sous l'abondance des mets, l'ambition d'un Chinois qui se respecte étant d'étaler le plus grand nombre de plats possible.

Cette manière de faire laisse beaucoup à désirer, quant à la commodité du moins, pour des Européens, et il faut que les habitants de l'extrême Orient possèdent des jointures bien souples pour s'y astreindre. Nous autres nous aurions, bien sûr, grand mal dans les genoux et les chevilles.

Si vous assistiez à un dîner de ce genre, on vous servirait sûrement des ailerons de requin, des nerfs de poisson séchés, du chien, du porc, un salmis de peaux de pattes de canards accommodé à l'huile de ricin,

Un musicien.

des amandes frites dans le sel, des tranches d'œufs confits dans la chaux et devenus noirs; peut-être y joindrait-on quelques rats en ragoût, quoique les Chinois prétendent qu'on n'en mange pas plus chez eux qu'ailleurs et que les calomniateurs seuls font courir le bruit que ce petit quadrupède forme le fond de leur cuisine; comme légumes, on vous offrirait sans doute des pousses de bambou au jus, ce qui ne doit pas être mauvais; puis pour entremets et pour dessert des racines de nénufar sucrées ou des tronçons de canne à sucre.

Après, pour faire passer tout cela, on vous offrirait, avant la tasse de thé indispensable, un petit bol de riz cuit à l'eau, que vous devriez avaler jusqu'au dernier grain sous peine d'être impoli.

Vous voudriez aussi goûter aux nids d'hirondelle dont on parle tant. Ce qu'on appelle ainsi est le produit d'un petit oiseau appelé *salangane*, qui habite le bord de la mer. Je crains, par exemple, que vous ne prisiez pas ce mets autant qu'on le fait en Chine. Voici comment on l'apprête.

Chacun de ces nids a la forme d'un petit bénitier ou d'une coquille d'huître d'un blanc jaunâtre et est un peu transparent. Ils gonflent dans l'eau et forment une sorte de gélatine qu'on accommode au jus de viande. Il faut être Chinois ou du moins être né dans l'extrême Orient pour apprécier ce mets.

Pour porter les aliments à votre bouche vous n'auriez ni fourchette ni cuiller, mais deux simples bâtonnets d'ivoire, dont les habitants du Céleste Empire usent avec beaucoup de dextérité, mais qui ne sont pas d'un maniement facile pour qui n'en a pas l'habitude.

Pour boisson on vous offrirait de l'eau-de-vie de riz qui vous emporterait la bouche, et après, pour finir, une tasse de thé bouillant et parfumé.

Après le festin on vous donnerait sans doute le divertissement de la danse; non de la danse telle qu'on l'entend à l'Opéra ou dans les salons. D'abord il n'y a que des femmes qui dansent, et encore des femmes payées pour cela. — Un Chinois, assistant une fois à un bal, demandait si c'était toujours l'usage en Europe de faire sa digestion en se trémoussant. — La danse chez eux n'a donc aucun rapport avec le divertissement que vous connaissez. Vous verriez entrer dans la salle six danseuses, c'est le nombre habituel; elles se rangeraient sur deux lignes en face l'une de l'autre, et leur danse consisterait en inflexions du corps, balancements du buste, mouvements plus ou moins vifs des bras et des doigts, aux ongles démesurément longs et effilés. Ces danseuses ne manqueraient peut-être pas de grâce, mais en fait de plaisirs de ce genre, j'imagine que vous aimez mieux danser vous-même que de voir danser les autres.

CHAPITRE XXXVIII

PRISE DE HONG-HOA ET DE TUYEN-QUAN

Retournons au Tonkin. Bac-Ninh étant en notre pouvoir, le général Millot pensa qu'il était d'une bonne politique de ne pas laisser aux ennemis le temps de se remettre de l'alerte qu'ils venaient d'avoir. Accompagné des généraux de Négrier et Brière de l'Isle, il marcha donc sur Hong-Hoa, où le prince Tuang, qui tenait cette forteresse, avait fait exécuter des travaux importants qui en faisaient une position très forte.

Hong-Hoa est situé sur le Fleuve Rouge, au-dessus de Son-Tay.

On était à la fin d'avril, le moment de l'année où le fleuve est le plus bas : la saison des pluies n'était pas encore arrivée, et la rivière n'avait pas assez d'eau pour que la flottille pût le remonter. Il fut donc convenu entre les généraux que les troupes traverseraient la Rivière Noire, affluent du Fleuve Rouge qui sépare Hong-Hoa de Son-Tay, et qu'une partie exécuterait un mouvement tournant tandis que l'autre attaquerait de front.

Ce ne fut qu'au prix des plus grands efforts que la grosse artillerie put être transportée, à l'aide de jonques, de l'autre côté de la Rivière Noire, et plusieurs soldats même furent emportés par le courant.

Enfin les batteries furent dressées, et le canon commença sa rude besogne. Il l'accomplit avec une célérité qui causa une telle panique parmi les ennemis, que lorsque les deux colonnes ayant effectué le passage de la rivière arrivèrent aux portes de la ville, elles la trouvèrent complètement abandonnée. De même qu'à Bac-Ninh, ses défenseurs avaient disparu, n'y laissant que la fumée des maisons incendiées, et du haut du mirador surmontant la citadelle on put voir les fuyards qui disparaissaient au loin après avoir mis le feu à la ville. Le lendemain le général de Négrier y entrait aussi facilement qu'il était entré à Bac-Ninh.

La malheureuse ville était en cendres; à peine restait-il une vingtaine de maisons habitables et quelques pagodes, dominées par le mirador de la citadelle, une tour de briques rouges s'élançant d'un bouquet de verts arbrisseaux.

Cette fois c'est aux Pavillons-Noirs que nous avions eu affaire; mais pris de panique, eux aussi, et sans doute sous l'influence de la terreur dont la prise de Bac-Ninh les avait frappés, ils n'avaient pas fait de résistance et avaient fui vers les montagnes, ayant toujours à leur tête leur chef Luh-Vinh-Phuoc.

C'est que réellement, pas plus que les Chinois, ces hommes ne connaissent ce sentiment de l'honneur qui soutient le dernier de nos pioupious et qui lui fait accepter et accomplir ses durs devoirs de soldat. Ce sentiment, de même que le patriotisme, leur est totalement étranger et ne saurait les influencer. Mais comment le connaîtraient-ils, quand leurs chefs eux-mêmes, les mandarins, ne le connaissent pas?

Cependant là encore les ennemis n'avaient négligé aucun moyen de défense. Ils avaient fait d'énormes abatis de bambous qui, enchevêtrés les uns dans les autres, présentaient un obstacle infranchissable; de plus, ils avaient établi des *casemates*. Ces casemates ne ressemblaient pas mal à des terriers à lapins. C'étaient des retranchements en terre, dans lesquels sont creusés des trous où l'on plaçait des soldats et des canons. Ceux qui y étaient en sentinelle ne laissaient passer que tout juste le petit bout de leur tête, qu'ils rentraient à la moindre alerte, et ceux qui servaient les pièces pouvaient pointer en toute sécurité, protégés qu'ils étaient par le rempart de terre. Ils étaient ainsi en mesure de causer beaucoup de dommages aux assaillants sans être eux-mêmes exposés. Les casemates servent aussi à conserver les armes et les munitions.

Une partie des fuyards de Hong-Hoa s'étaient dirigés vers Tuyen-Quan, autre forteresse où les Pavillons-Noirs tenaient encore.

Elle était située sur la Rivière Claire, un des affluents du Fleuve Rouge.

La Rivière Claire répond bien à son nom; son eau, chose rare au Tonkin, est bleue et limpide, et on y pêche, paraît-il, des poissons renommés; mais cette eau de si belle apparence est malsaine à boire, dit-on aussi :

Tout ce qui reluit n'est pas or.

Les canonnières devaient remonter la rivière en même temps que les troupes. Parmi elles se trouvait le *Pluvier*, dans la hune duquel on avait établi un hotchkiss, sorte de canon roulant ou canon-revolver. Ces

Entrée du général de Négrier à Hong-Hoa.

canonnières étaient chargées de protéger la marche de la colonne et de tenir les ennemis à distance.

Il faisait une chaleur torride, ce qui rendait la marche très pénible pour nos malheureux soldats; les sentiers étaient tellement raides, étroits et défoncés, qu'on dut renoncer à faire traîner l'artillerie par les coolies et qu'il fallut l'embarquer sur des jonques. On démonta aussi quelques pièces, qu'on chargea, ainsi que des caisses de munitions, sur des mulets; mais on n'avait pas assez de ces animaux. D'ailleurs, arrivés à destination, il fallait remonter les pièces. Que de temps, que de travail encore! Et puis quand on était surpris par l'ennemi!...

A chaque instant on rencontre des arroyos. On les traverse tantôt sur des passerelles en bambou, tantôt sur des ponts couverts de paillottes, destinées peut-être à servir d'abri aux voyageurs, mais que le mauvais état de leur toiture rend tout à fait impropres à ce service.

On n'avance pas vite; il faut souvent se reposer; alors on fait des haltes, tantôt près d'une pagode, tantôt le long d'un des jolis cours d'eau qui traversent le pays, à l'ombre des arbres qui s'y reflètent comme dans un miroir. Quelques-uns déjà ont souffert des discordes politiques et sont amputés de leurs plus belles branches, qu'un boulet est venu fracasser...

Quand la colonne s'arrête dans un village, les habitants sortent timi-

Pont sur un arroyo.

dement de leurs chaumières et viennent offrir aux soldats des vivres et des fruits de leurs jardins : des *mangues,* dont la chair serait assez agréable si ce n'était son odeur de térébenthine, des bananes et surtout des *litchis.*

Le litchis est un fruit rond de la grosseur d'une figue. Entre le noyau, qui est assez gros, et l'écorce, qui est mince, ridée et cassante, on trouve une sorte de gelée transparente, d'un brun rougeâtre, d'une fraîcheur exquise et délicieusement parfumée. Cette fraîcheur passe très vite; aussi pour exprimer une chose de peu de durée dit-on : rapide comme un courrier de litchis. Cela vient de ce que les grands personnages ou les gens riches qui n'ont pas de ces fruits dans leur voisinage les font venir de loin. Les litchis ne se gardant pas, il faut que celui qui les porte fasse diligence pour que les fruits arrivent frais.

Quand, après bien des peines, bien des travaux, on fut enfin arrivé en vue de Tuyen-Quan, la place était déserte, et le pavillon tricolore y fut arboré sans coup férir.

Le lendemain, les Tonkinois de la ville et des environs apportaient aux officiers des présents, comme ils ont coutume d'en offrir aux auto-

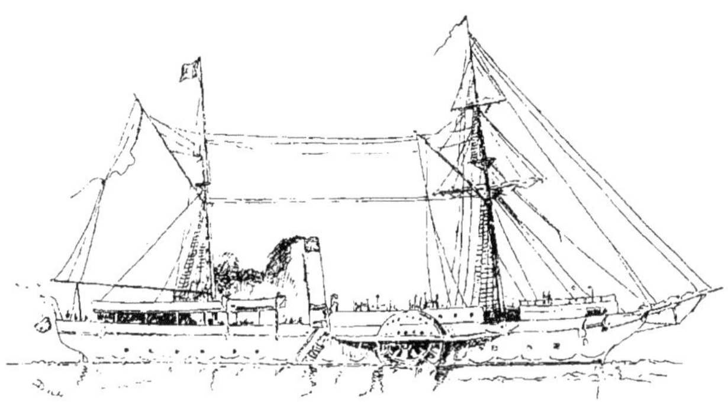

Le *Pluvier*.

rités. Cela signifiait qu'ils reconnaissaient notre suzeraineté; mais une soumission plus importante fut celle d'un des lieutenants de Luh-Vinh-Phuoc avec les trois cents hommes qu'il commandait. Elle fut suivie de la soumission d'une autre bande de six cents Pavillons-Noirs. Tous furent envoyés à Hanoï pour être enrôlés dans les tirailleurs tonkinois.

CHAPITRE XXXIX

LA CONVENTION DE TIEN-TSIN

Après la prise de Tuyen-Quan, les Pavillons-Noirs s'étaient enfuis, sous les ordres de Luh-Vinh-Phuoc, pour chercher refuge dans les montagnes situées vers le nord, avec presque autant de célérité que les Chinois lorsqu'il s'était agi d'abandonner les autres places.

La Chine, voyant que les affaires ne tournaient pas à son avantage, se décida à parler de traité, et les préliminaires en furent arrêtés dans une entrevue qui eut lieu à Tien-Tsin. Ils furent signés par Li-Hong-Tchang, premier secrétaire d'État, représentant de la Chine, et par M. Fournier, capitaine de frégate, représentant de notre pays.

On se réjouit beaucoup en France de cette promesse de paix ; on la croyait définitive : on se trompait.

Il avait été convenu, aux termes mêmes du traité, que dans un délai prescrit les troupes françaises pourraient occuper Lang-Son, et deux autres forteresses du Tonkin restées encore entre les mains des Chinois.

Le général Millot, qui commandait en chef, envoya donc un détachement pour s'établir dans ces places.

Lang-Son est situé sur la route de Chine et à plusieurs journées de marche de Bac-Ninh, ce qui ne veut pas dire qu'il en soit bien éloigné, géographiquement parlant; mais les difficultés du terrain sont telles qu'elles augmentent considérablement la distance, et que pour atteindre un point en réalité assez rapproché il faut faire un trajet considérable, semé de difficultés sans nombre. Vers le milieu de la route (route est ici une manière de parler, car cette « route » est à peine un sentier) se trouve le village de Bac-Lé, situé sur un cours d'eau profondément encaissé, le Song-Thuong, que les pluies avaient grossi et qu'il fallait traverser à gué.

Comme les troupes effectuaient ce passage, ce qui, vous le pensez bien, n'était pas aisé, elles furent accueillies par des coups de feu. Sans tenir compte de la convention de Tien-Tsin, d'après laquelle ils devaient nous céder la place à Lang-Son, les Chinois avaient résolu de nous arrêter au passage, et ils étaient embusqués dans un petit bois qui dominait le cours d'eau. Ils furent bientôt délogés par les chasseurs d'Afrique, mais plus loin nous fûmes attaqués de nouveau.

La route avait alors une largeur d'un mètre et demi à deux mètres, — c'est à peu près celle d'une allée de jardin, — et elle était bordée d'arbres touffus, reliés par des lianes et formant d'impénétrables fourrés. Une montagne à pic la dominait, et au pied, à une profondeur considérable, coulait le Song-Thuong.

Sans être bien forts sur la stratégie, vous voyez d'ici que le lieu était bien choisi pour dresser une embûche, et c'est ce que les Chinois avaient fait.

Furieux d'être forcés d'abandonner Lang-Son, ils s'étaient établis dans une petite échancrure de la montagne, où ils avaient construit trois fortins (petits ouvrages fortifiés). De là, protégés par des abatis d'arbres, ils criblaient nos malheureux soldats, qui, confiants dans la convention signée quelques jours auparavant, s'avançaient paisiblement dans ce mauvais chemin, où le terrain leur offrait déjà assez de difficultés sans qu'ils eussent encore à se mettre en défense.

Les Chinois avaient agi avec leur mauvaise foi habituelle, comme ils avaient déjà agi, plusieurs années auparavant, dans la guerre contre les Anglais et les Français, en refusant d'exécuter un traité, signé aussi à Tien-Tsin.

Le combat dura juqu'au soir et recommença le lendemain; mais les ennemis avaient l'avantage de la position et celle du nombre (ils étaient dix contre un). Il nous fallut reculer et repasser le Song-Thuong. Les pluies tombées depuis la veille l'avaient considérablement grossi, mais pas assez néanmoins pour qu'il ne fût plus praticable. Les chasseurs d'Afrique, qui s'étaient déjà particulièrement distingués la veille, furent chargés par le commandant de l'expédition de protéger la colonne, qui se replia sur Bac-Lé, où elle se cantonna.

Cette affaire, dans laquelle la convention de Tien-Tsin avait été violée et qui remettait ainsi tout en question, est ce qu'on appelle l'incident de Lang-Son ou de Bac-Lé.

Marche de troupes vers Lang-Son.

La guerre allait donc recommencer, nous jeter dans de nouvelles aventures, au moment où l'on se flattait que la pacification du Tonkin était chose accomplie.

CHAPITRE XL

TIEN-TSIN

Disons quelques mots de Tien-Tsin, où avait été signée la convention entre M. Fournier et Li-Hung-Chang, convention si mal observée.

C'est une des villes ouvertes aux Européens par le traité de 1858, traité qui termina la guerre des puissances alliées, la France et l'Angleterre, contre la Chine. C'est dans une pagode voisine, sur le Pei-Ho, la rivière qui arrose Pékin, que cet engagement fut signé.

Tien-Tsin n'est guère qu'à une quarantaine de lieues de la capitale, et la plaine qui l'entoure fut le théâtre de plus d'une opération militaire importante.

Les environs de la ville sont fertiles et admirablement cultivés, mais manquent de pittoresque, les champs de riz ou les cultures maraîchères laissant un peu à désirer sous ce rapport.

En sa qualité de ville cosmopolite, Tien-Tsin renferme des constructions européennes, de grands hôtels à la mode anglaise ou américaine; mais l'un des plus beaux édifices est l'hôtel du consulat français. Il fut bâti avec une partie des sommes payées par la Chine à la France, en 1870, comme indemnité à la suite de massacres de sujets français dans les circonstances que voici.

Depuis plusieurs années il existait à Tien-Tsin un orphelinat tenu par les sœurs de Saint-Vincent de Paul. Un jour le bruit courut dans la ville, occupée par les Chinois, que les religieuses volaient des enfants pour les tuer, et qu'elles préparaient des charmes et des remèdes avec les yeux et le cœur de ces petits êtres.

Il n'en fallut pas davantage pour ameuter contre les malheureuses femmes non seulement la populace, mais même de soi-disant lettrés. Des groupes menaçants se formèrent devant le consulat de France. Le consul et son secrétaire, étant sortis par une porte de derrière de la maison pour réclamer la protection des autorités, rentraient au consulat, lorsqu'ils furent attaqués par la populace. Le consul reçoit un coup de lance et cherche à se défendre à l'aide d'un pistolet qu'il portait ; mais la foule se jette sur lui ; il est massacré ainsi que son secrétaire.

De là on courut chez les sœurs, qu'on massacra également.

Plusieurs négociants européens furent tués de même. Depuis ce moment, quatre frégates, française, anglaise, russe et japonaise, stationnent à demeure dans le port du Tien-Tsin.

Vous voyez que ce n'est pas la première fois que ce lieu est lié à notre histoire, et que nous n'avons pas précisément à nous féliciter des souvenirs qu'il nous rappelle.

La partie habitée par les Chinois ressemble à toutes les villes chinoises : les rues, fort étroites, sont encombrées d'animaux, de charrettes, de chaises à porteurs, de lourdes voitures attelées de bœufs ; elles sont bordées de maisons basses, que surmontent les pagodes et leurs toits en chapeau chinois.

L'une d'elles, la rue des Vieux-habits (Kou-y-Kié), rappelle l'ancienne rotonde du Temple. Elle est habitée, ainsi que le nom le fait pressentir, par des marchands fripiers, qui du matin au soir sont occupés à faire l'éloge de leur marchandise, pour engager les passants à leur faire quelque emplette. Quelle patience il leur faut pour répéter ainsi toute la journée la même chose ! Mais un marchand n'est-il pas persuadé de la supériorité de ses produits, et peut-il jamais se lasser de les vanter ?

La ville de Tien-Tsin fait un très grand commerce en sel, riz, froment, papier, soieries, sucre, tabac, sans oublier le thé. Et au sujet du thé, il ne faut pas vous imaginer qu'on ne trouve en Chine que du thé de premier choix, et que chacun peut s'en régaler à son aise, à quelque classe de la société qu'il appartiennne. Sans compter le thé en brique, destiné aux Russes et aux Tatars, il y en a de qualité très inférieure. Un voyageur qui a longtemps séjourné à Tien-Tsin dit plaisamment : « Une feuille de thé passe par bien des infusions avant de disparaître dans l'estomac d'un mendiant. » Elle passe d'abord par le maître ; puis par le domestique, la maison de thé (à peu près ce que nous appelons café ici), le théâtre, l'auberge de ville et le cabaret de campagne. Il paraît même qu'à chaque étape qu'il fait, on ne se gêne pas pour le faire sécher publiquement au soleil, dans de grands paniers d'osier, avant de le livrer de nouveau au commerce.

En échange de son thé, de son riz et de ses autres articles d'exportation, le Chinois de Tien-Tsin reçoit de l'étranger des lainages, des

Tirailleurs annamites.

cotonnades, des aiguilles, du bois de sandal, des allumettes chimiques et surtout de l'opium.

A Tien-Tsin comme en Chine on fait une consommation prodigieuse d'allumettes chimiques, et on les fait venir de l'étranger, de Vienne principalement.

Le Chinois, qui est économe d'argent plus que de temps, ne veut pas qu'on le trompe sur la quantité d'allumettes contenue dans une boîte, et il les compte patiemment une à une, afin de s'assurer qu'il a son dû.

Et, à propos d'allumettes, avec le bois de sandal, qui a la propriété de garder son parfum, les Chinois fabriquent des montures d'éventail, des chapelets et d'autres menus objets. Ils fabriquent aussi des baguettes appelées « allumettes chinoises », qu'on brûle en guise d'encens ou de petits cierges dans les pagodes, et dont s'échappe une odeur agréable. J'aimerai mieux ces allumettes-là que les nôtres, dont on ne saurait faire le même éloge.

CHAPITRE XLI

FOU-TCHÉOU

L'indignation fut grande à Paris lorsqu'on apprit la trahison des Chinois. La guerre allait reprendre de plus belle. On commença par demander aux ennemis une forte indemnité en argent; mais celle qu'ils consentirent à accorder était dérisoire, et encore ne l'accordaient-ils, à ce qu'ils disaient, que par « esprit de conciliation ». Donc, le ministre de la marine envoya une dépêche à l'amiral Courbet, lui ordonnant d'envoyer à Fou-Tchéou et à Kélung, deux ports chinois, toutes les forces dont il pourrait disposer.

Le 5 août, les cuirassés *la Galissonnière* et *le Villars*, sous les ordres de l'amiral Lespès, vinrent bombarder le fort de Kélung, au nord de l'île de Formose, afin de punir la Chine de son acte de mauvaise foi. Un feu violent fut ouvert; quelques heures après notre drapeau flottait sur le fort de l'Est, et les trois mille Chinois qui l'occupaient étaient en retraite.

Mais cette démonstration ne produisit aucun résultat bien important. L'amiral n'avait pas des forces suffisantes pour occuper l'île, qui a des dimensions considérables; il dut donc, une fois les batteries mises hors de service, rappeler ses soldats.

En apprenant ce bombardement, les Chinois jouèrent la surprise. Ils ne comprenaient pas, disaient-ils, une pareille violation du droit des gens. — Ils ne se rappelaient pas que c'étaient eux qui avaient commis la première. — On leur répondit que cette manifestation avait eu pour but de leur remettre en mémoire, ce qu'ils paraissaient avoir oublié, que la France attendait toujours la réparation demandée au sujet du guet-apens de Bac-Lé. Le ministre de France à Pékin, M. Patenôtre, adressa immédiatement au ministre des affaires étrangères en Chine un ultimatum par lequel il réclamait au gouvernement chinois quatre-vingts millions d'indemnité, chiffre auquel on s'était définitivement arrêté. Il lui donnait quarante-huit heures pour s'exécuter, et lui annonçait que, ce délai passé, la France prendrait des mesures de rigueur. Le 12 juillet 1884, n'ayant pas reçu de réponse, l'amiral Courbet reçut l'ordre d'aller menacer avec sa flotte l'arsenal de Fou-Tchéou.

Fou-Tchéou est la capitale de la province de Fou-Kian. C'est une ville située près de la rivière Min, dans le détroit de Formose. Elle est très belle, très grande, très riche et très peuplée, renferme six cent mille habitants et sert de résidence à un grand nombre de lettrés. Son port a été ouvert aux étrangers en 1842 et 1843. Il s'y fait un commerce considérable, et bien longtemps cette ville a été le marché le plus important pour le thé. Les manufactures où l'on prépare cette plante y sont encore très nombreuses et appartiennent presque toutes à des Russes. C'est là qu'on fabrique la plus grande partie de ce qu'on appelle le « thé en brique ». On l'obtient avec des résidus ou des thés de qualité inférieure, et il est consommé en Russie par les soldats, les Cosaques et les gens du peuple.

Les autres principaux objets du commerce de Fou-Tchéou sont les bois de construction, les meubles, le papier, le zinc, sans compter l'opium, qui donne lieu à un trafic très important. Comme la plupart des villes chinoises, Fou-Tchéou est divisée en deux parties : la ville fortifiée, où habitent les mandarins et les bourgeois riches; puis les faubourgs, où se concentre toute l'activité industrielle et commerciale. Les faubourgs de Fou-Tchéou sont situés entre la ville fortifiée et la rivière; mais en outre, sur la rivière même, se presse toute une ville flottante, composée, comme celle de Canton, de jonques, de bateaux, de barques, de sampans, servant de demeure à toute une population, qui y naît, qui y vit, qui y meurt, qui y exerce son commerce ou son industrie comme dans des maisons de terre ferme. Puis vient le port, avec sa forêt de mâts pressés les uns contre les autres, et au sommet desquels flottent des banderoles de toutes couleurs et des drapeaux de toutes les nations.

Au milieu de la rivière, un peu avant Fou-Tchéou, est l'île de la Pagode. Le paysage qui borde la rivière est des plus gracieux : au premier plan, des rizières; au delà, des villages et des bouquets d'arbres;

Arrivée des plénipotentiaires français à Hué.

puis des hauteurs, dominées elles-mêmes par des montagnes aux crêtes déchirées.

Plus loin, en face de Fou-Tchéou, est une autre petite île appelée « île du Milieu »; elle est reliée à la ville par un très beau pont de pierre de quatre cents mètres de long, supporté par cent arches, et qu'on appelle le « pont des Dix Mille Années ». Pourquoi? Je ne saurais le dire. Quelque solidité que les Chinois prétendent donner à leurs ouvrages, je ne pense pas qu'ils aient la prétention de les faire durer aussi longtemps.

En face de Fou-Tchéou, sur l'autre rive de la rivière Min, est bâti le quartier européen, qui, lui aussi, est relié à l'île du Milieu par un pont. Celui-ci, se rattachant lui-même au pont des Dix Mille Années, met ainsi les deux villes en communication.

Ce qui désignait Fou-Tchéou à la manifestation dont le gouvernement français chargeait l'amiral Courbet, c'est que Fou-Tchéou renferme un arsenal militaire, le plus important de l'empire. Cet arsenal a été construit en 1869, sous la direction de deux Français. Ce n'est pas seulement un dépôt d'armes, de munitions et d'engins de guerre ; c'est encore un ensemble de chantiers destinés aux constructions navales ainsi qu'aux réparations. Il y a été annexé en outre une école d'application, et c'est là que les officiers de marine chinois apprennent le maniement des bâtiments de guerre.

L'amiral était venu croiser à l'entrée de la rivière en attendant des ordres définitifs. Les Chinois, de leur côté, avaient fait de grands préparatifs de défense; toutes les hauteurs qui avoisinent la ville étaient garnies de bouches à feu, dont un certain nombre étaient des canons Krupp; la flotte chinoise était mouillée à peu de distance de la ville. L'amiral étant demeuré dans l'inaction tant que les négociations avaient duré, les mandarins s'imaginèrent que s'il n'attaquait pas, c'était par poltronnerie, et ils s'enorgueillissaient déjà de leur victoire. Leur satisfaction ne fut pas de longue durée : les négociations étant définitivement rompues, l'ordre fut envoyé à l'amiral d'avoir à attaquer.

Il ne s'agissait pas de s'emparer de la ville, mais simplement de détruire l'arsenal et de livrer combat aux navires qui essayeraient de le défendre.

Les forces navales de l'amiral se composaient de sept bâtiments et de deux torpilleurs. L'un d'eux, le *Volta,* portait son pavillon-amiral. Les

Chinois avaient onze vaisseaux, plus douze grandes jonques de guerre, sept canots-torpilles et un certain nombre de canots et de brûlots.

Le vice-consul de France à Fou-Tchéou commença, d'après les instructions reçues, à prévenir le vice-roi et les consuls que l'amiral comptait ouvrir le feu le lendemain. De son côté, l'amiral fit la même communication à quelques bâtiments étrangers mouillés dans la passe, afin qu'ils eussent à se mettre à l'abri.

Il est vrai que les autorités de Fou-Tchéou n'avaient pas besoin d'être prévenues. En voyant arriver l'escadre française, elles avaient bien dû deviner ce qui l'amenait. Ce ne pouvait être dans des intentions pacifiques que les Français se présentaient avec un tel déploiement de forces ; néanmoins il est toujours bon de se mettre en règle, et l'amiral ne voulait pas y manquer.

CHAPITRE XLII

LE BOMBARDEMENT

Vers deux heures de l'après-midi le signal de l'attaque fut donné, et les bâtiments français ouvrirent le feu. Les Chinois ripostèrent immédiatement, et pendant quelque temps un nuage de fumée épaisse enveloppa les combattants. Aussitôt qu'elle fut un peu dissipée, on aperçut plusieurs jonques chinoises qui coulaient, tandis que d'autres vaisseaux paraissaient éprouver de grandes avaries. Le feu des ennemis se ralentit, et bientôt toute leur flottille se dispersa. Les plus petits bâtiments gagnèrent le haut de la rivière, où les nôtres, qui avaient un plus fort tirant d'eau, ne purent les suivre; mais ils étaient dans un si piteux état qu'ils s'échouèrent et coulèrent.

Les efforts de l'escadre française se concentrèrent alors sur le feu des batteries de l'arsenal et de l'île de la Pagode; le soir toutes les forces chinoises étaient mises hors d'état de nuire; néanmoins l'amiral, craignant quelque surprise de la part des ennemis, fit appareiller. La flotte se retira donc au large. Le lendemain et les jours suivants, même pendant la nuit, aidé par la lumière électrique, l'amiral revint à la charge et poursuivit le bombardement, tant des batteries qui défendaient lès bords de la rivière et l'île de la Pagode que de celles de l'arsenal. Une de ces batteries était blindée au moyen de quinze feuilles de tôle de deux centimètres d'épaisseur solidement boulonnées ensemble. Quelque abri que ce blindage offrît à ceux qui les défendaient, ils abandonnèrent leurs pièces et s'enfuirent bravement dans les montagnes environnantes, d'où nos fusils et nos hotchkiss les délogèrent.

De plus on coula ou on incendia les jonques chargées de pierres destinées par les Chinois à barrer les passes.

Cependant la disposition du terrain protégeait les Chinois, qui continuaient à nous inquiéter. Les murs en terre des maisons de Fou-Tchéou situées à mi-côte avaient été crénelées, et de là ils pouvaient diriger sur nous un feu bien nourri tout en restant à l'abri ; de l'autre côté de la rivière, ils étaient protégés par les broussailles et par les villages disséminés sur le bord de l'eau. Peu à peu cependant nous réussîmes à leur faire perdre pied, et, un obus étant tombé sur le magasin aux cartouches, qui tenait encore, l'explosion qui se produisit amena un désarroi complet.

Le bombardement, commencé le 27 août, dura jusqu'au 29 ; l'arsenal était détruit ainsi que la flotte. Vingt et un navires chinois avaient été mis hors de service, ainsi que plus de cent canons, dont dix-neuf Krupp ; cinq grands forts avaient été démantelés, et treize batteries rasées.

Voici les mots par lesquels l'amiral termina le rapport qu'il adressa au ministre de la marine pour lui rendre compte de ces événements :

« Je suis heureux de vous dire que jamais états-majors et équipages ne seront mieux à la hauteur d'une pareille situation. Durant le mois précédent, j'avais eu la satisfaction de constater avec quelle énergie les uns et les autres supportaient les fatigues d'un qui-vive permanent, en branle-bas de combat, les feux allumés : la perspective d'une action prochaine était dans l'air ; chacun l'attendait avec une secrète impatience, mais aussi avec une pleine confiance dans le succès. La brillante journée du 23 a justifié toutes nos prévisions. Bien que les opérations des jours suivants fussent d'un genre moins entraînant, l'ardeur générale ne s'est calmée que le jour où le dernier canon chinois a été démonté. Je suis vraiment fier de commander à des officiers et à des équipages que l'amour de la patrie anime à un si haut degré. La France peut tout attendre de leur amour et de leur dévouement. »

Voici, d'un autre côté, comment les Chinois rendaient compte de ces événements :

« Le 3 de la septième lune (23 août), à deux heures après midi, les escadres chinoises et françaises ouvrirent le feu ; le bruit du canon montait jusqu'au ciel. Après trois heures de combat, huit vaisseaux étaient coulés : trois français et cinq chinois. Le lendemain, à huit heures du matin, la lutte recommença et dura cinq heures. Cette fois, les Chinois coulèrent un cuirassé monté par un amiral, et trois autres navires. Après quoi, lançant leurs brûlots, poussés par un vent favorable, ils incendièrent encore un vaisseau et tuèrent un grand nombre de marins. Il ne restait plus aux Français que le vaisseau amiral, mouillé en dehors de la passe, et les trois autres près de la tour de l'observatoire. La tour, le dock et l'arsenal ont été brûlés. Deux forts ont continué le combat jusqu'au 8 au matin. A ce moment les vaisseaux français ont été coulés tous en même temps. Les Français ont perdu trois cents hommes; quelques Chinois ont été tués. Que chacun montre partout le même courage, et bientôt les diables de France auront peur de nous, et nous pourrons célébrer ensemble notre victoire! »

Estacade de jonques.

Cette relation, accompagnée d'un dessin sur papier de riz représentant les différentes phases de la lutte, montre assez comment on écrit l'histoire en Chine. Un pareil récit devait rencontrer peu de créance dans les ports ouverts aux Européens, mais les mandarins disaient à qui voulait les entendre que la flotte française était exterminée, et ils donnaient pour preuve qu'on n'en trouverait plus trace dans la rivière Min. En effet, les bâtiments avaient pris le large après avoir détruit les fortifications et les navires ennemis.

La destruction de la flotte et de l'arsenal causèrent une vive émotion en Chine; le gouverneur de Canton, voulant échauffer les imaginations, lança la proclamation suivante :

« Les Français ont violé la loi internationale, déchiré le traité conclu à Tien-Tsin, et attaqué, sans respect pour la foi jurée, les soldats chinois à Lang-Son (Tonkin), tuant ainsi un grand nombre d'entre eux. Au lieu de reconnaître leur faute et de montrer des regrets, ils demandent à la Chine une forte indemnité et lui font la guerre. Cela est connu de toutes les autres puissances étrangères, qui savent que la France est coupable. Le peuple de cette province s'est toujours fait remarquer par sa bravoure et sa loyauté. Maintenant vous devez considérer les Français comme nos ennemis et aider de toute votre force le gouvernement dans les opérations défensives. Les récompenses suivantes seront accordées à ceux qui les mériteront :

« Pour la tête d'un commandant en chef, 10,000 taëls (c'est-à-dire 71,300 francs, le taël valant environ 7 fr. 13), et le mandarinat à plume de martin-pêcheur.

« Pour la tête d'un officier à sept galons, 3,000 taëls et le mandarinat à plume de martin-pêcheur.

« Pour la tête d'un officier à cinq galons, 1,000 taëls et le mandarinat à plume de paon.

« Pour la tête d'un officier à trois galons, 500 taëls et le mandarinat à plume de paon.

« Pour chaque soldat ou marin tué, 100 taëls.

« Avoir bien soin de distinguer les ennemis des étrangers. »

La proclamation continuait la liste des récompenses accordées aux soldats qui feraient des prises:

« Pour la prise d'un cuirassé de première classe, 100,000 taëls.

« Pour la prise d'un cuirassé de deuxième classe, 80,000 taëls.

« Pour la prise d'une canonnière de première classe, 40,000 taëls.

« Pour la prise d'une canonnière de deuxième classe, 20,000 taëls.

« Pour la prise d'une embarcation, 1,000 taëls.

« Si on détruit un navire, il sera payé la moitié des sommes précédentes.

« La propriété capturée appartiendra au capteur.

« Pour tout gros canon pris, 8,000 taëls et le mandarinat.

« Pour les canons de moindre dimension, une somme proportionnée à leur grandeur.

Après la bataille.

« L'auteur d'un plan qui aura pour conséquence la défaite des Français dans un combat recevra 30,000 taëls.

« Ces récompenses seront payées par le trésorier de la province.

« 10e jour de la 7e lune, 10e année de Kwang-Su. »

N'y avait-il pas là de quoi enflammer tous les courages ?

CHAPITRE XLIII

LE BLOCUS DE FORMOSE

Après le bombardement de Fou-Tchéou, l'amiral Courbet se retira à Matsou, à l'entrée de la rivière Min, et se rendit de là devant l'île de Formose, située à cent cinquante kilomètres en mer, vis-à-vis de la province de Fou-Kian, dont elle dépend.

La partie de la mer qui l'en sépare s'appelle le détroit de Formose.

Formose mérite son nom, qui signifie « belle » et que les Portugais, émerveillés à son aspect, lui donnèrent. Elle a environ cent lieues de long sur trente à trente-cinq de large. Une chaîne de montagnes volcaniques, qui la coupe du nord au sud, la divise en deux parties : l'une, occidentale, est soumise aux Chinois; l'autre, orientale et encore inexplorée, est habitée par des indigènes d'une race absolument différente, se rapprochant des sauvages de la Polynésie et ayant conservé leur indépendance.

Ils sont sans cesse en querelle avec leurs voisins de la côte occidentale. Les sentiments qu'ils éprouvent pour eux sont tels que, dit-on, ils ne sont considérés comme des hommes parmi les leurs que quand ils se sont mesurés avec les Chinois, et qu'un jeune homme n'oserait se présenter pour faire la cour à une jeune fille avant d'en avoir tué un de sa propre main.

Les Chinois prétendent même que près de chaque maison est une étagère en bois qui porte des têtes de Chinois.

La végétation de l'île, splendide dans l'intérieur, est assez pauvre dans les parties qui avoisinent le littoral, quoique le terrain soit cultivé avec beaucoup de soin. Il est couvert en grande partie de rizières, coupées d'étroites chaussées où le pied risque sans cesse de glisser, ce qui expose à enfoncer jusqu'au genou dans une bourbe noire et épaisse.

Dans la partie montueuse c'est différent. Les palmiers, les camphriers, les aralias, les bambous, les fougères arborescentes, les bananiers, forment d'épais fourrés de verdure, que les lianes relient entre eux et où les oiseaux aux riches couleurs, les colombes, les merles, se donnent rendez-vous.

On y trouve aussi, parmi un grand nombre d'autres mammifères, le singe, le sanglier, l'antilope, et même le tigre. Il est vrai de dire que,

Interrogatoire de prisonniers.

d'après la tradition, ce « mangeur d'hommes » n'est pas originaire de l'île; il y aurait été importé de Chine, par les Chinois, pour détruire la race indigène.

De même que les arroyos qui coupent les rizières du Tonkin, les ruisseaux qui arrosent celles de Formose sont extrêmement riches en poisson. La pêche est une des occupations ordinaires des habitants, hommes, femmes et enfants, et une de leurs principales ressources culinaires. Ils font très grand cas aussi des mollusques, des petits vers rouges, et autres créatures aquatiques qu'à leur place nous laisserions certainement bien tranquilles.

On y consomme aussi beaucoup d'huîtres, et voici la manière très simple dont on cultive ce mollusque : on jette sur des bancs de vase de grosses pierres ; six mois après elles sont couvertes de ce succulent coquillage.

Le bambou pousse à Formose avec une vigueur toute particulière; il y forme des forêts immenses, et je vous ai déjà dit de quelle ressource est cet arbre pour les pays où il croît.

A Formose surtout on en tire un parti extraordinaire : la plupart des

Prise d'un fort par les marins de la flotte.

maisons et presque tous les meubles qui les garnissent sont en bambou. Des tiges de bambou ayant conservé leurs épines naturelles, qui sont très fortes et très résistantes, servent de portemanteaux ou de clous pour suspendre les différents objets qui composent un ménage. On se sert pour écrire de papier de bambou, et on y trace les caractères avec une plume en bambou, en puisant l'encre dans un encrier de bambou ; enfin le bambou, qui joue un rôle tout à fait prépondérant au Tonkin et en Chine, en joue un plus grand encore à Formose.

Les autres productions de l'île sont : le pétrole, le soufre, le camphre, le pavot à opium, les arachides, le sésame, le quinquina, le thé, le mûrier, l'indigo, la canne à sucre. Elle nourrit en outre une quantité considérable de bestiaux.

Il y existe aussi des mines de charbon. Elles se trouvent dans le voisinage de Kélung, port de mer situé au nord de l'île, au fond d'une petite anse obstruée par des bancs de vase, et protégé en arrière par des montagnes qui rendent la ville d'une défense très facile. La plus grande partie du charbon tiré des mines de Kélung est destinée à l'approvisionnement de la marine à vapeur chinoise et à l'arsenal de Fou-Tchéou. Ce charbon est fort bitumineux; il fait beaucoup de fumée et brûle très vite, mais est excellent du reste pour l'usage auquel il est destiné.

Le 1er octobre, un peu plus d'un mois après le bombardement de Fou-Tchéou, l'amiral Courbet quitta la petite baie de Matsou, et, avec huit bâtiments de guerre et deux transports, vint mouiller dans la rade de Kélung, dont les fortifications avaient été détruites quelques semaines auparavant par l'amiral Lespès. En même temps, ce dernier se présentait devant Tamsui, autre port fortifié de l'île, ouvert aux Européens depuis le traité de 1864; mais il fut reçu par un feu tellement violent qu'il dut se retirer.

L'amiral Courbet, voyant qu'il n'était pas en force pour opérer un débarquement, dut renoncer, pour le moment du moins, à pousser plus loin les opérations, et se contenta de notifier aux puissances le « blocus » de Formose.

Bloquer un port, c'est empêcher tous les bâtiments d'y entrer autrement qu'avec le consentement de la puissance qui a déclaré le blocus.

Les neutres, c'est-à-dire les puissances qui ne sont pas intéressées dans la querelle, sont tenues de respecter le blocus, et ne peuvent introduire dans le lieu bloqué ni vivres ni munitions. La violation du blocus est une violation du « droit des gens », et elle est punie par la confiscation du bâtiment qui a voulu forcer le passage, et même de sa cargaison.

CHAPITRE XLIV

LES TORPILLES A SKEIPOO

Le mauvais temps qui régna pendant plusieurs mois empêcha l'amiral de reprendre les opérations. Dans les premiers jours de janvier 1885, cinq bâtiments de guerre chinois quittèrent le Fleuve Bleu (Yang-tsé-Kiang) et prirent le large. L'occasion était trop bonne pour sortir de l'inaction où l'on se morfondait depuis si longtemps : l'amiral Courbet se hâta de la saisir.

Laissant les bâtiments nécessaires pour continuer le blocus de Kélung, de Tamsui il s'avança dans la direction des navires chinois, supposant que peut-être ceux-ci avaient l'intention de lui proposer le combat et ne voulant pas être en reste de politesse avec eux; mais c'est en vain qu'il explora les différents points de la côte de Chine, il ne découvrit rien; et lorsque, après une chasse de cinq jours, pleine de péripéties, il finit par apercevoir les bâtiments, cinq d'entre eux filaient vers le sud, peu pressés de se mesurer avec la flotte française; les deux autres, le *Yu-Yen* et le *Tche-King,* prirent le chemin de la rade de Skeipoo, petit port chinois.

Courbet commença d'abord par tâcher de donner la chasse aux fuyards; mais ne pouvant les atteindre, et la brume qui devenait de plus en plus forte les ayant complètement dérobés à sa vue, l'amiral retourna aux abords de Skeipoo pour s'assurer au moins des deux autres navires.

L'attaque fut décidée pour la nuit du 15 janvier. L'amiral avait choisi cette date parce que c'est celle du premier jour de l'an pour les Chinois. Il est ordinairement célébré par des fêtes bruyantes, et l'amiral comptait profiter du désordre qui accompagne habituellement les réjouissances publiques.

Mais on faisait bonne garde à bord des bâtiments ennemis, ainsi qu'à terre. Il y avait des hommes aux pièces et dans les hunes. Découverts avant d'arriver, les canots porte-torpilles que l'amiral envoyait en reconnaissance furent accueillis par un feu bien nourri.

Ils se lancèrent néanmoins à toute vitesse.

Vous avez déjà entendu parler des *torpilles*.

Il y en a de plusieurs sortes, et on les perfectionne tous les jours :

Avant-poste de marins.

car, tant que la guerre existera, il faut bien appeler perfectionnements les changements qu'on fait subir à ces engins de mort afin de les rendre plus propres aux usages auxquels on les destine.

Dans tous les cas, la torpille consiste toujours en une charge de poudre de guerre, de dynamite ou d'autre matière fulminante, contenue dans une mince enveloppe de métal.

On appelle *torpilles défensives* celles qu'on noie à l'entrée des ports, sur les côtes qu'on veut défendre. Les matières qui y sont renfermées s'enflammant avec explosion au moindre choc, si un navire ennemi veut forcer le passage et qu'il rencontre une torpille, le contact de sa coque avec cet engin le fait éclater, et le bâtiment saute en l'air.

Mais les torpilles de ce genre sont souvent aussi dangereuses pour les vaisseaux amis que pour les vaisseaux ennemis : car si elles n'ont pas éclaté au moment où elles pouvaient être utiles et qu'on néglige de les retirer ensuite, ce qui est parfois difficile, elles peuvent causer de graves accidents ; aussi fait-on plus volontiers usage maintenant, pour la défense des ports, de torpilles s'enflammant à distance avec un fil électrique.

A l'assaut.

C'est surtout de *torpilles offensives* qu'on s'est servi à Fou-Tchéou et dans toute la guerre du Tonkin, puisqu'on avait, non à défendre, mais à attaquer.

Il en existe de plusieurs modèles ; celle dont fit usage l'amiral Courbet est emmanchée au bout d'une longue perche, fixée elle-même à une tige de fer articulée.

Cette tige de fer est attachée à une longue pièce de bois posée à l'avant d'une chaloupe de fer et s'avançant au-dessus de la mer. On appelle cette pièce de bois « butoir », parce qu'elle est destinée à venir « buter » contre le bâtiment qu'on attaque et à maintenir la distance entre ce bâtiment et la chaloupe.

Au moment où le butoir touche le navire ennemi, la torpille, par la manière dont elle est attachée au butoir, se trouve en contact avec le bâtiment ; on tire alors un cordon appelé « tire-feu » : le fulminate s'enflamme, la torpille éclate, en faisant une ouverture dans les flancs du vaisseau, par où l'eau se précipite avec une telle rapidité que le navire sombre en quelques minutes.

Si par hasard (les gens du métier disent un hasard heureux), si par hasard la torpille est dirigée sous la partie du vaisseau qui contient la provision de poudre, il se produit une explosion du bâtiment lui-même, il éclate, et ceux qui le montaient sont lancés de tous côtés avec les débris du vaisseau.

Vous comprenez combien la situation des matelots qui dirigent un torpilleur est dangereuse. Quoique généralement les canots qui sont chargés de la pose de ces terribles engins soient à demi recouverts d'un blindage qui met en partie les hommes à l'abri, ils sont exposés au feu de toute la mousqueterie du bâtiment vers lequel ils se dirigent, et qui naturellement fait son possible pour les empêcher d'approcher, concentrant tout son feu sur cette petite embarcation qui lui apporte la mort. Un seul boulet la mettrait en pièces. Qu'un projectile ennemi vienne, par hasard, toucher la torpille qu'elle porte, aussitôt c'est elle-même qui saute. Aussi sont-ce les matelots seuls dont la bravoure est éprouvée qu'on charge de cette tâche.

On a imaginé depuis une autre sorte de torpilleurs : ce sont des bateaux presque sous-marins, qu'on pourrait appeler « bateaux-poissons », et on en a vu un à Paris l'année dernière ; il se rendait à Toulon par les rivières et les canaux. Ces torpilleurs sont très allongés sur l'eau pour filer avec plus de rapidité, et cuirassés assez légèrement pour conserver leur agilité. En outre ils sortent à peine de l'eau, afin de donner moins de prise aux projectiles ennemis. On ne voit au-dessus du pont que le ventilateur, une courte cheminée à vapeur et un sorte de guérite pour le timonier. La coque en est divisée de telle manière que si un boulet vient à l'atteindre et y produit une voie d'eau, cette eau ne se répand pas dans les autres parties du petit bâtiment.

Ces torpilleurs peuvent approcher de l'ennemi sans attirer son attention, et leur vitesse égale celle des trains express.

Le journal *le Yacht* citait une lettre d'un commandant de torpilleurs qui contenait ce qui suit :

« Faire une traversée sur un torpilleur, sous le beau soleil de la Méditerranée, n'est pas chose effrayante ; mais ce qui est pénible aux forces humaines, c'est de supporter pendant longtemps cette existence sans nom que l'on mène sur un de ces bâtiments. Le navire est dans un état de trépidation constant ; on est secoué non comme sur un bâtiment ordinaire, mais de la plante des pieds au sommet de la tête. On

Un joli coup d'embrasure.

« vibre » dans tout son être, et on éprouve, par le mauvais temps, des sensations bien curieuses et incontestablement bien désagréables. »

Ah ! tout n'est pas rose dans le métier de marin !

Mais revenons à Skeipoo.

L'amiral Courbet avait donc envoyé contre les deux bâtiments chinois réfugiés dans le port de Skeipoo, deux canots-torpilles ; ces canots firent si bien leur affaire que le matin, aux premières lueurs de l'aube, on reconnut que l'un des deux navires ennemis, le *Tché-King,* était coulé. Quant à l'autre, le *Yu-Yen,* il paraissait intact ; cependant on s'aperçut plus tard qu'il était coulé aussi ; seulement il avait tenu à faire bonne figure jusqu'au dernier moment, et tout en enfonçant dans l'eau il était resté droit comme un soldat au port d'armes. Par le fait, c'était un très beau bâtiment, construit à Shang-Haï sur des plans fournis par des ingénieurs américains, et il était armé de canons et de mitrailleuses des meilleurs modèles.

CHAPITRE XLV

PREMIER SIÈGE DE TUYEN-QUAN

Après l'attaque des Chinois entre Bac-Lé et Lang-Son, attaque qui eut des conséquences si importantes et si funestes, ce qui restait de la colonne s'était replié ; et tandis que l'amiral Courbet se morfondait à l'embouchure de la rivière Min, jusqu'à ce que l'ordre lui vînt d'attaquer Fou-Tchéou, le général de Négrier en faisait autant sur la route de Lang-Son.

Le général Millot, qui commandait en chef au Tonkin, venait d'être remplacé par le général Brière de l'Isle, qui était arrivé à Hanoï le 8 septembre 1884.

On n'avait pas abandonné les projets sur Lang-Son ; et puisque la paix était définitivement rompue, que les Chinois ne voulaient pas céder cette place, il s'agissait de la leur prendre ; mais les ennemis jetaient toujours de nouvelles troupes sur le Tonkin, qu'ils menaçaient de tous les côtés à la fois : au nord par la vallée de Loch-Nan, affluent du Fleuve Rouge ; au sud par celle du Thaï-Binh ; à l'ouest par celle de la Rivière Claire, que défendait la petite forteresse de Tuyen-Quan.

Tuyen-Quan est situé un peu au-dessus de Hong-Hoa ; c'était notre poste le plus avancé dans cette direction ; il était en notre pouvoir depuis le 1er juin, mais les derniers événements et l'envahissement croissant des Chinois le mettaient dans une position très critique et l'isolaient de tout secours.

Sa citadelle est construite sur une colline escarpée, au bas de laquelle coule la Rivière Claire.

C'est ce qui lui donnait, stratégiquement parlant, une importance considérable.

Dès les premiers jours d'octobre, elle avait été le but d'une attaque de la part des soldats de l'armée régulière chinoise, mais elle avait victorieusement repoussé l'ennemi. Peu de temps après une seconde attaque était dirigée contre elle par les Pavillons-Noirs, ayant à leur tête Luh-Vinh-Phuoc en personne; mais elle ne réussit pas davantage.

Les ennemis revinrent encore à la charge : car, voulant s'avancer vers le sud du pays, ils jugeaient imprudent de laisser derrière eux une forteresse dont la garnison pouvait, à un moment donné, tomber sur leur arrière-garde.

Comprenant l'importance de l'opération et la difficulté de la tâche,

Poste militaire.

Luh-Vinh-Phuoc rassembla quatre mille hommes et vint camper avec eux devant la Rivière Claire. Voyant qu'il ne pouvait prendre la forteresse d'assaut, il résolut de s'en emparer par la famine.

Son but était, tout en l'investissant, de fatiguer les assiégés par des attaques répétées.

C'est ainsi que du 13 octobre au 16 novembre (un peu plus d'un mois) la citadelle reçut vingt-quatre assauts, qu'elle repoussa tous victorieusement.

En même temps les Pavillons-Noirs élevaient sur la Rivière Claire une série de retranchements, qui avaient pour but d'interrompre la navigation de la rivière et d'empêcher qu'on pût venir au secours des assiégés.

De son côté, le général en chef Brière de l'Isle, jugeant qu'il fallait à tout prix rétablir les communications afin de tenter la délivrance de la forteresse, envoya dans cette direction une compagnie d'infanterie de marine, avec une compagnie de la légion étrangère, pour dégager les abords de la rivière; il y joignit une section d'artillerie : sept cents hommes en tout pour attaquer une position défendue par trois mille Pavillons-Noirs.

L'ennemi était très fortement retranché, et nous savions du reste que les Pavillons-Noirs n'étaient pas des ennemis à mépriser.

En effet, arrivée à cent cinquante mètres de leurs retranchements, la

Embuscade de Pavillons-Noirs.

colonne de secours fut reçue par un feu des plus violents; néanmoins elle parvint à tourner la petite armée des assiégeants. Voyant cela et jugeant qu'il était inutile de résister plus longtemps, les soldats de Luh-Vinh-Phuoc s'enfuirent, abandonnant entre nos mains leur matériel de guerre, qui était considérable.

Le soir même, la colonne faisait sa jonction avec la brave petite garnison de Tuyen-Quan et la délivrait.

Depuis le 1er juin jusqu'au 19 novembre, elle avait tenu contre les trois mille Pavillons-Noirs.

CHAPITRE XLVI

SECOND SIÈGE DE TUYEN-QUAN

Mais la petite forteresse ne pouvait rester sans garnison. Celle qui avait tenu la première fois et qui venait d'être délivrée était rentrée à Hanoï pour se remettre du dur régime auquel elle avait été soumise, et un autre détachement avait été envoyé pour la remplacer. Elle allait, elle aussi, subir un siège qui devait compter dans les annales du Tonkin.

Pendant quelques jours, la colonne venue pour délivrer la forteresse avait tenu la campagne, détruisant trois villages fortifiés sans trouver trace de Pavillons-Noirs; mais elle n'était pas assez nombreuse pour attendre une attaque en force; elle dut donc se replier sur Hanoï, abandonnant de nouveau la garnison de Tuyen-Quan à son sort.

De nouveau les efforts des ennemis se portèrent sur la petite forteresse, dont la possession leur était nécessaire pour assurer les derrières de leurs opérations.

La citadelle de Tuyen-Quan forme un carré parfait de trois cents mètres sur chaque côté. Un peu en avant de la forteresse, sur l'autre côté d'une petite rivière à sec, s'élève une pagode. On en avait fait une sorte d'ouvrage avancé, où était établi un poste de tirailleurs indigènes. Il était relié à la citadelle par une tranchée profonde qui permettait de circuler de l'un à l'autre en restant à l'abri du canon. Au pied de la forteresse mouillait la *Mitrailleuse,* une petite canonnière Farcy portant un hotchkiss et montée par vingt-cinq hommes commandés par l'enseigne de vaisseau Senez. Une autre tranchée faisait communiquer la place avec la canonnière.

Le premier soin du commandant Dominé fut de faire faire l'inventaire de l'approvisionnement, tant en munitions de guerre qu'en vivres, et de nommer un conseil de défense. Il prévoyait qu'il allait avoir des jours difficiles à passer.

En effet, le Pavillons-Noirs, tenus quelque temps en respect par la petite colonne envoyée pour débloquer la première garnison de Tuyen-Quan, étaient revenus en force aussitôt qu'elle s'était retirée. Ils ne se montraient pas encore néanmoins, et pendant quelque temps la citadelle, protégée par la canonnière *la Mitrailleuse,* conserva ses communications avec les postes situés au-dessous de la rivière, dans la

Poste d'observation.

direction d'Hanoï. Le commandant en profita pour augmenter ses approvisionnements, qui étaient très faibles. Dans la position où il allait se trouver, il fallait avoir devant soi pour plusieurs mois de vivres et de munitions, car on ne savait combien de temps le siège pouvait durer. Il réussit à faire entrer plusieurs convois de bœufs et d'autres denrées dans la place.

Chaque jour des reconnaissances étaient dirigées aux environs pour surveiller l'ennemi, qui continuait à s'avancer avec précaution, mais n'attaquait pas encore.

Peu à peu pourtant il gagnait du terrain et vint un jour camper sur le bord de la Rivière Claire. Son armée grossissait sans cesse; bientôt elle fut de cinq ou six mille hommes, tant Chinois que Pavillons-Noirs; Luh-Vinh-Phuoc était parmi eux. Chaque jour il livrait un assaut à la petite forteresse, qui de son côté faisait des sorties et tuait le plus de monde possible aux assiégeants. Il s'accomplit là à tout instant des actes de bravoure, aussi bien parmi les troupes auxiliaires que parmi les troupes françaises, qui montraient de quels sentiments était animée la garnison.

On était à la fin du mois de janvier. Une patrouille chinoise s'aventura pendant la nuit du côté du cantonnement des tirailleurs tonkinois, placé au sud-est et en dehors de la citadelle, le long de la Rivière Claire. Les factionnaires firent feu. A cinquante mètres des palissades, un Chinois tomba sur la route; les autres prirent la fuite, abandonnant, contre leur habitude, le cadavre de leur camarade. Le lendemain matin le caporal Gia, de ces mêmes tirailleurs, sortit seul avec son fusil, et alla tran-

En reconnaissance.

quillement dépouiller le corps du Chinois, s'occupant peu de la grêle de balles qui pleuvaient autour de lui. Il déshabilla le mort, lui enleva ses armes, lui coupa sa tresse de cheveux et rentra paisiblement au cantonnement. Ses camarades étaient émerveillés de tant d'audace et de sang-froid. Comme Gia était très estimé de ses chefs et aimé de ses camarades, il fut vivement félicité par les uns et par les autres. Lorsque, quelque temps après, il eut la tête brisée par une balle, alors qu'il regardait par une embrasure, il venait d'être l'objet d'une proposition pour la médaille militaire. En dépit des difficultés occasionnées par l'investissement, les Tonkinois lui firent de splendides funérailles; sa tombe fut couverte de fleurs et de feuillage, et, pour honorer sa mémoire, nos braves officiers accompagnèrent à sa dernière demeure le simple caporal annamite mort au champ d'honneur.

L'ennemi continuait à investir la forteresse; il en avait commencé le bombardement; presque chaque jour un ou plusieurs hommes étaient blessés; en même temps il creusait des tranchées, et, à l'aide de l'abri que les soldats y trouvaient, il avait entrepris des travaux de mines.

Creusement de contre-mines de notre côté, pour noyer les galeries.

Cependant nous ne pouvons éviter qu'une de ces mines fasse explosion; seulement la brèche pratiquée ainsi n'est pas assez large pour permettre le passage; l'ennemi s'y présente, mais il est repoussé.

Quelque temps après, nouvelle alerte. Ici nous empruntons le rapport du commandant Dominé :

« La nuit du 12 au 13 (février 1885), nos travailleurs étaient occupés à creuser la contre-galerie du saillant et les deux contre-galeries correspondant à la galerie ennemie n° 1. A trois heures quinze, une explosion sourde ébranle la citadelle; le cri « Aux armes ! » est répété, et chacun se tient prêt à exécuter les ordres donnés la veille. C'est le saillant sud-ouest qui vient de sauter; le mur d'escarpe, renversé sur une longueur de quinze mètres, est tombé dans le fossé, et le parapet en terre est détruit. La brèche existe, mais elle présente à son centre un entonnoir qui la rend difficilement praticable. On entend alors les Chinois pousser de grands cris à proximité de la brèche. Le capitaine Moulinay, de la 2e compagnie, fait alors sonner la charge, et conduit à la brèche la section de réserve générale.

« Le mouvement des Chinois est arrêté aussitôt; le porte-drapeau qui marchait en tête tombe sur la brèche, et les deux autres rentrent dans la place d'armes défilée (dans leurs retranchements). A deux reprises ils tentent encore d'atteindre la brèche, mais ces deux tentatives sont repoussées comme la première.

« La matinée est employée par le génie à reconstituer un retranchement commode et un obstacle sur l'emplacement de la brèche; malheureusement le parapet est tellement entamé qu'il n'est pas possible de faire un parados, et cette partie de l'enceinte va se trouver prise par derrière par les tireurs du mamelon du saillant nord-ouest, ainsi que par ceux établis sur le mamelon au-dessous de la pagode du Déboisement. »

Ces quelques mots donnent un aperçu des périls sans cesse renaissants que couraient les assiégés, et du qui-vive continuel sur lequel il leur fallait se tenir.

CHAPITRE XLVII

SECOND SIÈGE DE TUYEN-QUAN
(SUITE)

Néanmoins, quand l'occasion de s'amuser se présentait, ce qui, il faut le dire, était rare, on ne la manquait pas, surtout si elle était fournie par les ennemis.

C'est ce qui était arrivé quelque temps auparavant.

Un Chinois était parvenu à planter un étendard à une distance si faible du mur de la forteresse, que les assiégés conçurent aussitôt le désir de se l'approprier : ils le pêchèrent à la ligne. Ils se munirent de deux bâtons de bambou, auxquels ils emmanchèrent un lien en jonc entouré d'un nœud coulant. Alors, après des efforts vains et réitérés, ils parvinrent à enlacer le drapeau dans le nœud et l'enlevèrent ainsi à la barbe des Chinois ébahis. Le lendemain ceux-ci replantèrent un autre drapeau, mais un peu plus loin. Nouveaux essais des soldats pour le saisir, essais infructueux cette fois; mais le divertissement ne fit pas défaut pour cela : les Chinois, ayant saisi le cercle de jonc fixé aux bâtons de bambou, se mirent à tirer dessus d'un côté, tandis que les soldats français tiraient de l'autre, et tiraient si bien qu'à la fin les Chinois furent forcés de lâcher prise.

Le siège se poursuivait ainsi, au milieu d'alertes perpétuelles : car les ennemis continuaient à creuser des tranchées et des galeries de mine pour faire sauter la citadelle. Ils ne pouvaient la prendre ni par la famine, car elle était bien approvisionnée, ni par surprise, car elle était bien gardée, ni par attaque de vive force, car elle était bien défendue. Tous les jours on signalait de nouveaux ouvrages; en même temps le bombardement ne cessait pas, et la place était criblée de projectiles.

C'est ainsi que fut tué le capitaine Dia, des tirailleurs tonkinois. C'était un tireur fort habile. Il avait adopté un créneau ; il s'y plaçait tous les matins, et de là il abattait tout Chinois qui passait à la portée de son fusil. Les ennemis, qui l'avaient remarqué, dirigèrent leur feu contre lui et finirent par l'atteindre, à la place qu'il avait choisie comme poste de combat.

On était au 23 février. Il y avait trois mois déjà que ce siège durait et qu'une poignée d'hommes, animés d'un courage et d'un dévouement héroiques, tenait tête à des troupes considérables.

« Dans la soirée, dit le rapport, on remarqua un grand mouvement de

Poste d'observation des Pavillons-Noirs.

troupes chinoises dans les tranchées. Vers neuf heures du soir l'artillerie ennemie ouvre le feu, et à partir de dix heures et demie une fusillade très vive part des positions chinoises. Un grand feu est allumé dans cette direction, et l'ennemi renouvelle fréquemment ses fusillades, afin d'attirer l'attention de ce côté. A quatre heures du matin, à la faveur du bruit qu'elles produisent et de l'obscurité, un groupe assez fort de Chinois ont réussi à se rassembler, sans être ni vus ni entendus, au pied du retranchement des brèches, dont les obstacles ne sont pas encore terminés.

« Se présentant à la fois sur un développement de crête d'une trentaine de mètres, ils parviennent à percer cette ligne en quatre points. Dès que l'alerte est donnée, le sergent-major Hurbaud, commandant le piquet, se lance très bravement avec une escouade contre les Chinois qui ont déjà pénétré dans la citadelle ; mais il est blessé, et l'escouade recule.

En même temps, le sergent Thévenet cherche à former les deux autres escouades pour les porter sur la brèche; mais il est également blessé, et les trois autres escouades restent derrière leur abri, d'où elles engagent avec les Chinois une fusillade de pied ferme.

« Le capitaine Cattelain arrive à ce moment sur le terrain de la lutte, avec la section de réserve générale de la 2me compagnie ; il fait sonner la charge et pousse droit aux brèches à la baïonnette. Les Chinois s'enfuient précipitamment ; quatre d'entre eux restent dans la citadelle avec

Intérieur du grand réduit de Phu-Sa.

leurs deux grands drapeaux, trois autres sont tués sur la brèche, d'autres encore sont tués dans le fossé. Cette action terminée, les postes habituels sont repris. »

C'était ainsi le 23 février; c'était ainsi le 24, et le 25, et tous les jours, ou plutôt toutes les nuits.

Celle du 28 fut marquée par des combats particulièrement acharnés. A onze heures du soir une nouvelle mine sautait, et les Chinois s'élançaient à l'assaut avec furie.

« Pendant plus de trente minutes, dit toujours le commandant Dominé, le combat se maintient à bout portant sur les brèches, les combattants n'étant séparés que par la palissade de bambous dont elles sont couronnées. Les Chinois essayent d'y planter successivement trois drapeaux, qui sont immédiatement enlevés par nos légionnaires. Ils finissent par quitter le sommet des brèches pour se mettre à l'abri dans l'angle mort des entonnoirs. De là ils lancent des pétards et des sachets de poudre à la figure des défenseurs.

« Quelques moments après ils renouvellent leur attaque ; rejetés encore une fois au pied des brèches par notre feu, ils ne se découragent pas, et pendant une heure et demie ils ne cessent de tenter de nouveaux assauts.

« Pendant que ces attaques furieuses sont dirigées sur notre saillant sud-ouest, une démonstration est faite contre la face nord, et une autre contre les tirailleurs tonkinois ; ces deux tentatives sont repoussées par les fractions de troupes attachées à la défense de ces points, et grâce aussi au feu de l'artillerie du mamelon.

Fort casematé.

« La lutte se termine vers trois heures du matin ; les Chinois abandonnent le pied des brèches, où ils laissent une quarantaine de morts avec leurs armes. »

Comme on le voit, les Chinois se montraient tout différents ici de ce qu'on les avait vus jusqu'alors ; ils se battaient avec courage et opiniâtreté, au lieu de se sauver lâchement comme on les avait vus faire si souvent. Il y avait même dans l'armée de Yunnan, à laquelle appartenaient en partie les troupes envoyées à Tuyen-Quan, un corps d'élite dont les hommes, marqués au front d'une croix rouge, avaient fait serment de ne jamais reculer. Il périt tout entier aux différents assauts de la citadelle, et sur une seule brèche on en a compté soixante-dix.

Mais ces combats allaient prendre fin. Pendant la nuit du 3 mars, une fusillade assez vive avait été dirigée contre la citadelle; vers quatre heures du matin cette fusillade cessa entièrement. La veille, le commandant avait entendu des feux de file et le bruit du canon dans la direction de Yuoc. C'était l'approche d'une colonne qui venait débloquer Tuyen-

Attaque de l'artillerie.

Quan. Les Chinois se retiraient devant ces nouvelles forces, et à deux heures de l'après-midi le général en chef faisait son entrée dans la citadelle.

Ce siège est un des épisodes les plus héroiques et les plus glorieux de la guerre du Tonkin. Une poignée d'hommes valeureux, obligés de s'occuper tout à la fois des travaux de la place, des réparations aux brèches et de leur défense, avaient tenu tête à toute une armée. Sans cesse harcelés par des forces nombreuses, menacés à chaque instant de sauter, ils avaient réussi, comme c'était leur désir, à garder le passage et à empêcher l'armée chinoise de se jeter sur le Delta. Tous, depuis le commandant jusqu'au plus humble soldat, avaient fait leur devoir, et avoir participé à la défense de Tuyen-Quan sera désormais un titre de gloire, un brevet de bravoure.

Du reste, cet avantage avait été payé de la vie et du sang de beaucoup de braves soldats.

CHAPITRE XLVIII

DÉLIVRANCE DE TUYEN-QUAN

Ainsi que nous l'avons dit, c'est le général Brière de l'Isle, commandant en chef de l'expédition, qui était venu en personne au secours de la brave petite garnison de Tuyen-Quan. Quand il eut pénétré dans la place et qu'il aperçut le commandant Dominé, qui l'attendait à la tête de ses officiers, le général descendit de cheval et vint l'embrasser. Il était profondément ému.

Il adressa ensuite deux ordres du jour aux troupes : dans l'un il félicitait les défenseurs de Tuyen-Quan, dans l'autre les troupes venues à leur secours.

Le premier disait :

« Officiers, sous-officiers, soldats et marins de la garnison de Tuyen-Quan,

« Sous le commandement d'un chef héroïque, le chef de bataillon Dominé, vous avez tenu pendant trente-six jours (le général faisait allusion seulement au laps de temps pendant lequel la citadelle avait été complètement investie), au nombre de six cents, à une armée, dans une bicoque dominée de toutes parts.

« Vous avez repoussé victorieusement sept assauts.

« Un tiers de votre effectif et presque tous vos officiers ont été brûlés par les mines ou frappés par les balles et les obus chinois ; mais les cadavres de l'ennemi jonchent encore les trois brèches qu'il a vainement faites au corps de la place.

« Aujourd'hui vous faites l'admiration des braves troupes qui vous ont dégagés, au prix de tant de fatigue et de sang versé; demain vous serez acclamés par la France entière.

« Vous aussi, vous pourrez dire avec orgueil : « J'étais de la garnison « de Tuyen-Quan, j'étais sur la canonnière *la Mitrailleuse.* »

Dans la seconde proclamation, le général en chef parlait des fatigues

Halte de turcos.

subies et du sang versé par les troupes venues à la délivrance de la garnison de Tuyen-Quan; c'est qu'en effet elles n'avaient pu arriver à leur but sans avoir à surmonter bien des difficultés, et sans livrer une série de combats où plus d'un brave encore avait perdu la vie.

Pendant que la forteresse se défendait si vaillamment contre ses assaillants, Lang-Son avait été pris, et nous raconterons tout à l'heure cet événement important.

Le général commandant le corps expéditionnaire avait laissé cette

Délivrance
de Tuyen-Quan.

place à la garde du général de Négrier, et était parti pour Tuyen-Quan à grandes étapes, par la route appelée « Mandarine ». Cette route passait à Bac-Lé, où, vous vous le rappelez, nous avions été attaqués par les Chinois quand nous nous rendions à Lang-Son, que, d'après la convention de Tien-Tsin, nous comptions pouvoir occuper.

Le départ de la colonne partie de Lang-Son eut lieu le 16 février à huit heures du matin, par un brouillard intense et des chemins aussi glissants que du verglas. De dix heures à deux heures on eut à traverser l'eau sept fois. La nuit vint; il fallut s'arrêter; nos soldats, qui sur nos routes de France fourniraient facilement trente kilomètres et plus s'il le fallait, en ont fait seize à peine.

Il n'a cessé de pleuvoir. Quelle nuit de repos pour de pauvres soldats harassés! N'importe, ils se remettent en route, mouillés, couverts de boue.

Un sampan.

Les pontonniers marchent en tête pour préparer le terrain, pour le déblayer, pour jeter des ponts quand cela est nécessaire, pour tracer des rampes quand les berges des rivières sont trop escarpées; à tout instant il faut faire le coup de feu contre des traînards qui se montrent sur nos flancs.

La contrée est très montagneuse; de hauts rochers se dressent sur la droite; la région, dit-on, est peuplée de daims et de tigres; mais, pour l'instant, ils se cachent dans les épais fourrés dont les hauteurs sont couvertes. Ce jour-là on passe l'eau onze fois.

Puis des villages se montrent : les notables viennent féliciter le chef de l'expédition et lui exprimer leur satisfaction de se voir délivrés des Chinois. Ils apportent aux soldats des œufs, des poulets.

Voilà les défilés de Bac-Lé. Cette fois on n'y rencontre pas d'ennemis; mais la route est barrée et coupée; les pontonniers ont fort à faire; l'ennemi a abattu des arbres et les a jetés en travers du passage. Grâce à des efforts énergiques le terrain est déblayé, et la colonne peut continuer sa route.

On traverse le champ de bataille du 22 juin 1884. Le spectacle est navrant : les Chinois, qui ont un si profond respect pour leurs morts, ne respectent pas ceux des autres : les tombes ont été violées, sans doute pour décapiter ceux qu'elles renfermaient !

Puis, plus de traces de Chinois ; la route quitte les gorges et s'élargit, mais ce n'est qu'en apparence ; elle traverse des marais, et par moments le passage praticable devient si étroit que les soldats enfoncent dans la vase qui le borde et ont toutes les peines du monde à avancer.

A Cao-Son, le 19, trois jours après le départ de Lang-Son, agréable surprise.

Sur le Song-Koï.

D'abord une route neuve, une route superbe, construite, sous la direction de nos ingénieurs, par des escouades d'Annamites et à laquelle ils travaillent encore ; puis du pain, pour remplacer le biscuit de mer qu'on a vu figurer dans l'ordinaire plus longtemps qu'on ne le désirait. Du pain ! du pain blanc et frais ! quelle friandise ! Il faut en avoir été privé comme les pauvres gens l'ont été pour l'apprécier.

Six jours après avoir quitté Lang-Son, la colonne atteignait le Fleuve Rouge.

La moitié seulement du chemin qui la séparait de Tuyen-Quan était faite.

Là elle fut embarquée sur une flottille de jonques et de sampans, en destination de Bat-Hat, au confluent du Song-Koï et de la Rivière Claire.

Arrivée à ce point du trajet, la colonne se mit en marche, en suivant les bords de la rivière. A chaque instant on était forcé de s'arrêter, à cause du mauvais état des chemins, soit pour construire des ponts sur les arroyos, soit pour adoucir les rampes pour le passage de l'artillerie. Par moments il fallait élargir la route, qui n'était en réalité qu'un sentier, et même, en certains endroits, employer la dynamite. Les difficultés semblaient croître à mesure qu'on avançait. Cinq canonnières escortaient

Attaque d'une forteresse défendue par les Pavillons-Noirs.

la colonne, remontant péniblement la Rivière Claire, dont les eaux étaient très basses; c'est même ce qui était cause qu'on n'avait pu transporter les troupes plus haut à l'aide des embarcations. Sans cela on eût évité bien des peines et bien des fatigues inutiles aux soldats. Cinq jours après, la colonne était à Phu-Doan, tout près de Tuyen-Quan ; elle se dirigea tout droit vers la forteresse.

Mais elle ne devait pas y arriver facilement. Les Chinois en occupaient tous les alentours, et, profitant de la situation, très favorable à la défense, ils avaient fait pour recevoir le détachement de secours des apprêts formidables. Des retranchements casematés avaient été établis, et tout le terrain avait été hérissé de bambous taillés en pointe et habilement dissimulés dans la verdure.

Deux forts, en outre, surmontés des drapeaux de Luh-Vinh-Phuoc, barraient le passage. Le commandant fait faire une reconnaissance. Tous les environs sont couverts d'ouvrages de défense, de forts, de fortins, reliés les uns aux autres par des chemins couverts. Décidément les Chinois, tout en poursuivant leurs attaques contre la forteresse de Tuyen-Quan, n'ont pas perdu leur temps.

Cependant, de tous ces ouvrages fortifiés pas un cri, pas un coup de fusil ne sortait. Partout le silence; et si on n'avait aperçu de temps en

Un retranchement.

temps le bout du fusil d'une sentinelle, on aurait pu croire les positions abandonnées.

Qu'attendaient donc les ennemis pour signaler leur présence?

Simplement que ceux qui s'avançaient fussent assez près pour que les coups de feu ne fussent pas tirés en pure perte.

C'est ce qui arriva aussitôt que le commandant de la colonne eut envoyé en avant un détachement de tirailleurs tonkinois. La fusillade partit de tous les côtés. Plusieurs des assaillants tombèrent. Aussitôt les Pavillons-Noirs sortirent en masse de tous les côtés, pour, selon leur coutume, décapiter les blessés. Un tirailleur ayant été pris et amené devant Luh-Vinh-Phuoc, celui-ci l'interrogea sur l'importance des forces qui l'attaquaient. Le soldat répondit que le général en chef avait avec lui dix mille hommes, que son artillerie était bien montée et qu'il était bien résolu à débloquer Tuyen-Quan.

Entre ennemis, le mensonge s'appelle ruse de guerre.

Du reste le soldat n'avait pas menti en disant que le général était bien résolu à débloquer Tuyen-Quan. Il fallait absolument forcer le passage ; le général donna le signal de l'attaque, qui fut meurtrière. Il s'agissait d'enlever une palissade d'énormes bambous entre-croisés, piqués fortement en terre et défendus par un feu terrible. Fusillade à droite, fusillade en face, fusillade à gauche ! Les hommes tombent : quelques-uns pour toujours, les autres pour se relever un instant après, quoique blessés, et revenir à la charge.

La palissade est enlevée, mais elle a coûté cher !

Après une nuit passée au milieu des hautes herbes, sous une pluie intense, au milieu des morts et des mourants, le combat recommence. Les marins et les turcos s'élancent avec furie sur les lignes ennemies ; des mines éclatent sur leur passage, mais ne les arrêtent pas ; enfin à deux heures, après un combat acharné, la colonne, ayant à sa tête le général Brière de l'Isle, entrait dans la citadelle, comme je vous l'ai dit au chapitre précédent.

CHAPITRE XLIX

PRÉPARATIFS DE MARCHE SUR LANG-SON

Revenons maintenant à la prise de Lang-Son, qui s'était effectuée pendant le siège de Tuyen-Quan.

Avant de songer à marcher sur Lang-Son, il fallait d'abord dégager la vallée du Loch-Nan, petit cours d'eau qui se jette dans le Fleuve Rouge, et où les Chinois s'étaient fortifiés, entre Chu et Kep.

Le général de Négrier et le colonel Dormier parvinrent à les déloger de leurs positions.

Pendant ce temps, le général Brière de l'Isle réunissait ses troupes à Haï-Phong et renforçait les garnisons de Bac-Ninh et de Haï-Dzuong, afin de n'avoir rien à craindre sur ses derrières.

On put alors commencer les opérations.

Au commencement du mois d'août, cinq semaines par conséquent après l'affaire de Bac-Lé, la canonnière *la Hache* avait été envoyée sur le Loch-Nan pour faire des reconnaissances et pour empêcher les jonques de remonter la rivière et de porter des approvisionnements dans les hautes vallées, où, disait-on, les Chinois étaient massés en force. Un fortin établi à Chu leur avait été pris.

Dans la nuit du 8 au 9 septembre, la *Hache* fut attaquée par une bande ennemie, qui fut bientôt mise en fuite par le canon-revolver de la canonnière.

Dans la prévision que ces attaques se renouvelleraient, une seconde canonnière, la *Massue,* fut envoyée pour renforcer la *Hache.*

Quelques semaines après les deux canonnières étaient de nouveau attaquées par quatre mille Chinois, et ce n'est qu'à grand'peine et aidée

17

du *Mousqueton* qu'elles parvinrent à se dégager, et encore ne fut-ce qu'en subissant des pertes sensibles.

D'autres petits combats avaient eu lieu en même temps, mais sans interrompre les préparatifs de la campagne, et le 3 octobre 1884, le général de Négrier, chargé par le général Brière de l'Isle de la conduite générale de l'expédition, quittait Hanoï pour gagner Phu-Lang-Thuong.

D'après les renseignements, les ennemis étaient réunis en deux groupes principaux : l'un composé de quatre mille huit cents réguliers chinois,

Reconnaissance du *Mousqueton*.

campés dans les environs de Chu, l'autre de trois mille deux cents, campés vers Kep.

Ces deux villages, Chu et Kep, sont situés tous deux sur deux routes différentes conduisant à Lang-Son.

La colonne envoyée dans la direction de Kep, sur le Song-Thuong, trouva la route barrée, en avant de ce village, par un parti ennemi nombreux, qui y avait élevé des fortifications ayant le village pour centre. Le 8 octobre, la colonne dirigea une attaque contre le poste, et, par un mouvement tournant, parvint à l'envelopper de telle sorte qu'aucun de ceux qui l'occupaient ne pouvait sortir sans tomber sous un feu à bout portant. Nos troupes parvinrent à forcer le passage ; mais ce ne fut pas sans avoir à livrer plusieurs combats et plusieurs assauts meurtriers, surtout pour les Chinois, qui y laissèrent les cadavres de plus de six cents des leurs. Beaucoup encore furent tués pendant la poursuite. En même temps, tous leurs bagages, toutes leurs munitions, équipages, chevaux, mulets, tombaient entre nos mains.

La route de Chine était ouverte de ce côté.

Suivons maintenant la colonne qui avait pour objectif le petit fort de Chu.

Là aussi la colonne était attaquée en force ; mais après un combat assez vif l'ennemi fut repoussé, la baïonnette dans les reins. Il fit un nou-

Turcos en tirailleurs.

veau mouvement offensif, qui ne réussit pas mieux, fut contreint à la retraite et poursuivi par nos soldats. En se retirant il laissa la terre jonchée de cadavres ; mais nous éprouvâmes des pertes sensibles, car nous avions eu onze tués et trente blessés.

Les combats continuèrent le lendemain ainsi que les jours suivants, et nous nous établîmes sur les hauteurs qui dominent Chu, afin d'empêcher les Chinois de s'y établir eux-mêmes.

Ceux-ci recevaient sans cesse des renforts de Lang-Son, et à chaque fois leur feu reprenait de l'intensité ; cependant, comme toujours, l'avantage de la journée nous resta, et nous conquîmes plusieurs positions ; mais nous les avions payées bien cher encore.

Ces événements se passaient pendant que la première garnison de la petite citadelle de Tuyen-Quan luttait contre Luh-Vinh-Phuoc et ses Pavillons-Noirs, les tenant en respect.

Des combats peu importants par le nombre des troupes engagées, mais qui ne laissaient pas que d'avoir des conséquences sérieuses, continuèrent à se livrer dans la vallée de Loch-Nan, vers le haut de laquelle les Chinois se cantonnaient, rançonnant les villages environnants et vivant dans l'abondance, grâce aux ressources qu'offrait le pays. La fin de l'année se passa sans qu'on pût les chasser entièrement de leurs positions ; d'ailleurs, on le sait, notre armée n'était pas nombreuse et ne pouvait se porter à la fois sur tous les points menacés.

Néanmoins, au commencement de janvier, le général Brière de l'Isle jugea qu'il était temps d'en finir.

Turcos à la baïonnette.

Depuis quelque temps l'ennemi, devenu de plus en plus audacieux, lançait ses patrouilles d'infanterie et de cavalerie jusque dans le voisinage du poste de Chu. Les reconnaissances avaient indiqué un rassemblement considérable, formé à quelque distance, couvrant les deux routes de Chu à Lang-Son et s'y fortifiant très solidement.

Une garnison fut laissée au fort de Chu, sous les ordres du colonel Dormier, et le 3 janvier 1885, à six heures du matin, c'est-à-dire en cette saison un peu avant le jour, les troupes françaises, franchissant le Loch-Nan à gué, se concentraient sur l'autre rive.

Les Chinois s'étaient très fortement retranchés au pied d'une montagne nommée Nui-Bop, d'où le nom de camp retranché de Nui-Bop donné à l'ensemble de leurs fortifications.

Un village annamite.

Elles étaient entourées d'un fossé dont la crête crénelée était en outre garnie d'une palissade en bambou; ces palissades, avec leurs longues épines meurtrières, font une barrière très difficile à franchir. Les batteries étaient armées de canons, dont plusieurs Krupp.

Ce camp avait été construit avec une célérité remarquable, et les renseignements qu'on était parvenu à recueillir sur les positions chinoises le faisaient passer comme très important.

Engagement d'infanterie de marine.

Leurs cantonnements s'étendaient en outre sur tous les villages des environs.

On se mit en marche pour les attaquer par un temps brumeux, et on s'engagea dans un sentier coupé d'un grand nombre de ruisseaux et de ravins. Le chemin présentait tant d'obstacles et nécessitait si souvent les travaux des soldats du génie ou des pontonniers, que la colonne avançait bien lentement, de telle sorte que l'ennemi avait tout le temps d'être prévenu de nos mouvements.

En effet, on venait à peine de franchir un gué dont le passage avait présenté beaucoup de difficultés, qu'on aperçut une ligne de Chinois garnissant les hauteurs, ainsi que d'autres groupes de soldats se dirigeant à la rencontre de nos troupes.

La colonne s'élança en avant, soutenue par l'artillerie ; elle parvint à débusquer les ennemis et leur donna la chasse ; mais l'obscurité devenue complète empêcha qu'on ne pût les poursuivre bien loin.

En dépit de l'heure tardive, nos soldats continuèrent leur mouvement en avant, et à une heure du matin trois de nos compagnies campèrent sur les hauteurs abandonnées par l'ennemi.

Au petit jour, le combat recommença, plus acharné encore que la veille. Au bout de quelques heures, deux des forts qui formaient le camp retranché de Nui-Bop, puis trois autres, étaient en notre pouvoir, et une partie des ennemis étaient en fuite.

Mais le dernier fort tenait toujours. Une compagnie fut envoyée pour seconder ceux qui l'attaquaient. Comme elle s'en approchait, les défenseurs, qui jusque-là étaient restés cachés dans le fossé, se levèrent et commencèrent un feu violent. Cette vigoureuse défense n'arrêta pas nos soldats ; ils contournèrent l'obstacle qu'on leur opposait, arrivèrent sur les derrières de l'ennemi et le forcèrent à la retraite.

Les défenseurs du fort, voyant que tout était perdu, abandonnèrent la position en sautant par-dessus le parapet et en enfonçant la palissade.

La prise de Nui-Bop privait l'ennemi de sa principale ligne de ravitaillement. De plus, en même temps que ses forts, ses étendards, canons, armes, munitions, chevaux, tentes, approvisionnements, bagages, tombaient entre nos mains ; de plus encore, le terrain était jonché des cadavres de cinq ou six cents des siens.

Le général de Négrier ordonna aussitôt l'occupation immédiate de ce poste par une compagnie de la légion.

CHAPITRE L

MARCHE SUR LANG-SON

Nous étions donc maîtres sur la route de Lang-Son, de Kep, de Chu et de Nui-Bop; nous avions mis garnison dans tous les forts et fortins, mais le gros des troupes attendait toujours à Hanoï le moment où le chemin de Lang-Son serait complètement déblayé.

Le mois de janvier fut employé par le général Brière de l'Isle à faire les derniers préparatifs pour la campagne qu'il allait entreprendre, c'est-à-dire à réunir soldats, coolies, convois et vivres.

Il avait aussi employé ce temps à se renseigner auprès des habitants sur les routes reliant le Delta à Lang-Son; mais les éclaircissements qu'il avait pu en obtenir étaient très insuffisants; cependant, en les complétant par les renseignements fournis d'autre part, on était arrivé à savoir que quatre routes y conduisaient.

La première, dite route Mandarine (comme qui dirait route royale), passait par Kep et Bac-Lé; la seconde par Chu et Nui-Bop; la troisième par Chu, comme la seconde, et s'écartait ensuite de cette route pour la rejoindre à Dong-Son, en avant de Lang-Son; la quatrième enfin, plus au sud, passait par Tien-Yen. Cette dernière fut écartée tout d'abord; elle suit le lit d'un torrent, puis traverse un massif montagneux, et aurait demandé de grands travaux pour être rendue praticable.

La route Mandarine est la plus courte et la plus directe; mais elle est remplie de fondrières qui rendent son accès extrêmement difficile pour des troupes et de l'artillerie. Elle est en outre coupée de défilés, de ravins, de rampes rocheuses, où l'ennemi aurait pu aisément nous attaquer. Il y avait même déjà établi des défenses, favorisées par le terrain, et les renseignements recueillis témoignaient de la présence de vingt à vingt-cinq mille Chinois. C'était en outre sur cette route qu'était situé Bac-Lé, de triste mémoire.

Les deux autres voies de communication, celles qui passaient par Chu, étaient aussi tenues, vers Dong-Son et Phuc-Thang, par les Chinois; mais elles présentaient moins d'obstacles au point de vue du terrain; seulement celle de ces deux-là qui passait à Nui-Bop avait le désavantage de ne tomber que sur une des ailes de l'armée chinoise; elle était aussi plus longue de deux jours, et deux jours forment un laps de

Casemate chinoise.

temps précieux, qui eût pu être employé par l'ennemi à concentrer toutes ses forces à Lang-Son.

Restait donc celle de Chu, Dong-Son et Phuc-Thang. En dépit des difficultés de terrain qu'elle présentait aussi, comme elle offrait certains avantages, ce fut celle qu'on choisit après avoir longuement pesé le pour et le contre.

Les troupes s'étant concentrées à Chu, le départ eut lieu le 3 février, par un temps épouvantable. De six heures du matin à onze heures du soir, la colonne marcha sous une pluie diluvienne. Il était nuit depuis longtemps quand elle s'engagea dans le col de Déo-Van. Le génie frayait le passage à mesure, à l'aide de la dynamite. C'est à grand'peine que les pièces furent hissées, les mulets étant insuffisants. Cependant le col fut franchi. Le lendemain matin on rencontrait les avant-postes ennemis et on les culbutait.

Marche sur Lang-Son.

Les renseignements avaient annoncé comme formidables les retranchements établis par les Chinois à Dong-Son, et, en effet, une ligne de forts s'échelonnait sur tous les pics de la montagne.

Une partie de ces forts étaient enlevés dans la journée suivante, et le soir nos soldats y campaient. Il en est de même de quatre des autres positions du centre; mais les ouvrages qui couvrent la crête sont plus chèrement achetés, et ce n'est que le lendemain au point du jour que le premier fort est emporté, après un combat qui a duré toute la nuit. Les autres forts de la même position sont abandonnés par leurs défenseurs.

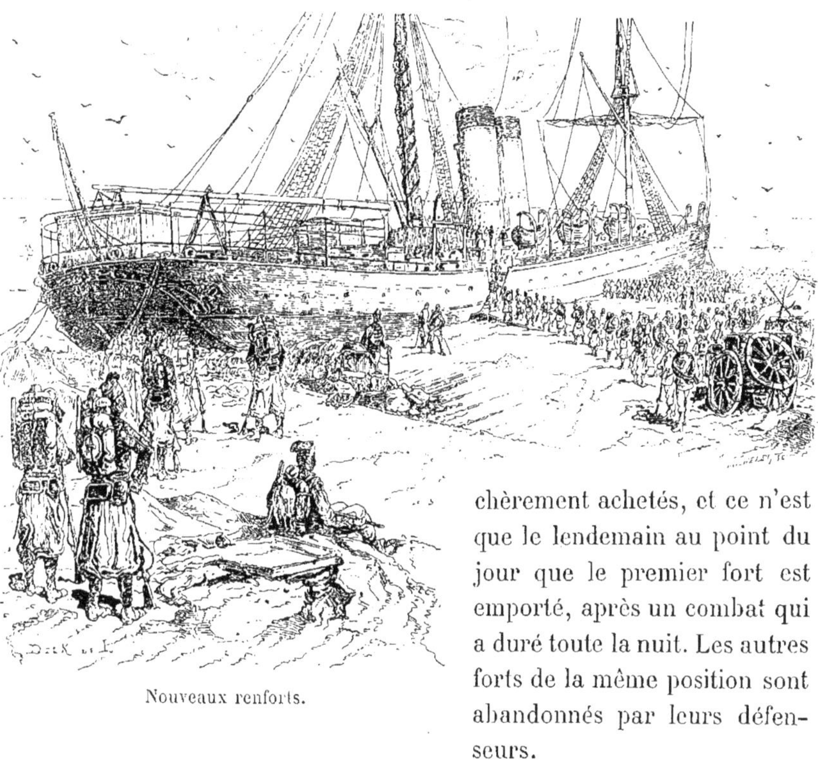

Nouveaux renforts.

Le *Standard,* un journal anglais, rend ainsi justice à nos soldats dans cette circonstance :

« L'escalade dans les hauteurs et la marche dans les ravins étaient très fatigantes, et ce fut seulement dans l'après-midi que les clairons purent donner le signal de l'assaut presque en même temps dans les deux brigades. Les Français avaient probablement en ligne leurs meilleures troupes, mais l'entrain de leurs hommes était vraiment étonnant.

Ils escaladèrent sac au dos la dernière grande pente. Ils portaient cinq jours de vivres, cent vingt-cinq cartouches, et pas un homme ne fléchit. A cinquante mètres des ouvrages, ils jetèrent sac à terre, puis chargèrent avec autant de vigueur que des troupes fraîches. Les Chinois ne perdaient pas leur temps. Ils reçurent les assaillants par un feu nourri, heureusement mal dirigé, qui cependant éclaircit les rangs des Français; mais ils n'attendirent pas l'assaut. A l'attaque finale, ils escaladèrent les murs de terre et filèrent avec armes et étendards. Quelques minutes de repos, et on s'élança sur les autres forts, cette fois avec les canons de quatre-vingts de montagne, qui, ayant atteint les crêtes à dos de mule, rendirent d'immenses services. On peut dire que sans ces canons, qui ont une portée de sept mille mètres, les Français ne seraient jamais arrivés à Lang-Son. En toute circonstance, les Chinois résistaient avec ténacité contre le feu de la mousqueterie; mais ils fuyaient en désordre devant les obus, qu'ils fussent à fusée ou à percussion. »

Vous voyez que les Chinois avaient fait de grands progrès dans l'art de la guerre, et même en courage. Il y a loin des troupes qui tenaient si résolument et ne lâchaient pied qu'au dernier moment à celles qui s'enfuyaient si prestement à Bac-Ninh.

Le lendemain on était en face d'un amas de mamelons où l'ennemi avait établi un de ses principaux centres de résistance. C'était Hao-Ha.

L'attaque ne peut avoir lieu qu'à midi, à cause du brouillard qui cache à l'artillerie les points sur lesquels elle doit concentrer le feu de ses pièces. Il se lève; on aperçoit alors distinctement les tentes blanches des Chinois; elles offrent des points de mire excellents et ne forment bientôt plus qu'un immense brasier. Des compagnies s'élancent en avant pendant que d'autres tournent les positions. Une partie des Chinois sont restés dans leurs casemates, les autres tirent sur nos hommes. Nous ripostons; on voit alors les ennemis dégringoler les hauteurs. Bientôt la fuite se change en déroute, et, à la tombée de la nuit, deux brigades tenaient le défilé de Lang-Son. Tous avaient fait des prodiges de valeur.

Le soir, le général en chef félicitait ses troupes par l'ordre du jour suivant :

« Officiers, sous-officiers et soldats,

« Les formidables camps retranchés de Hao-Ha et de Lang-Son sont entre vos mains avec d'immenses approvisionnements d'armes, de munitions et de vivres, que votre élan n'a pas permis à l'ennemi d'emporter.

« Pendant les combats des 4, 5 et 6 février, qui nous ont rendu maîtres de ces admirables positions sur lesquelles l'armée chinoise avait compté pour vous barrer les débouchés de Déou-Van et de Déou-Quan et nous interdire la route de Than-Hoï et de Lang-Son, vous avez égalé les troupes les plus citées dans les annales de l'armée française; vous avez ajouté une belle page à notre histoire nationale.

« Honneur à vos chefs et à vous !

Prise d'une redoute.

« Vous approchez du terme de votre mission. Des combats, des privations et des fatigues vous attendent encore. Les vertus militaires dont vous avez déjà donné tant de preuves garantissent le succès de l'avenir. »

Mais on ne pouvait marcher aussi vite qu'on l'aurait voulu par des routes aussi impraticables que celles qu'on suivait, des routes où, jusqu'à ce jour, aucun Européen n'avait encore mis les pieds. Les convois de vivres avaient été retardés par les difficultés du terrain; on ne pouvait s'avancer davantage sans les attendre; c'est ce qui fut cause qu'on demeura trois jours à Dong-Son, retard qui fut mis à profit par les Chinois pour se fortifier de nouveau à peu de distance.

Nous empruntons la description suivante à M. le docteur Martin Dupont, qui écrivait au *Mémorial des Deux-Sèvres* :

« Le pays, de Chu à Lang-Son, est un amoncellement de pitons raides et découverts à sommets arrondis ; c'est une boursouflure générale du sol, quelque chose comme la surface bouillonnée d'une marmite en ébullition. Les soldats sont obligés de grimper d'un morne à l'autre incessamment, et ce n'est pas là une des moindres parties de leur tâche. Les montagnes ont des pentes d'une raideur telle qu'il faut presque s'accrocher avec les mains pour y grimper ; leur hauteur est assez grande, et le souffle manque au quart de l'ascension. Entre les groupes de pitons courent des ruisseaux encaissés, le long desquels serpente un étroit chemin en corniche, glissant comme s'il était savonné, souvent dangereux par la profondeur du précipice. C'est un coup d'œil bien curieux que celui de ce pays tourmenté, qui ne ressemble à aucun autre. Quand les mamelons sont séparés à leur base par un espace large de quelques mètres seulement, les Annamites en profitent pour y établir des rizières étagées, qui donnent à ces fonds de ravins un aspect tout particulier. Dans un pareil pays, la marche d'une armée et des convois est extrêmement difficile. L'artillerie est forcée, dans toutes les affaires, de grimper au sommet de pitons où les piétons ont grand'peine à se hisser, et c'est une merveille bien surprenante de voir des batteries s'établir tout à coup et ouvrir le feu sur les sommets les plus élevés. »

Cependant le convoi attendu étant arrivé, et chaque homme ayant reçu des vivres pour six jours, on reprit la marche en avant.

Elle se poursuivit jusqu'au 11, sans autres incidents que quelques petits combats sans importance eu égard au nombre des troupes engagées, mais qui prouvaient que les Chinois ne voulaient pas nous laisser un instant de repos.

Nous continuons à avancer. Le 12, nous sommes en vue des crêtes fortifiées qui font une ceinture de défense à Lang-Son. Dès neuf heures du matin, en dépit du brouillard, l'engagement commence ; il est très violent, mais rien n'arrête l'élan des troupes. Le soir on n'est plus qu'à dix kilomètres de Lang-Son.

Le combat reprend le lendemain à huit heures du matin ; le brouillard intense n'a pas permis de le reprendre plutôt ; ce n'est même qu'à midi que nos batteries tonnent.

Les Chinois, soutenus par quatre forts, dont un commande toute la vallée, défendent leurs positions pied à pied. Que de braves officiers, de vaillants soldats sont frappés là ! Les troupes se battent sans relâche sous une grêle de balles, gagnant lentement du terrain. Les Chinois font une résistance désespérée ; les ravins sont noirs de leurs cadavres, parmi lesquels on voit ceux de quelques mandarins.

CHAPITRE LI

PRISE DE LANG-SON

Mais le pays change totalement d'aspect. La colonne débouche dans une vaste plaine cultivée, couverte de jardins et de rizières et arrosée par un petit cours d'eau clair et limpide ; le niveau est fort bas, mais il doit monter de quelques mètres dans la saison des pluies.

A l'extrémité de cette plaine on aperçoit une forteresse. C'est celle qu'on est venu conquérir au travers de tant de travaux, de fatigues et de périls : c'est Lang-Son.

La citadelle était à peine protégée. Comprenant la difficulté de défendre une place située au fond d'une cuvette, entourée de toutes parts de hauteurs qui la dominent, et aussi l'inutilité de cette défense, les Chinois n'avaient rien tenté pour se préparer à une attaque. Ils avaient compté sur les fortifications accumulées sur la route qui y conduisait pour nous arrêter, et n'avaient jamais imaginé que nous arriverions jusque-là.

A peine avaient-ils relevé les murs de la citadelle et planté quelques palissades de bambous. Les derniers forts mêmes qui commandaient la plaine, et qui pourtant étaient en état de résister, n'opposèrent pas un obstacle sérieux à nos efforts, et il n'y en eut qu'un seul qu'on fut obligé de prendre d'assaut.

A midi les couleurs nationales flottaient sur la citadelle de Lang-Son, dans laquelle nos soldats étaient entrés sans coup férir. Les quelques vieux canons de bronze qui composaient tout son armement demeurèrent muets.

De loin on peut suivre la retraite des derniers vestiges de l'armée chinoise qui se sauve, abandonnant quatre forts et le village de Ki-Lua.

Tout à coup ces fuyards paraissent se raviser; ils s'arrêtent, se groupent et semblent prêts à revenir à la charge.

Mais deux pièces de montagne sont montées en toute hâte, et une bordée de mitraille les met définitivement en déroute.

Cette fois on ne dira pas qu'ils ont agi lâchement; nos fatigues, nos dangers et nos pertes prouvent assez qu'ils se sont conduits vaillamment.

Le général en chef s'installa dans une petite pagode située en dehors de la citadelle, dans la ville annamite, qui n'est guère qu'un amas de cases en bambou, au milieu desquelles s'élèvent quelques rares maisons en briques, occupées par des négociants chinois.

Les habitants, en protestant de leur dévouement pour la France, vinrent apporter au général en chef, ainsi qu'ils le faisaient presque toujours, les uns des bœufs, des cochons, des chèvres, les autres le produit de leur jardin ou de leur basse-cour.

C'est de cette pagode que le général envoya au ministre de la guerre une dépêche lui annonçant la prise de Lang-Son et lui résumant les événements des derniers jours; c'est là aussi qu'il rédigea l'ordre du jour à son armée pour la remercier du courage et du dévouement avec lequel elle l'avait secondé.

Le village de Ki-Lua, situé dans la plaine à environ deux kilomètres de Lang-Son, et où les débris de l'armée chinoise avaient semblé vouloir faire une dernière manifestation, avait aussitôt été occupé par un détachement. Ce village est mieux bâti que Lang-Son. A l'entrée est une belle pagode, qui pour l'instant sert de magasin d'armes, de munitions et même d'approvisionnement de vivres. Il paraît, d'après un témoin oculaire, qu'on avait interrompu les habitants de Ki-Lua au moment de leur déjeuner, de sorte que quand nos soldats y pénétrèrent ils trouvèrent dans toutes les boutiques le couvert mis, sous forme de plateaux de bois chargés de poissons de différentes sortes et de tasses contenant les sauces et les ingrédients en usage en Chine. Toutes ces friandises avaient été abandonnées par les fuyards; mais elles n'en trouvèrent pas moins des amateurs, car les coolies entrés à Ki-Lua avec la colonne, et qui n'avaient pas toujours pareil régal à se mettre sous la dent, s'empressèrent de vider les plateaux.

Ces braves coolies étaient d'avis qu'il ne faut rien laisser perdre.

Autour de Ki-Lua existait aussi un camp retranché, vaste espace qui pourrait abriter toute une armée. On y trouva une quantité considérable de barils de poudre, de munitions de toutes sortes, même des appareils électriques et des rouleaux de câbles non encore déballés, ce qui prouve une fois de plus que les Chinois ne s'en tiennent plus à leurs moyens

Marche sur Lang-Son.

primitifs de défense, et qu'ils se sont décidés à faire usage des procédés que l'invention moderne met à leur disposition.

Un point des environs de Lang-Son mérite une mention toute particulière.

C'est un immense rocher, retranché et fortifié, et renfermant une grotte servant de pagode.

Les Chinois y avaient déposé une grande partie de leurs approvisionnements de toutes sortes. On y voyait des canons Krupp, des canonsrevolvers, des grenades, des fusées explosibles, des fusils de tout genre, des obus, des torpilles, même des piles électriques et du fil pour télégraphe comme celui qu'on avait trouvé dans la pagode de Ki-Lua.

Ce temple naturel a quelque ressemblance, à l'intérieur, avec les grottes de marbre de Tourane dont je vous ai déjà parlé.

Deux immenses guerriers, décorés des couleurs les plus vives, armés de lances et de sabres, portant des vêtements recouverts d'or et d'argent, en ornent l'entrée et semblent la garder. Tout autour sont disposés plus d'une centaine de bouddhas, les uns nichés dans la muraille, ceux-ci posés sur des stalagmites qui leur servent de piédestal, ceux-là entre

Mirador.

deux stalactites qui se sont rapprochées et forment comme un dais au-dessus de leur tête. Au fond se voit un autre bouddha de proportions gigantesques; celui-là repose sur un piédestal revêtu d'or. Il a cette expression bonasse qu'ont généralement les bouddhas, et qui s'accorde si peu avec l'idée que nous nous faisons de la divinité. Néanmoins l'effet du décor est imposant, et est encore augmenté par un faible rayon lumineux provenant d'une étroite ouverture pratiquée dans le haut de la caverne et qui n'y laisse pénétrer qu'un demi-jour.

Qui aurait pu nous dire alors que cette place, conquise au prix de tant d'efforts, de tant de sang, n'était pas encore définitivement à nous!

Qui pouvait deviner que bientôt on serait obligé de battre en retraite!

Et pourtant il était facile de prévoir, par la résistance que les Chinois nous avaient opposée, par les moyens dont ils disposaient, par l'opiniâtreté avec laquelle ils nous avaient disputé le terrain, par la valeur même qu'ils avaient déployée, qu'ils n'étaient pas disposés à nous laisser nous établir tranquillement à Lang-Son.

Leur armée était vaincue, démoralisée même, mais elle n'était pas détruite; elle se refermait sur la frontière chinoise, et l'immense empire du Milieu devait lui fournir facilement de quoi réparer les brèches que nous y avions faites.

Le général de Négrier allait avoir devant lui cette armée formidable.

Mais, dans l'enivrement d'une victoire achetée par tant d'efforts, on ne voyait pas l'avenir sous ce côté sinistre et inquiétant, et c'est plein de confiance dans les événements qu'aussitôt que les troupes eurent pris un peu de repos, le général Brière de l'Isle quitta Lang-Son avec une brigade, pour aller, ainsi que nous l'avons raconté, porter secours à la brave petite garnison de Tuyen-Quan.

CHAPITRE LII

COMBAT DE LA PORTE DE CHINE

C'était le 13 février (c'était même un vendredi) que nous étions entrés à Lang-Son; trois jours après le général en chef quittait la ville, emmenant une partie de la colonne et laissant au général de Négrier l'ordre de rejeter l'ennemi sur le territoire chinois, dont on n'était séparé que par quelques kilomètres, dans le cas où, ce qui était à prévoir, il tenterait d'approcher des positions qu'il avait été forcé d'abandonner. Des renseignements annonçaient qu'ils tenaient Don-Dang, situé à huit kilomètres de Lang-Son, à moitié chemin environ entre ce point et la Porte de Chine. Le général de Négrier résolut de les déloger, ne se souciant pas de les voir s'installer si près de nous; mais, les moyens de transport faisant défaut, chaque soldat dut encore se charger de six jours de vivres. Quoiqu'on sache bien qu'on n'est pas en campagne pour faire bombance et quoiqu'on n'emporte que tout juste ce qu'il faut, six jours de vivres ne laissent pas que de constituer un certain poids.

Malgré toute la diligence possible, ce n'est que le 21, c'est-à-dire neuf jours après l'entrée à Lang-Son, que les approvisionnements en vivres furent assez abondants pour qu'on pût distribuer aux soldats qui devaient prendre part à l'expédition que méditait le général les six rations nécessaires. On se rappelle les difficultés que la colonne avait eues à surmonter pour arriver à Lang-Son; il n'était pas étonnant que des convois de ravitaillement eussent mis quelque retard à la suivre. En les attendant, les soldats, qui auraient eu si grand besoin de se refaire un peu, après les fatigues et les privations qu'ils avaient éprouvées pendant cette marche en avant, en étaient réduits à vivre de riz, de sucre et de café un jour sur deux.

La question des vivres est une des plus importantes en campagne, et une de celles qui, avec raison, préoccupent le plus un général en chef.

Le 23 février donc, le détachement était réuni en avant de Ki-Lua, sur la route de Dong-Son. Un groupe d'une quarantaine de Chinois, postés sur les hauteurs et envoyés sans doute en éclaireurs, se repliaient de crête en crête. Quand l'avant-garde arriva à une vallée qui coupait la route, elle la trouva occupée par une ligne de tirailleurs.

Les coups de feu recommencèrent de part et d'autre. De Lang-Son à

Intérieur de citadelle.

Dong-Dang la route serpente dans un défilé bordé de hauts mamelons, où il était facile à l'ennemi de se retrancher; puis la vallée s'élargit avant d'arriver à Dong-Dang. Un plateau raviné, que d'énormes blocs calcaires déchiquetés percent en différents endroits, forme la partie supérieure du massif, dont les murailles tombent à pic sur la vallée. De rares brèches donnent passage à des sentiers en lacets qui conduisent au plateau. La route de Chine suit le pied de cette sorte de muraille, qui se continue pendant deux kilomètres au delà et qui à partir de Dong-Son forme un défilé dont un des flancs seulement est accessible.

On voit tout de suite que le terrain se prêtait merveilleusement à la défense.

L'ennemi en avait profité pour y établir des retranchements, des tranchées-abris et ouvrages armés de canons Krupp, en arrière desquels de nombreux camps s'échelonnaient. De l'autre côté, une série de redoutes et de camps fortifiés tenaient tous les pitons entre lesquels serpente la route de Chine.

État-major général.

A peine l'avant-garde avait-elle fait son apparition que l'ennemi, qui se renforçait rapidement, se montrait en force. Vers midi il tenta une attaque en poussant de grands cris; pris entre les feux croisés de l'artillerie et de la mousqueterie, il se dispersa dans les ravins et se retira; mais une batterie établie sur les hauteurs entretenait contre nous un feu inquiétant; le général donna l'ordre de l'enlever, ordre, qui fut exécuté. L'artillerie des autres batteries fut éteinte; une compagnie de tirailleurs tonkinois fut jetée dans le village, dont une partie était en flammes. Elle le traversa au pas de course et monta à l'assaut du massif calcaire. Les ouvrages furent vivement enlevés, puis l'ennemi poursuivi de crête en crête. Il s'était séparé en deux fractions : l'une fuyait vers la Porte de Chine, l'autre, plus à l'ouest, dans la direction de That-Khé.

A cinq heures et demie la brigade occupait la Porte de Chine et les forts qui la flanquaient des deux côtés. Les derniers tirailleurs de l'ennemi disparurent vers le nord. La nuit arrivait; la brigade prit ses bivouacs sous la protection d'avant-postes poussés en avant, à cheval, sur la route de Chine. Le quartier général de la brigade fut établi à la pagode de la Porte. Les troupes furent réparties dans les villages chinois au nord de la frontière et dans les ouvrages abandonnés par l'ennemi.

Pendant cette journée, les Chinois avaient pris une position exceptionnelle; ils l'avaient garnie de troupes nombreuses, qui montrèrent de la résolution dans leurs attaques et qui, jusqu'à trois heures, parurent bien décidées à défendre la frontière. Ils faisaient décidément de rapides progrès dans l'art de la guerre et n'étaient plus des ennemis méprisables, devant lesquels il suffisait de se présenter pour les mettre en fuite.

Dans sa déroute, qui n'a commencé qu'après la prise de sa position du centre, l'ennemi abandonna quatre canons Krupp, trois mitrailleuses de gros calibre en parfait état, une grande quantité d'étendards, d'énormes approvisionnements de munitions d'infanterie et d'artillerie, des poudres, des torpilles, du câble électrique fluvial, des fusils, des habillements, des tentes. On a même trouvé en magasin des plaques de blindage d'acier de vingt-cinq centimètres d'épaisseur, pour batteries cuirassées, et bien d'autres choses encore.

Le général resta quelques jours en ce lieu pour donner à ses soldats la satisfaction de camper en terrain ennemi; mais avant de repartir pour Lang-Son il fit sauter la Porte de Chine.

Du reste cette porte n'était pas une forteresse, mais une simple porte de bois qui barrait littéralement la route, resserrée entre deux collines hautes de plusieurs centaines de mètres, et fort étroite en cet endroit.

Au-dessus de la porte, les deux collines étaient reliées ensemble par une muraille crénelée en briques.

Les deux énormes battants de la porte étaient recouverts de peinture représentant des dragons, des monstres multicolores, comme l'imagination chinoise se plaît à en concevoir, et qui sans doute avaient pour but d'effrayer le téméraire qui la franchirait sans permission.

De chaque côté, sur les rochers qui formaient le défilé, était établi un petit fort.

La Porte de Chine.

Un toit dans le genre de ceux qui décorent ordinairement les pagodes recouvrait la porte, s'appuyant en avant sur des piliers en maçonnerie.

Faire sauter un édifice de ce genre n'était donc pas une opération bien difficile.

Sur les ruines, ainsi que dans les villages chinois environnants, le général fit apposer un placard, en chinois et en français, portant ces mots :

LE RESPECT DES TRAITÉS GARDE MIEUX UNE FRONTIÈRE
QUE LES REMPARTS ET LES PALISSADES.

CHAPITRE LIII

AUTOUR DE KÉLUNG

Les opérations se continuaient sur les côtes de Formose. Le blocus durait toujours, et l'amiral Courbet tenait toujours aussi ses positions autour de Kélung; mais sa situation devenait très critique : car, si nous occupions les forts qui avoisinaient la ville, les Chinois en occupaient d'autres qui dominaient ceux-ci, et d'où, s'ils avaient voulu, ou pour mieux dire s'ils avaient su le faire, ils auraient pu diriger leurs feux sur nous. Il était donc urgent de sortir au plus tôt de ce péril; mais des pluies torrentielles qui tombèrent pendant cinquante jours sans discontinuer interrompirent et même suspendirent les opérations.

Ce ne fut que dans les premiers jours de mars 1885 qu'on put se mettre en route, le temps s'étant mis au beau.

Donc le 4 à trois heures du matin, au clair de la lune, les troupes quittèrent leurs cantonnements, et s'engagèrent dans une vallée si étroite qu'on ne pouvait y défiler qu'un à un. Elles la remontèrent pour gagner les crêtes, qu'elles atteignirent au lever du jour. Le but de l'expédition était d'abord la prise de possession de deux massifs dont l'occupation devait assurer pour la nuit à nos troupes un campement sûr et être un point d'appui pour les opérations du lendemain, puis de s'emparer des positions chinoises, afin de n'avoir plus à en sentir la menace.

A dix heures, et sans coup férir, on était maître des deux massifs; mais à peine y était-on établi sommairement, que l'ennemi, qui s'était embusqué à une certaine distance, ouvrit un feu assez vif. Les compagnies qui garnissaient les crêtes lui répondirent, pendant qu'un bataillon le prenait en flanc et le forçait à déguerpir. Le mouvement en avant se continua toute la journée ; l'opération, favorisée par un temps splendide, réussit complètement, et les troupes passèrent la nuit sur le terrain désigné d'avance.

Le lendemain elles reprirent leur marche ascensionnelle. L'objectif ce jour-là était la prise d'un ouvrage important qui défendait les lignes chinoises, et, s'il était possible, l'occupation de ces ouvrages jusqu'au point dit « la Table », qui en formait l'autre extrémité. Cet ouvrage était la clef de la position. On ne pouvait songer à l'attaquer de front, tant étaient grandes les difficultés d'accès et tant étaient nombreuses les défenses accumulées par l'ennemi sur les pentes qui conduisaient à ces retranchements ; on se décida à les tourner.

Bientôt une vive fusillade s'engage entre l'ennemi et les compagnies envoyées en avant, pendant que l'artillerie, suivant le mouvement, s'avance péniblement à travers un terrain extraordinairement accidenté, coupé de ravins et de fondrières, hérissé d'inextricables fourrés de bambous. Il faut, en certains endroits, pratiquer un passage à la hache pour l'artillerie et hisser le matériel au prix des plus grands efforts. On arrive ainsi tout près de l'ennemi sans qu'il ait l'air de s'en douter ; mais, au moment où on allait atteindre les positions convoitées, et comme il s'agissait de traverser une rivière, les Chinois, qui jusque-là étaient restés silencieux, profitant de la position critique où nous nous trouvions, ouvrirent un feu violent.

La fusillade devient aussitôt générale, sans cependant ralentir la marche de nos soldats, qui s'avancent avec une intrépidité sans égale. Les ennemis, après avoir disputé le terrain quelque temps, sont contraints de céder, et à quatre heures le drapeau tricolore remplaçait sur « la Table » leurs étendards abattus.

Une autre position non moins importante à occuper était celle qu'on appelait « le Cirque », et où les Chinois avaient élevé un fort qu'ils appelaient le fort Bambou.

Le colonel Duchesne aurait voulu l'attaquer dès le lendemain, mais le mauvais temps s'y opposa ; la pluie qui tomba toute la nuit avait rendu absolument impossible le passage des convois et de l'artillerie.

Le jour suivant, la pluie ayant cessé, le colonel marche vers « le Cirque ».

Le fort Bambou était élevé au sommet d'un roc escarpé ; il était de toute nécessité de s'en emparer : autrement tout ce qu'on avait fait les jours précédents était nul.

Les troupes, pleines d'énergie, s'élancent en avant et s'emparent successivement de trois redoutes. Les Chinois disputent vigoureusement la position. Ils engagent une vive fusillade, mais sont bientôt rejetés derrière leur première, puis derrière leur seconde, et enfin derrière leur troisième ligne de défense. La charge sonne; un cri formidable : « En avant! » y répond, et quelques instants après le fort Bambou était couronné par nos soldats. Le drapeau chinois, là aussi, était remplacé par le drapeau français, que saluaient les clairons des forts et de l'escadre.

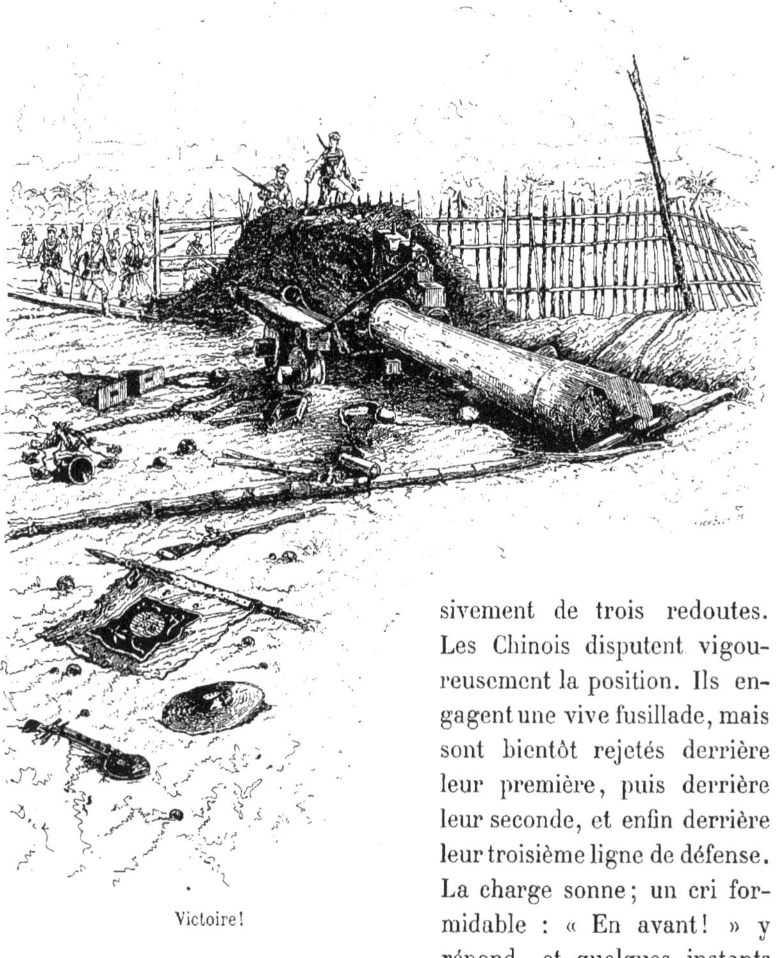

Victoire!

Cependant, tant qu'il restait un Chinois sur les crêtes, le succès n'était pas complet; l'ennemi avait gardé une ligne de défense très forte, derrière laquelle il opposait une résistance acharnée. Il était d'autant plus difficile de l'en chasser, que le terrain, très boisé et presque impraticable, formait une crête très étroite, sur laquelle il était impossible de se déployer. De là les Chinois faisaient pleuvoir sur nous d'énormes quartiers de roche, qui écrasèrent deux hommes. Il fallut encore un effort des plus vigoureux pour les contraindre à quitter cette position inquiétante.

Pendant ces quatre jours, nous avions eu à combattre un ennemi huit fois supérieur en nombre, si solidement retranché et dans des positions tellement fortes, que le colonel Duchesne, dit le rapport, eût hésité à les attaquer s'il avait connu exactement les difficultés qu'elles présentaient.

Grâce à la valeur déployée par nos troupes dans ces circonstances, nous n'étions plus prisonniers, comme nous l'avions été tant que les Chinois nous cernaient par la série d'ouvrages fortifiés qu'ils avaient élevés autour de nous, et nous n'étions plus menacés par des positions dominant nos forts, puisque nous les possédions.

CHAPITRE LIV

ÉVACUATION DE LANG-SON

Après la destruction de la Porte de Chine, le 25 février, les Chinois battirent en retraite en passant la frontière et en se retirant sur leur propre territoire. On se rappelle que le général de Négrier avait aussi fait passer la frontière à ses troupes, qui avaient ainsi bivouaqué sur terrain ennemi.

Une partie des fuyards s'étaient dirigés au nord-ouest vers That-Khé, à quinze kilomètres environ de Dong-Son. Dans la première semaine du mois suivant, le général y envoya un détachement, qui y pénétra sans coup férir, mais qui fut obligé de l'abandonner après deux jours d'occupation, de peur de se voir couper la retraite par les Chinois, très nombreux aux alentours. La colonne eut beaucoup de peine à rejoindre le corps principal, à cause de la pluie incessante qui avait causé des débordements de rivières.

Pendant ce temps, les Chinois se reformaient, rassemblaient des provisions considérables et se remettaient à construire des retranchements. Ces Célestes manient la pelle et la pioche, et remuent la terre avec une facilité prodigieuse. Ils sont de première force quand il s'agit de creuser des fossés, des chemins couverts; de créer des monticules pour servir d'abri; de les planter de pieux de bambou; ils n'épargnaient pas leurs peines en ces circonstances, et construisaient sans cesse de nouveaux camps dans le voisinage de la Porte de Chine.

Quoique nous fussions campés sur territoire ennemi et que jusque-là nous eussions toujours repoussé les Chinois, notre position était critique. Le terrain, très accidenté, couvert de mamelons et de collines, coupé de ravins, se prêtait, aussi bien que tout le pays depuis Chu, au genre de défense qu'avaient adopté les Chinois : ce genre de défense consistait à construire des retranchements où ils se fortifiaient, et qu'on ne pouvait emporter sans perdre beaucoup de monde. Ils avaient un immense avantage sur nous : c'était de pouvoir se ravitailler avec toute facilité ; le chemin était libre sur leurs derrières, et la Chine leur fournissait sans cesse tout ce dont ils avaient besoin en hommes, en vivres et en munitions de toutes sortes à mesure qu'ils s'épuisaient.

Nous, au contraire, nous n'étions arrivés au point que nous occupions qu'au moyen de routes construites à mesure que nous avancions par nos hommes du génie, et à l'aide de ponts jetés sur les rivières et les ravins par nos pontonniers. Les pluies qui ne cessaient de tomber, jointes à la nature et à la disposition du terrain, y causaient des dégâts que le passage des troupes et des convois ne contribuait pas à faire disparaître, si bien qu'aussitôt après notre passage, elles demandaient de nouveaux travaux pour redevenir praticables ; en outre, les munitions et les vivres nous faisaient défaut, précisément à cause de cette absence de bonnes voies de communication qui retenait les convois en arrière. On a vu qu'au moment de partir pour Dong-Dang le général de Négrier avait été obligé d'attendre des vivres. Quand le premier convoi fut arrivé, apportant de quoi fournir à l'alimentation de la colonne pendant six ou huit jours, il fallut en attendre un autre, et pendant ce temps-là les hommes étaient contraints de se serrer le ventre, comme on dit. Une crue de rivière, une de ces pluies diluviennes comme il en tombe souvent dans ce pays, l'absence de sampans, pouvaient arrêter les coolies qui portaient les provisions de bouche et les munitions.

Ces coolies formaient eux-mêmes une armée. Ils étaient à peu près huit mille, marchant deux par deux, ainsi que je vous l'ai dit, et portant ensemble environ trente kilogrammes. Quand vous saurez qu'il faut seize hommes pour porter une pièce de vin ou d'eau-de-vie, et quand vous vous rappellerez en outre que les coolies étaient chargés du transport des munitions, poudre de guerre, cartouches, vous ne vous étonnerez pas qu'ils dussent être si nombreux, et vous comprendrez de quelle importance est le service des convois pour une armée en campagne.

Le général de Négrier, se sentant de tous côtés pressé par les ennemis, résolut, ainsi qu'il en avait d'ailleurs reçu l'ordre, de les rejeter sur leur territoire. Ayant fait, avec les plus grands efforts, hisser l'artillerie sur un grand mamelon qui dominait un fortin construit par les Chinois, il parvint à les en déloger ; mais ce ne fut qu'au prix de bien du sang répandu.

Puis la colonne part au pas gymnastique, poussant, la baïonnette dans les reins, l'ennemi, qui s'enfuit derrière ses retranchements.

Le combat est interrompu par la nuit ; il reprend le lendemain. L'en-

Incendie d'un village.

nemi, appuyé à des hauteurs inaccessibles, a mis entre lui et nous une grande tranchée. Malgré un feu d'enfer, un détachement s'empare d'un fortin qui défend l'accès de leurs positions ; « mais les Chinois semblent sortir de terre, » dit un témoin oculaire : il en vient, il en vient toujours. Il faut se résoudre à quitter le territoire chinois sur lequel on combattait, et on repasse la frontière, qu'on avait franchie si allègrement quelques semaines auparavant.

On est au 24 mars ; c'est le 25 février que la Porte de Chine avait été prise.

Alors le découragement s'empara de quelques soldats; plusieurs s'étaient laissés tomber dans la boue, près de cette porte, témoin, il y avait si peu de temps, de leur triomphe, et ils faisaient entendre des plaintes et des gémissements.

Le général de Négrier, qui marchait à l'arrière-garde, faisant le coup de feu comme un simple tourlourlou, arrivait en ce moment.

Transports à dos de mulets.

Il marcha vers eux; il était très pâle.

« Silence ! » dit-il.

Cette voix, qui les avait si souvent encouragés et entraînés à la victoire, produisit sur les pauvres gens un effet électrique. Ils se relevèrent et prirent une pose respectueuse : celle du soldat devant son supérieur.

« Silence ! répéta le général; la seule voix que l'on doive entendre ici est celle de vos officiers. C'est surtout dans des heures comme celles-ci qu'après avoir montré votre bravoure, vous devez montrer votre discipline... La brigade rentre à Dong-Dang. »

Ces simples paroles avaient produit un tel effet, que les hommes se mirent en marche en silence, d'un pas ferme et élastique. On aurait dit qu'elles leur avaient enlevé tout à coup la fatigue et rendu leurs forces. En tous cas elles leur avaient redonné le courage moral, qui vient si bien en aide à l'autre.

Le lendemain on était à Ki-Lua, qui, vous vous le rappelez, est la forteresse avancée de Lang-Son, sur la route de Chine.

Trois jours après, les Chinois, qui nous avaient suivis, nous attaquaient et garnissaient les hauteurs de troupes considérables. Leur plan évidemment était de nous envelopper en nous dépassant et en se refermant sur nous. Par bonheur le général de Négrier, devinant leur intention, fit effectuer à ses troupes le même mouvement, mais en sens contraire, et par un point qui dominait si bien leurs positions que, quand ils s'avancèrent dans le défilé, nos batteries les balayèrent.

Ils s'enfuirent, et le général prenait ses dispositions pour une contre-attaque quand lui-même reçut une balle en pleine poitrine.

On le porta à l'ambulance, et le bruit qu'il était mortellement blessé se répandit aussitôt parmi les soldats.

En effet, sur le moment on le crut plus gravement atteint qu'il ne l'était en réalité, et la nouvelle, courant comme une traînée de poudre, causa dans toute l'armée un profond découragement. Le général avait su inspirer une confiance si entière à ses hommes, qu'il pouvait tout en exiger, tout en attendre. Lui mort, les troupes se savaient ou se croyaient perdues.

Le colonel Herbinger fut alors investi du commandement en chef.

CHAPITRE LV

MARCHE RÉTROGADE

Que se passa-t-il ?

On a accusé le colonel d'avoir manqué à ses devoirs, d'avoir cru la situation plus désespérée qu'elle ne l'était en effet, et d'avoir lâchement abandonné la position, bien que les Chinois ne fissent pas mine de nous poursuivre.

Vous pensez bien que je ne me permettrai pas de décider dans une si grave affaire ; j'aime à penser qu'en ordonnant d'abord l'évacuation de Ki-Lua, puis celle de Lang-Son, et enfin la retraite sur Chu, le colonel a agi en loyal soldat, et qu'il regardait ce mouvement rétrograde comme le seul qu'on pût exécuter dans la situation où l'on se trouvait.

Du reste il n'était pas le seul à voir la situation sous de sombres couleurs, et le général de Négrier lui-même commençait à la considérer comme des plus graves. En poussant jusqu'à Lang-Son, en nous avançant si loin de notre base d'opérations, comme on dit en langage militaire, nous nous exposions, si nous étions forcés à la retraite, ce qui était à prévoir, à ce que cette retraite fût désastreuse.

Quelques jours avant la catastrophe, il télégraphiait au général en chef :

« Je suis enveloppé, écrasé ; attendez-vous aux événements les plus graves. Nous manquons de tout : ravitaillez Lang-Son par les moyens les plus énergiques. »

On a dit de plus que les coolies avaient déserté et que le ravitaillement de l'armée, déjà si difficile, allait se trouver tout à fait compromis ;

les munitions manquaient, et les soldats étaient obligés de ménager leurs coups de fusil comme ils ménageaient les vivres et comme les artilleurs ménageaient leurs coups de canon.

Quelles que fussent les raisons qui déterminèrent sa résolution, le colonel Herbinger ordonna donc la retraite sur Chu, où l'armée devait se masser de nouveau.

Ainsi tous les sacrifices, tous les efforts accomplis pour arriver jusqu'à Lang-Son étaient inutiles! Tant de sang avait été répandu en pure perte! On se retirait, pendant que les Chinois fuyaient vers leurs frontières, qu'ils fuyaient comme ils avaient toujours fui!

La prise de Lang-Son avait été pour eux un coup terrible, un coup dont ils n'étaient pas encore remis. Négrier ne leur en avait pas laissé le temps; il leur livrait combat sur combat, et il avait toujours l'avantage. On devait donc penser que la situation était favorable pour obtenir une paix avantageuse. Cette retraite précipitée n'allait-elle pas changer l'état des choses?

Heureusement la blessure du brave général n'était pas aussi dangereuse qu'on l'avait cru d'abord. Et savez-vous ce qui en atténua la gravité? C'est que le général avait l'estomac complètement vide; il n'avait pas mangé depuis vingt-quatre heures.

Et pourquoi n'avait-il pas mangé? C'est que les vivres étaient rares, et que le général partageait le dur régime auquel les soldats se trouvaient forcément soumis.

S'il y avait encore des vivres à Lang-Son, on n'avait pu les faire arriver jusqu'à Dong-Dang; il en était de même des munitions.

C'est sans doute cette dernière raison qui décida le colonel Herbinger à ordonner la retraite.

Voici la dépêche par laquelle le général en chef, Brière de l'Isle, annonça cette nouvelle, qui causa en France l'effet d'un véritable désastre :

« Hanoï, 21 mars 1885.

« Je vous annonce avec douleur que le général de Négrier, grièvement blessé, a été contraint d'évacuer Lang-Son.

« Les Chinois, débouchant par grandes masses sur trois colonnes, ont attaqué avec impétuosité nos positions en avant de Ki-Lua. Le colonel

Herbinger, devant cette grande supériorité numérique, et ayant épuisé ses munitions, m'informe qu'il est obligé de rétrograder sur Dong-Son et Than-Moï (route de Chu). Je concentre tous mes moyens d'action sur les débouchés de Chu et de Kep.

« L'ennemi grossit toujours sur le Song-Koï. Quoi qu'il arrive, j'espère pouvoir défendre tout le Delta. Je demande au gouvernement de m'envoyer le plus tôt possible de nouveaux renforts.

« Brière de l'Isle. »

L'artillerie de marine sur les digues.

Le lendemain, on apprit en France que le désastre n'avait pas la gravité qu'on lui avait d'abord attribuée ; ce n'en était pas moins un coup fort rude. Il eut en outre le fâcheux résultat de faire naître entre le général en chef et le colonel Herbinger un conflit qui eut le plus déplorable effet.

Quelques jours après, en effet, le général Brière de l'Isle publiait cet ordre du jour adressé aux troupes qui venaient de faire retraite, et qui, selon l'ordre qu'elles avaient reçu, s'étaient massées à Chu :

« Officiers, sous-officiers et soldats de la 2e brigade,

« La série de vos victoires s'est arrêtée au 27 mars. Le même ennemi que vous aviez si vaillamment mis en déroute sur son propre territoire un mois auparavant s'est présenté devant vous, décuplé en nombre et retranché dans de formidables positions.

« Pour la première fois vous avez dû vous replier sur la ligne des retranchements que vous aviez enlevés la veille.

« Le 28 mars, alors que l'ennemi, de plus en plus renforcé, osait vous disputer la position de Ki-Lua, vous infligiez encore à ses masses profondes une défaite sanglante.

« Mais, par une amère dérision du destin, au moment même où les colonnes chinoises précipitaient leur retraite sous l'effort de votre contre-attaque, vous appreniez que votre vaillant chef, le général de Négrier, ce brave entre les braves, venait d'être grièvement blessé et porté à l'ambulance.

« Le commandement, du fait de ce malheur, tombait entre des mains insuffisamment préparées.

« Au lieu de vous faire prendre la seule attitude qui convienne à des vainqueurs, à vous, héroïques soldats qui n'aviez jamais songé à compter en plein jour la nuée de vos ennemis, on vous a donné l'ordre de battre en retraite la nuit.

« Vous êtes arrivés à Chu épuisés par la fatigue, mais sans avoir subi de pertes. Les vaincus du 28 mars ne pouvaient en effet songer à vous poursuivre. A peine revenus de leur étonnement, ils montrent encore la plus grande circonspection.

« Ils sentent que s'ils osaient vous inquiéter dans vos positions, vous les décimeriez encore avec le même entrain, la même vigueur et le même succès que par le passé.

« Aujourd'hui vous êtes plus forts que jamais. Seize cents hommes de renfort ont complété vos effectifs. Je vous laisse en outre deux escadrons de cavalerie, mille zouaves, une troisième batterie d'artillerie. Vous êtes appuyés à des positions qui seraient inexpugnables entre des mains de conscrits.

« Soldats de la 2e brigade, souvenez-vous que, depuis que le monde existe, jamais une armée chinoise n'a pu forcer une position occupée par une troupe européenne.

« Je compte sur vous. Comptez sur la valeur et l'expérience du colonel Borghis-Desbordes, que j'ai mis à votre tête en attendant la guérison prochaine du général de Négrier.

« Au quartier général à Chu, 8 avril 1885.

« Brière de l'Isle. »

Beaucoup de versions ont couru au sujet de la conduite du colonel

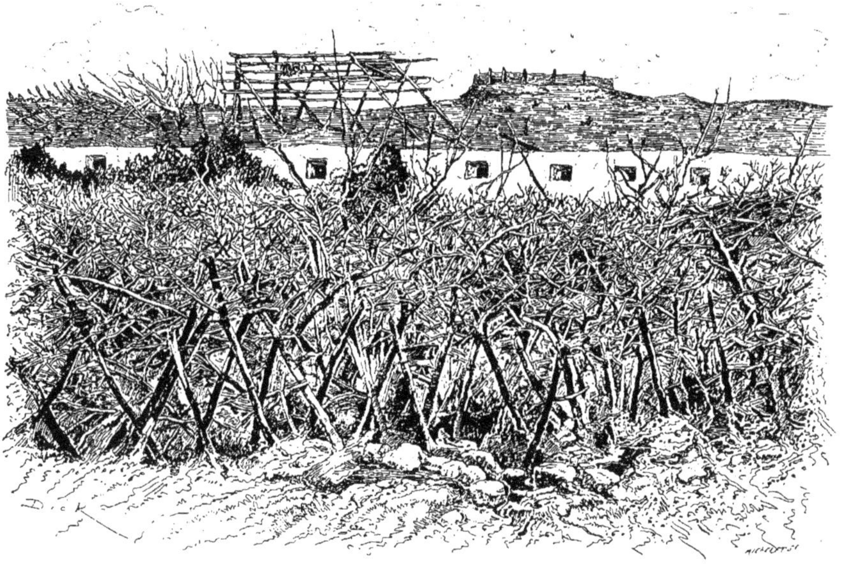

Abatis d'arbres pour retranchement.

Herbinger en cette circonstance ; mais il y a une chose qu'il faut dire d'abord : c'est que, quel que soit le courage des soldats, il vient un moment où ils se sentent à bout d'efforts. Quand des hommes se sont battus pendant sept mois sans relâche, dans des conditions tout à fait exceptionnelles de difficultés, sans avoir même le pain de chaque jour assuré, il n'est pas étonnant qu'au moment où le général qui les a soutenus dans leurs épreuves en les partageant vient à être blessé, la panique les prenne. Il faut admirer l'héroïsme, le désintéressement dont ils ont fait preuve jusque-là, et ne pas s'étonner qu'ils aient une fois fait défaut.

Par suite de toutes ces raisons, l'évacuation de Lang-Son fut une véritable déroute ; on abandonna aux Chinois tout ce qu'on y avait apporté, et entre autres choses une somme de six cent mille francs, que le colonel Herbinger fit jeter dans un petit cours d'eau voisin afin que les ennemis ne s'en emparassent pas. On lui a beaucoup reproché ce fait ; il eut néanmoins cette heureuse conséquence que les Chinois, ayant appris que la rivière était changée en Pactole, s'empressèrent de se livrer à la chasse aux doublons ; cette agréable distraction les empêcha de nous poursuivre, ce qu'ils auraient peut-être fait, nous voyant quitter la place avec tant de précipitation, et on ne sait, dans l'état de découragement où étaient les troupes, ce qui aurait pu arriver.

Le colonel Herbinger n'en fut pas moins appelé en France pour rendre compte de sa conduite devant un conseil de guerre, puis renvoyé au Tonkin, cette affaire ne pouvant être examinée que sur les lieux où elle s'était passée. Finalement, le colonel fut renvoyé des fins de la plainte ; s'il avait agi avec précipitation, c'est qu'il avait cru cette précipitation nécessaire au salut de l'armée ; il avait agi selon ce que lui ordonnait sa conscience de soldat : on ne pouvait en exiger davantage.

CHAPITRE LVI

PRISE DES ILES PESCADORES

Le jour même où le général de Négrier était blessé et où le colonel Herbinger ordonnait l'évacuation de Lang-Son, le 28 mars 1885, l'amiral Courbet attaquait les îles Pescadores.

Les îles Pescadores forment, sur la côte occidentale de l'île Formose, un archipel composé de trois grandes îles, d'une vingtaine de petites et d'une certaine quantité d'îlots rocheux.

On y trouve des ports excellents, et, entre les trois principaux, une rade abritée de tous les vents, qui est un des meilleurs mouillages que l'on connaisse. C'est ce qui avait engagé l'amiral à tenter cette entreprise. Tant que durerait la guerre nous avions besoin d'un abri pour nos bâtiments, et aucun n'était aussi sûr que la rade des Pescadores. On pouvait en outre en faire un point de ralliement et un lieu de dépôt de munitions et d'approvisionnement pour le charbon. Ces îles étant situées dans le détroit de Formose, leur occupation facilitait le blocus de cette île.

Les Pescadores sont assez bien cultivées, et les productions principales sont le millet, le maïs, les patates, les pistaches. Elles produisent de bons pâturages, qui nourrissent beaucoup de bœufs.

La plus grande, appelée Pon-Gou, a environ neuf milles d'étendue.

La ville principale, qui contient environ dix mille habitants, est Mâkung ; on y voit un grand nombre de pagodes. C'est une ville malsaine, que le choléra visite souvent.

Le 28 mars donc, l'escadre d'expédition, composée de cinq bâtiments et d'une canonnière, se réunit devant le cap Hou, extrémité méridionale de Pon-Gou. Le lendemain matin, les bâtiments prenaient leurs positions; trois d'entre eux entraient dans la baie de Pon-Gou, défendue par les batteries de Mâkung, dont le port était en outre fermé par de grosses chaînes et par des lignes de pierres.

En apercevant nos navires, les canons commencent à tonner : nous

Le pavillon français était hissé sur le fort.

leur répondons, et nous réduisons l'une après l'autre leurs pièces au silence.

A cinq heures du soir, nos troupes débarquent et s'établissent dans les positions environnantes.

Le lendemain matin, des embarcations faisaient sauter les obstacles qui fermaient le port de Mâkung, et le *Bayard* y entrait, forçant les défenseurs à la fuite.

Le jour suivant, le pavillon français était hissé sur le fort.

CHAPITRE LVII

PRÉLIMINAIRES DE PAIX

Le général Brière de l'Isle continuait à concentrer ses forces à Chu, afin de fermer aux ennemis la route du Delta s'ils avaient été tentés de venir l'attaquer.

Lui-même avait quitté Hanoï, où il avait été retenu quelques jours par la cérémonie d'inauguration d'une école, la première fondée et ouverte par nous au Tonkin.

Sachant que tout ce qui regarde les établissements relatifs à l'instruction intéresse particulièrement les jeunes lecteurs, nous donnons ici le discours que le commandant prononça à cette occasion devant les autorités réunies pour fêter cette inauguration, et devant les petits Annamites qui allaient fréquenter cette école.

« Messieurs,

« Dans la lutte acharnée que nous soutenons, nous, les représentants du progrès et des idées généreuses, contre les adeptes de l'immobilité, de l'égoïsme et de la férocité, cette cérémonie toute pacifique d'aujourd'hui, à côté des sanglants combats d'hier et peut-être de demain, forme un heureux contraste.

« Elle répond bien à la mission de bienfaisance que notre chère patrie s'est imposée dans le pays.

« Lorsque nous aurons refoulé au delà des frontières du Tonkin le colosse barbare qui ne sait et ne veut emprunter aux travaux de la science et de l'industrie européennes que ce qui s'applique aux moyens de destruction des hommes ; lorsque les jeunes élèves qui vont apprendre à lire nos livres français pourront se rendre compte des sentiments qui nous ont conduits au Tonkin, ils expliqueront à leurs compatriotes, et ceux-ci comprendront comme eux, que nous sommes les libérateurs envoyés par Dieu pour faire cesser leurs misères séculaires, et leur porter, avec les bienfaits de la liberté, toutes les lumières de l'esprit.

« Et vous, Messieurs, qui semblez m'écouter ici avec quelque intérêt, vous qui avez déjà donné de touchantes marques de sympathie à nos braves blessés et à la mémoire de ceux qui ont succombé, je vous en remercie. Vous n'oublierez jamais, j'en suis convaincu, les sanglantes péripéties du drame auquel vous assistez depuis déjà trop longtemps. Laissez-moi vous demander de les décrire, dans toute leur vérité, à ceux qui viendront ici après vous, appelés par l'intérêt particulier. Il faut en effet que chacun sache, lorsque nous aurons conquis la paix à l'abri de laquelle se développeront votre commerce et votre industrie au Tonkin, combien cette conquête a coûté de sang versé et d'existences disparues! »

Cette paix dont le général parlait allait bientôt être conclue.

En apprenant la retraite de Lang-Son, l'émotion, ainsi que nous l'avons dit, avait été grande à Paris, et le ministère, comme cela arrive souvent, rendu responsable des événements, fut renversé.

On était encore sous le coup de l'agitation que ces nouvelles avaient produites, lorsque le bruit courut que le ministre des affaires étrangères venait de recevoir une dépêche annonçant la ratification, par le ministère chinois, des préliminaires de paix.

Depuis la convention de Tien-Tsin, violée aussitôt que conclue, et qui, disent les Chinois pour se laver de l'accusation de trahison qu'on leur fait, n'avait pas été ratifiée, les négociations avaient été rompues. Cependant, sous l'empire des inquiétudes causées aux Chinois par la prise de Lang-Son, par la destruction de la Porte de Chine et l'envahissement de leur territoire, elles avaient été reprises, et un protocole ou procès-verbal, dont voici la teneur, avait été signé entre les représentants des deux gouvernements :

ARTICLE PREMIER. D'une part, la Chine consent à ratifier la convention de Tien-Tsin du 11 mai 1884, et, d'autre part, la France déclare qu'elle ne poursuit pas d'autre but que l'exécution pleine et entière de ce traité.

ARTICLE II. Les deux puissances consentent à cesser les hostilités partout aussi vite que les ordres pourront être donnés ou reçus, et la France consent à lever immédiatement le blocus de Formose.

ARTICLE III. La France consent à envoyer un ministre dans le Nord, c'est-à-dire à Tien-Tsin ou à Pékin, pour arranger le traité détaillé, et les deux puissances fixeront alors la date pour la rentrée des troupes.

Pagode aux environs d'Hanoi.

Aussitôt après la publication du décret impérial annonçant la ratification de ces conditions, les troupes chinoises actuellement au Tonkin devaient repasser la frontière, le blocus de Formose devait être levé, tandis que les troupes françaises recevraient l'ordre de ne pas franchir la limite du territoire tonkinois.

On en était absolument au même point que l'année précédente au mois de mai : toute la différence, c'est qu'on avait fait tuer un grand nombre de soldats et imposé aux autres une année de souffrances et des privations incalculables.

Peut-être la conclusion de la paix aurait-elle encore été retardée si on avait connu à Pékin la retraite de Lang-Son avant d'entamer les pourparlers, et on put un instant le craindre ; mais la Chine elle-même désirait une solution prompte et pacifique. Elle avait de grosses affaires sur les bras ; des soulèvements s'étaient produits dans la Corée, soutenue par le Japon, et en même temps il y avait eu des insurrections dans le Turkestan chinois.

Une autre considération encore déterminante était l'inquiétude causée par la présence de l'amiral Courbet dans la mer de Chine ; il menaçait le golfe de Petchili, et il était à craindre, s'il parvenait à y établir le blocus, que le riz n'arrivât plus en quantité suffisante dans l'empire et qu'il s'ensuivît la famine.

Enfin et par-dessus tout, le cabinet chinois savait bien que l'échec éprouvé par nous à Lang-Son n'était pas sérieux, et qu'il arrivait après une série d'avantages qui avaient causé à l'empire des pertes importantes, tant en hommes qu'en argent. L'édit qui promulguait les préliminaires du traité fut publié le 13 avril dans la *Gazette de Pékin*.

CHAPITRE LVIII

LA PAIX

Le général Brière de l'Isle l'annonça à la population du Tonkin par cette proclamation :

« Habitants de l'Annam et du Tonkin,

« La France, désireuse de mettre fin aux misères qui vous accablent, n'a rien épargné pour vous venir en aide; elle vous donne une nouvelle preuve de son désintéressement et de sa générosité en renonçant aux justes indemnités pécuniaires qu'elle eût été en droit de réclamer d'un ennemi qu'elle n'avait pas provoqué.

« Le traité de paix qui met fin à la guerre étrangère laisse désormais toutes nos forces disponibles pour la pacification intérieure, et l'heure est venue de châtier les bandits qui, sous le manteau de la guerre, dévastent vos villages, pillent vos biens, enlèvent vos femmes et vos fils; ces étrangers sans patrie, sans foi ni loi, qui ruinent le Tonkin et dispersent vos familles, vont recevoir la punition que réclament leurs crimes.

« Ils seront sévèrement punis, eux aussi, ces mauvais citoyens, ces frères dénaturés qui dépouillent leurs frères; ces misérables fils qui dévorent le sein de leur mère.

« Après des siècles d'oppression et de misère, vous allez voir s'ouvrir, sous la protection d'une nation forte et généreuse, une ère de tranquillité, de justice et de prospérité que vous n'avez point connue, hélas! et que n'ont point connue vos pères, témoins, les uns et les autres, d'une longue succession de malheurs inouïs, sans exemple dans l'histoire des peuples, et causés par des convoitises ardentes et malhonnêtes.

« Le règne de la violence est passé. Sous la protection de la France, le peuple verra se relever ses villages, détruits par des mains d'autant plus criminelles qu'elles ont été portées sur des foyers fraternels; les moissons que vous devez à vos sueurs n'iront plus grossir la fortune des pillards; les liens sacrés de la famille ne seront plus odieusement brisés.

« Vous répondrez à l'appel fait à vos bons sentiments; vous répudierez toute connivence avec les fauteurs de brigandage, et, confiants dans la force des armées nouvelles que la France dirige aujourd'hui vers l'Annam et le Tonkin, vous ne tolérerez plus qu'une minorité sans frein opprime violemment votre patience trop longtemps docile.

« Le pardon est offert à ceux qu'une stupide erreur a entraînés dans les bandes levées par des chefs indignes du nom d'Annamites. Que ceux-là rentrent dans le devoir pendant qu'il en est temps encore! Différer leur soumission plus longtemps, ce serait aller au-devant d'un châtiment impitoyable, courir au-devant de la répression sévère qui attend les coupables.

« Pour ceux-ci il ne sera point de pitié! L'énormité de leurs crimes exige des réparations exemplaires, et c'est vous, paisibles habitants et opprimés, qui porterez la main les premiers sur ces brigands.

« L'armée du protectorat, répandue à la fois sur tous les points du territoire, ne leur laissera pas un asile où ils puissent échapper à la punition.

« Mandarins, nobles et habitants de l'Annam et du Tonkin,

« Le général en chef vous convie désormais aux travaux pacifiques de l'agriculture, du commerce et de l'industrie. Durant ces trois dernières années, vous avez été témoins des exemples d'ordre, de désintéressement et de justice que vous a donnés la France.

« Vous aurez foi dans sa protection, et il ne tient qu'à vous de jouir désormais de tous les bienfaits de la paix.

« Hanoï, le 14 avril 1885.

« Brière de l'Isle. »

Quoique les préliminaires de la paix fussent signés, notre situation militaire au Tonkin devait être encore, pendant un certain temps, et en tout cas jusqu'à la ratificaction du traité définitif, maintenue dans le même état. Ainsi que le disait la proclamation, nous en avions fini avec la Chine; mais nous n'en avions pas fini avec les pirates, avec les brigands, et parmi ceux-ci les Pavillons-Noirs étaient toujours les plus à redouter.

Le général Brière de l'Isle fut remplacé comme chef général de l'expédition par le général de Courcy. Les forces générales du Tonkin formèrent deux divisions : l'une sous les ordres du général de Négrier, qui se remettait de sa blessure; l'autre sous ceux du général Brière de l'Isle, qui passait ainsi d'un premier commandement à un commandement en sous-ordre, qu'il accepta avec le plus profond désintéressement.

Sa réponse au télégramme du ministre de la guerre qui lui faisait part de ce changement est très digne. La voici :

Redoute. — La citadelle d'Hanoï.

« Mon patriotisme se réjouit des résolutions prises par le gouvernement; ma personnalité n'est rien en face de l'intérêt du pays.

« Je prendrai avec plaisir le commandement de la première division, surtout si le commandement de la deuxième est donné au général de Négrier. »

Néanmoins, en attendant l'arrivée du général de Courcy, qui n'eut lieu qu'au commencement de juin, le général Brière de l'Isle conserva le commandement de l'expédition.

Peu de temps après, une commission chinoise fut envoyée à Hanoï, pour s'entendre avec le commandant au sujet des détails de l'évacuation. Le général reçut fort bien les envoyés. « Comme militaire, leur dit-il, je regrette la signature de la paix : car avec les renforts que j'attendais et en profitant de la saison des pluies, j'aurais pu refouler et chasser du Tonkin les armées chinoises; mais, comme diplomate, je suis heureux de voir cesser une guerre qui n'a que trop duré. »

Le chef de la mission lui répondit qu'il ne pouvait trouver ni un mot ni une expression pour rendre le bonheur qu'il éprouvait à voir que cette guerre sans but allait se terminer par une paix honorable pour tous.

Le général Brière alors présenta aux Chinois le général de Négrier,

Nouvelles aux parents.

qui commençait à se rétablir. Les envoyés après de grandes salutations, lui serrèrent les mains, et lui firent dire par leur interprète qu'ils étaient heureux de faire la connaissance d'un si loyal et si brave soldat.

Le général de Négrier leur répondit en anglais (le chef de la mission parlait cette langue) qu'il était très flatté, mais qu'il n'était pas mort, comme le bruit en avait couru en Chine ; qu'au contraire il était en parfaite santé, comme ils pouvaient en juger, et prêt à retourner à la tête de ses braves.

CHAPITRE LIX

MORT DE L'AMIRAL COURBET

Ce n'est que le 9 juin que le traité de paix définitif fut signé.

Mais à peine les plénipotentiaires y eurent-ils apposé leurs noms qu'on apprenait la mort de l'un de ceux à qui on devait cette heureuse issue de la campagne.

L'amiral Courbet succombait à la maladie, aux fatigues et aux travaux de toute sorte qui remplissaient sa vie depuis qu'il avait été nommé commandant en chef de la division navale du Tonkin, c'est-à-dire depuis deux ans.

L'occupation des îles Pescadores avait été son dernier exploit.

Déjà quelque temps auparavant l'amiral subissait une première atteinte du mal qui devait l'emporter. Le voyant épuisé de fatigue et prêt à succomber d'excès de travail, ses amis avaient obtenu qu'il demandât son rappel en France : l'air natal seul pourrait le remettre. Il y consentit; mais quand on lui apporta la rédaction du télégramme où il formulait sa demande pour qu'il y apposât sa signature, il le déchira.

« Moi, dit-il, quitter ces braves enfants ! jamais ! »

C'est en vain que le docteur qui le soignait insista. L'amiral répondit simplement : « Mon devoir est de rester ici, j'y resterai jusqu'au bout. »

Du reste, il ne se plaignait jamais, et c'est seulement par son domestique que le médecin était renseigné sur l'état de la santé de son malade.

Après la prise des Pescadores, il voulut fêter cette victoire par un déjeuner qu'il offrit à ses officiers, sur une montagne du sommet de laquelle on embrassait tout le groupe d'îles.

Il s'y rendit à cheval ; la distance était de vingt kilomètres.

Les soldats avaient élevé sur tout le parcours des arcs de triomphe de fleurs et de feuillage, et venaient lui présenter des bouquets, des couronnes de lauriers, tandis que la musique des « zéphyrs » faisait entendre des airs patriotiques.

Mais lorsque, après cette marche triomphale improvisée, l'amiral rentra dans sa chambre sur le *Bayard,* il se trouva mal, et on fut longtemps à le faire revenir.

Dès le 15 mai, ses forces commencèrent à décliner ; mais, quoique lui-même ne mangeât pas, il n'en faisait pas moins, chaque soir, les honneurs de sa table à ses officiers.

Le 9 juin pourtant il dut y renoncer et chargea son chef d'état-major

En avant !

de le remplacer : il se sentait très fatigué, disait-il, et allait se mettre au lit.

Le docteur accourut et le trouva très mal.

Le lendemain, néanmoins, comme il entrait dans la cabine de son illustre malade, croyant le trouver couché, il fut frappé de surprise en le voyant assis à sa table de travail ; mais ses doigts venaient de laisser échapper sa plume : la faiblesse physique l'avait emporté sur le courage moral. Il fallut deux hommes pour déshabiller l'amiral et pour le remettre au lit, d'où il ne devait plus sortir.

Le surlendemain, en effet, il s'éteignait doucement.

Ainsi, jusqu'au dernier moment, il avait fait son service avec une énergie surhumaine.

Personne ne voulut d'abord croire à la réalité de sa mort. Tous, soldats et marins, étaient navrés de douleur. Ils avaient la confiance la plus entière dans un chef en qui ils reconnaissaient un marin d'élite, et qui avait compris, dès son entrée dans la marine, les devoirs nouveaux que les progrès de la science imposaient à la jeune génération. Il avait été tour à tour mécanicien, canonnier, torpilleur, aussi bien que brave officier, et le jour où il fut élevé à un commandement supérieur il s'en trouva digne de tous points. Il avait su se faire adorer de tous, en dépit de son exigence, qui ne souffrait pas le moindre relâchement dans le travail ou dans la discipline, et de sa froideur, qui le rendait avare de compliments. Aussi quelle valeur avait un éloge ou un encouragement dans sa bouche! Il possédait au plus haut degré le don du commandement, et savait obtenir de ceux qu'il avait sous ses ordres tout ce qu'ils étaient capables de donner.

L'amiral Courbet et son état-major.

En revanche, il était ménager de leur sang, et ne se lançait jamais dans une opération qui devait en faire couler sans l'avoir étudiée de manière à ce qu'il y en eût le moins possible de répandu.

Puis, l'affaire terminée, il allait voir les blessés, les encourager, les réconforter.

« Je subissais, moi aussi, le prestige de cet amiral, disait un de ses officiers qui a fait le récit de sa mort, et, comme tant d'autres ignorés, je l'aurais suivi n'importe où, avec un dévouement absolu. »

Aussitôt que l'état de l'amiral avait été annoncé par le docteur, un canot s'était détaché du *Bayard* et avait été porter la funèbre nouvelle à tous les bâtiments de l'escadre.

Elle s'y répandit comme une traînée de poudre, et produisit sur tous un abattement extraordinaire.

On ne pouvait y croire, tant Courbet avait su dissimuler à son entourage son état de faiblesse et de maladie.

Quand tout fut fini, les matelots de la flotte sollicitèrent la faveur de contempler une dernière fois les traits de leur chef bien-aimé.

Cette triste satisfaction leur fut accordée.

En défilant devant le corps de l'amiral, embaumé et couché dans sa bière, tous ces pauvres gens pleuraient à la pensée qu'il ne les mènerait plus à la victoire.

Une chapelle formée de pavillons d'amiral (tricolores à étoile blanche)

Grand'garde d'infanterie de marine.

fut dressée sur la dunette, et on y déposa les restes de l'illustre marin.

Le service funèbre fut alors célébré au milieu d'une assistance en pleurs qui se pressait sur le pont du *Bayard*, sur la terre française représentée par le vaisseau amiral.

Puis les canons tonnèrent pour le dernier et suprême salut ; ensuite l'amiral Lespès adressa à son vieux camarade quelques paroles d'adieu, que l'émotion l'empêchait d'articuler, et ce fut fini.

Le surlendemain, un service funèbre fut célébré à Shang-Haï. Tous ceux de nos compatriotes qui se trouvaient dans cette ville, toutes les notabilités étrangères, et même une grande quantité de Chinois, y assistèrent, s'empressant de rendre un dernier hommage au brave marin.

Voici dans quels termes cette funèbre nouvelle fut annoncée à la Chambre des députés par le ministre de la marine.

« Messieurs,

« C'est avec une profonde et patriotique douleur que je monte à cette tribune, où je viens vous annoncer un grand deuil ; l'amiral Courbet est mort, au moment où la paix signée marquait le terme de sa tâche, au moment où les incessantes fatigues de sa mémorable campagne allaient avoir leur fin.

Débarquement de troupes.

« Courbet, vaincu par la maladie, a rendu le dernier soupir le 11 juin à Mâkung (îles Pescadores), à bord du cuirassé *le Bayard,* qui portait son pavillon de commandement.

« C'est une grande perte, Messieurs, que vient de faire la France. Les états de service du vaillant amiral en donnent la preuve irrécusable ; mais ce qui justifie plus encore ce sentiment, c'est ce cri de douleur qui s'élève de l'escadre de l'extrême Orient et dont l'écho retentit dans toute la marine.

« L'armée, que nous sommes habitués à voir en toute occasion auprès de nous, partagera notre tristesse, j'en suis sûr, avec les sentiments de son inaltérable confraternité d'armes, et le pays voudra s'y associer par l'organe de ses représentants, en rendant ici, au nom du gouvernement, un hommage public de reconnaissance à l'amiral Courbet.

« J'ai confiance en votre unanime sympathie ; la marine vous en sera reconnaissante.

« Le chef aimé qu'elle vient de perdre est mort à la tête de son escadre, ayant d'avance sacrifié sa santé et sa vie, mort à l'heure du succès, après avoir supporté toute la peine, mort à bord de son *Bayard,* sur le lieu même de son dernier fait d'armes, mort enfin en soldat, sans peur et sans reproche.

« Au moment où le ministère de la marine met son pavillon en berne, je vous demande, Messieurs, de vouloir bien lever la séance en signe de deuil ».

Le lendemain, une communication analogue était faite au Sénat.

Le corps de l'amiral fut ramené en France sur le *Bayard,* aux frais de l'État, qui lui préparait les funérailles qu'elle réserve à ses plus glorieux enfants.

Elles furent d'abord célébrées à Hyères, puis à Toulon, puis à Paris, à l'hôtel des Invalides, enfin à Abbeville, sa ville natale.

CHAPITRE LX

LE GÉNÉRAL DE COURCY

Le traité de paix était définitivement signé.

Ce traité devait mettre fin aux hostilités et établir entre la France et la Chine des relations de commerce et de bon voisinage. L'empereur de Chine s'engageait à retirer immédiatement ses troupes et ses garnisons du Tonkin, et à admettre le libre trafic des marchandises entre l'Annam et la France d'une part, la Chine de l'autre.

Le Céleste Empire s'engageait en outre à respecter, dans le présent et dans l'avenir, les traités directement intervenus ou à intervenir entre la France et la cour de Hué, autrement dit à ne pas s'occuper de nos affaires de ce côté-là, et à nous laisser les arranger comme nous le jugerions convenable.

A l'avenir donc, les Français et les étrangers résidant au Tonkin sous la protection de la France pourraient franchir librement la frontière qui séparait les deux pays, en ayant soin toutefois de se munir de passeports, comme cela du reste se faisait il n'y a pas encore bien longtemps en France, et comme cela se pratique encore dans certains pays de l'Europe.

Si vous ne savez pas ce que c'était qu'un passeport, je vous dirai que c'était un permis délivré par l'autorité, pour « passer » en des lieux où on n'aurait pu le faire sans cela, et garantissant la liberté et la sûreté du voyageur.

Outre la désignation des noms, âge, profession, lieu de naissance et de résidence de celui à qui il appartenait, de l'objet de son voyage, le passeport renfermait encore une description de sa personne ; c'était une sorte de portrait écrit. Le plus souvent, par exemple, on n'y lisait que des désignations comme celles-ci : Front moyen, bouche moyenne, menton rond, qui pouvaient s'appliquer à une multitude de personnes et ne fournissaient que des indications assez vagues.

On était obligé d'aller faire viser son passeport par un magistrat ou un fonctionnaire dans les villes où on voulait s'arrêter, ce qui, vous pensez bien, entravait singulièrement les voyages ; aussi l'usage en a-t-il été aboli depuis qu'avec les chemins de fer les déplacements se sont multipliés ; mais dans un pays comme le Tonkin, où on ne sait pas toujours à qui on a affaire, l'emploi du passeport peut avoir son utilité.

La paix était signée avec la Chine ; cela ne voulait pas dire que nous fussions paisibles possesseurs du Tonkin, car les Annamites et les Pavillons-Noirs étaient encore maîtres de plusieurs forteresses. Il n'eût tenu qu'à nous pourtant de nous arranger avec leur chef Luh-Vinh-Phuoc, qui, voyant perdue la situation lucrative qu'il s'était créée dans le pays offrit ses services à la France. Le gouvernement déclina la proposition : il ne lui convenait pas de faire marché avec des brigands qui, du reste, un jour auraient pu se retourner contre nous.

Le nouveau commandant en chef allait avoir encore fort à faire. C'était le cinquième depuis le commencement de l'expédition du Tonkin.

Nous avions eu successivement avant le général de Courcy : le général Bouet, l'amiral Courbet, le général Millot, le général Brière de l'Isle.

Le général de Courcy arriva au Tonkin à la fin du mois de mai, et le général Brière de l'Isle s'empressa, comme c'était son devoir, de venir remettre ses pouvoirs entre ses mains.

Un des premiers décrets rendus par le nouveau commandant n'était pas fait pour lui concilier les cœurs de certains industriels, qui constituent une partie trop nombreuse, hélas ! de la population.

Je veux parler des marchands qui, sous les noms de vins et de liqueurs, débitent des liquides qui sont de véritables poisons.

Le décret rendu par le général contenait ce qui suit :

« Conformément aux ordres du ministre de la guerre,

« Attendu que l'absinthe introduite au Tonkin et dans l'Annam, généralement falsifiée, peut être tenue pour l'une des principales causes de maladie et de mortalité dans le corps du Tonkin ;

« Article premier. La vente de l'absinthe est interdite, à dater de ce jour, dans les cafés, cabarets et débits de boissons. »

En effet, il y avait de nombreux malades dans notre colonie, principalement dans le corps expéditionnaire ; le choléra, la fièvre typhoïde, y exerçaient leurs ravages, et nos pauvres soldats mouraient maintenant à l'hôpital, comme ils mouraient quelques mois auparavant sur les champs de bataille.

Clairon d'infanterie de marine.

La mesure prise par le général était donc des plus sages : car si l'abus ou même simplement l'usage des liqueurs est d'un effet déplorable sur la santé, cet effet est doublé en temps d'épidémie et quand ces liqueurs sont de mauvaise qualité.

En outre, le général distribua les garnisons dans les forts, de manière à éviter les trop grandes agglomérations, qui sont aussi fort nuisibles, et il ne fit faire de marches qu'aux heures les plus fraîches de la journée, de manière à ne pas trop fatiguer les troupes.

C'est que, nous devons bien le dire, le climat du Tonkin n'est pas des plus sains, et il est à craindre que pendant longtemps il n'en soit de même.

Des rivières, des canaux, entretiennent dans le pays une humidité constante, qui, à la longue, finit par altérer la santé. Je sais bien qu'ils présentent un avantage : ils fourmillent de poissons, et sans sortir de chez soi on peut se procurer une friture pour son déjeuner ou pour son dîner. Le dicton : « Eau trouble, pêche claire, » est tout à fait en situation ici ; mais ce n'est pas une compensation suffisante !...

Cette extrême humidité du climat explique, dans une certaine mesure, la dégoûtante habitude de « chiquer » (il faut bien employer le mot pour parler de la chose) pratiquée par tous les habitants. On prétend que le bétel et la noix d'arec ont des propriétés particulières pour combattre les indispositions engendrées par cette abondance d'eau, et je vous ai déjà expliqué la manière dont les Annamites et les Tonkinois préparent ces matières pour l'usage auquel ils les destinent. Tout le monde mâche le bétel, même les femmes. La coquetterie au moins devrait le leur interdire. Point. Vous entrez dans une boutique ; la marchande, — ce sont ordinairement des femmes qui vendent —, la marchande « chique », et c'est avec une bouche qui semble pleine d'encre qu'elle vous répond. Se présente-t-il un client, elle se fait apporter une corbeille contenant les ingrédients, et on « chique » tout en discutant le mérite et le prix de la marchandise.

CHAPITRE LXI

LE GUET-APENS DE HUÉ

La mission du général de Courcy était de pacifier le Tonkin en le débarrassant des pirates et des bandes pillardes qui ne cessaient de s'y répandre, brûlant les villages, emmenant les femmes, les enfants et les notables, pour vendre les uns, et pour faire des autres des otages, commettant enfin toutes les déprédations et toutes les atrocités qui leur étaient habituelles.

On leur faisait une chasse assidue; on en prenait et on en exécutait presque journellement; mais on ne pouvait conduire une grande expédition contre eux, à cause de la saison et des maladies qui décimaient nos troupes, si bien qu'on n'avançait pas vite dans le but de pacification qu'on poursuivait.

Cependant le général de Courcy ne perdait pas son temps; il mit à l'étude des travaux importants à exécuter quand la saison le permettrait. En attendant, il fit construire des baraquements pour les troupes et préparer la construction d'un parc d'artillerie.

Il installa à Hanoï un comité destiné à servir les intérêts de l'agriculture, du commerce et de l'industrie.

Puis, la chaleur n'interdisant pas les grandes entreprises et les grands travaux, il en profita pour se rendre à Hué, près de l'empereur d'Annam, pour lui présenter les lettres qui l'accréditaient comme représentant de la République française.

Depuis un des derniers traités conclus avec ce souverain, nous avions obtenu une concession à Hué, et une visite à cette concession était un des motifs du voyage du général.

Il s'y rendit donc à la fin du mois de juin, avec une nombreuse escorte, qui, avec les soldats déjà réunis dans cette ville, formait une troupe de treize cent quatre-vingt-sept soldats de différentes armes et trente et un officiers. Le général disposait aussi de dix-sept pièces d'artillerie et d'une canonnière, la *Javeline,* qui l'avait amené. Il s'établit au palais de la Légation, situé à quelque distance de la citadelle.

Porte de la Douane à Haï-Phong.

La citadelle de Hué, dont nous avons déjà parlé, est immense, ou pour mieux dire forme comme une ville fortifiée dans l'autre.

L'enceinte qui l'environne est percée de quatre portes, et renferme encore, outre la forteresse, le palais du roi, des casernes, des pagodes, des bâtisses de toutes sortes, des jardins, des puits, ainsi que des allées plantées de grands arbres et de bambous.

On y trouve aussi des magasins pour les munitions et les approvisionnements de toutes sortes. Une population de douze mille habitants

Prise de la citadelle.

environ vit dans de petites maisons auxquelles attiennent des jardinets qu'ils cultivent.

Une faible partie de cet emplacement a été cédée à la France; c'est ce qu'on appelle la *Concession.*

Le palais du roi est lui-même une citadelle dans la citadelle ; il se compose d'une masse de bâtiments servant au logement du roi et à celui des personnes de sa famille. C'est là que se trouvent aussi les locaux affectés au service public, à l'administration, à la demeure des ministres, des régents, des fonctionnaires, des serviteurs et de tout ce qui compose la cour.

Le général de Courcy, désirant faire une entrée solennelle à Hué, en fit prévenir, le 1er juillet, M. de Champeaux, notre représentant dans cette ville. M. de Champeaux alors commença à s'occuper, avec les régents du royaume, de régler tous les détails de la réception : car dans l'Annam le cérémonial est chose grave.

Lorsque des mandarins se présentent devant l'empereur pour une audience ordinaire, ils portent une longue robe de soie bleue, un pantalon de soie rouge et un turban noir. Ils doivent s'agenouiller à vingt pas du trône, la tête baissée, et tenant devant eux une plaque d'ivoire qui leur dérobe la vue du souverain, sur le visage duquel ils ne doivent pas se permettre de lever les yeux. Quand ils ont à lui parler, ils s'avancent, toujours à genoux, et lui adressent la parole sans le regarder. Les jours d'audience solennelle, leur tenue est beaucoup plus brillante : ils portent une robe brodée, et leur coiffure consiste en un casque en forme de dragon, garni d'or et d'argent.

Le roi d'Annam fait trois repas par jour : à son déjeuner et à son dîner on lui sert cinquante mets ; l'histoire ne dit pas s'il est obligé de goûter à tous. Il a sa ration de riz pesée d'avance : ainsi, il n'y a pas de danger qu'il se laisse aller à la gourmandise plus un jour que l'autre. Il est vrai qu'avec cinquante plats on peut s'y laisser aller tous les jours.

Il se sert pour manger de baguettes de bambou, à la mode chinoise ; ces baguettes sont changées à chaque repas. La matière dont elles sont faites n'étant pas précieuse, on peut se permettre ce luxe.

Quand le roi est malade et qu'une médecine lui est prescrite, il faut que le médecin y goûte avant lui : une précaution contre l'empoisonnement que n'aurait jamais songé à prendre Alexandre le Grand.

Le roi se lève à cinq heures du matin et se couche à huit.

Il ne se montre le visage découvert à ses sujets qu'une fois par an, et sort alors de son palais, monté sur un éléphant, avec une longue suite de chevaux richement caparaçonnés.

Cinquante hommes doivent pourvoir de gibier la table du roi ; cinquante sont chargés du service du thé, et tous les autres domestiques sont dans les mêmes proportions. Les porteurs de palanquin, de parasols, les joueurs d'instruments, les acteurs, forment aussi des troupes innombrables, ce qui explique que les dimensions du palais du roi soient immenses. Il faut, tant bien que mal, loger tout ce monde-là.

Le cérémonial arrêté pour la réception du représentant de la France décidait qu'une escorte irait le recevoir à son débarquement; mais cette garde d'honneur ne fut pas acceptée, ce qui sans doute fut heureux, comme vous pourrez le voir par la suite.

Le 2 juillet, le général de Courcy débarquait à Hué, salué par le canon des forts; la réception devait avoir lieu quelques jours plus tard.

Le 3, M. de Champeaux fut avisé qu'on faisait des préparatifs considérables dans la citadelle, mais ni lui ni le général ne jugèrent à propos de

Son-Tay. — Entrée dans la citadelle.

s'en inquiéter. Le général, pour sa part, avait les Annamites en si profond mépris, qu'il ne lui serait pas venu à l'esprit de croire qu'il pouvait craindre quelque chose d'eux.

Un enfant de treize ans, du nom de Hong-Lich, était alors roi d'Annam.

Deux tuteurs, Thuyet et Thuong, portaient le fardeau des affaires; tous deux étaient ennemis des Français.

Après bien des pourparlers au sujet de l'audience demandée, les régents se décidèrent à accorder au représentant de la France la faveur d'entrer par la grande porte du palais, faveur qui n'avait jamais été accordée à personne.

Mais sa suite ne devait être admise que par la petite porte.

Cet arrangement fut loin de satisfaire le général, et il déclara que non seulement lui passerait par la grande porte, mais encore sa suite, ses officiers et ses soldats. Il n'ajouta pas qu'il y passerait de gré ou de force, mais c'est bien ainsi néanmoins que le comprirent les négociateurs.

Toute la journée du 4 juillet se passa en pourparlers. Ce même jour, le général recevait au palais de la Légation les officiers de la garnison.

Vers onze heures du soir, ceux-ci regagnaient leurs cantonnements, les uns à la Concession, c'est-à-dire à l'intérieur de la citadelle, les autres dans les casernes avoisinant la Légation, c'est-à-dire en dehors. Tout était calme.

A une heure du matin, les soldats sont réveillés par un coup de canon tiré de la forteresse.

Tout le monde est sur pied en un instant: des bandes d'Annamites, poussant des cris épouvantables, nus pour la plupart et armés d'engins incendiaires, se ruent sur les sentinelles qui veillent autour de la Légation, les bousculent et lancent des fusées sur les paillottes où dorment les soldats; bientôt ces paillottes forment un cercle de feu. Les hommes se lèvent en toute hâte, prennent leurs fusils, et, après un moment d'effarement bien naturel, se groupent autour de leurs officiers. L'attaque est repoussée après un combat acharné.

Pendant ce temps, la même chose se passait à la Concession; elle était attaquée par une troupe considérable d'Annamites, pendant que les canons de la forteresse bombardaient le quartier qui nous appartenait.

Depuis quelques mois que nous occupions la Concession, ces canons avaient été démontés; mais pendant cette même nuit les Annamites en avaient rétabli plusieurs, avec lesquels ils nous mitraillaient à bout portant.

Néanmoins les zouaves et l'infanterie de marine parvinrent à pénétrer dans la citadelle et de là dans le palais du roi, que toute la famille royale et leur suite avaient abandonné. Ce palais renfermait des richesses artistiques incalculables, et en outre des sommes considérables en barres d'or et d'argent. On appelle *barres* la monnaie du pays.

Toutes ces richesses tombèrent entre nos mains, ainsi que deux mille pièces de canon.

CHAPITRE LXII

UN NOUVEAU ROI

Le régent Thuyet avait emmené le petit roi dans les montagnes; mais l'autre régent, Thuong, était resté à Hué, enfermé dans son palais. Il s'empressa, aussitôt qu'il vit la manière dont tournaient les affaires, de faire sa soumission.

Le général l'accueillit avec empressement, car il avait besoin de lui. Il comptait employer son influence ainsi que son nom, connu et respecté dans l'Annam, à la pacification du pays. Ce nom devait donner du poids aux décrets et aux proclamations au bas desquelles il serait apposé, et que le général comptait adresser au peuple.

La première de ces proclamations, où se virent accolés les deux noms du général français et de Thuong, avait pour but de rassurer les habitants de Hué qui avaient quitté la ville, et de les inviter à rentrer dans leurs demeures, sous la protection du gouvernement français.

La deuxième invitait les partisans de Thuyet à se soumettre dans un délai donné.

Une autre licenciait l'armée annamite.

Mais ce dernier décret était plus facile à rendre qu'à faire exécuter. L'armée annamite s'était dispersée dans tout l'Annam, puis s'était réunie à Thuyet, qui s'efforçait de soulever le pays et de faire reconnaître le petit roi Hong-Lieh. L'ex-régent, en outre, s'était allié avec les Pavillons-Noirs et les Muongs, qui ne cessaient de désoler certaines provinces du Tonkin.

Il excitait principalement ses partisans contre les chrétiens, qui, disait-il, étaient alliés aux Français. Poussées par lui, des bandes d'assassins se ruèrent dans les villages habités par ces malheureux, les pillèrent, y mirent le feu et égorgèrent leurs habitants, qui périrent par milliers.

A Hué, la tranquillité commençait à renaître ; la reine grand'mère, veuve de Tu-Duc, et les princes de la famille royale y étaient rentrés. Ils avaient fait leur soumission, et l'un des premiers parmi eux, Thu-Xuan, vieillard de soixante-seize ans qui ne nous était pas hostile, avait consenti — avec le plus vif empressement, on doit le dire — à prendre le titre de régent.

Peu à peu notre autorité s'établissait dans le pays ; le général s'était emparé de l'importante citadelle de Dong-Heui, qui commande la route d'Hanoï à Hué, et d'autres forteresses s'étaient rendues sans coup férir.

Mais le petit roi, toujours gardé par Thuyet, ne reparaissant pas, le général résolut de pourvoir à son remplacement.

Il ne pouvait consulter à ce sujet Thuong, car il venait d'acquérir la preuve que l'ex-régent trahissait la France. Il le fit arrêter et conduire à Poulo-Condor, et de là à Taïti.

Il eut recours, pour la forme, à l'avis de la famille royale. Le général voulait mettre sur le trône d'Annam non un roi enfant, ce qui entraînerait une régence, mais un roi majeur, qui saurait qu'il devait sa position à la France, et qui, sans doute, nous resterait attaché.

Il réunit tous les princes annamites, dont le choix, peut-être bien guidé par le général, tomba sur un jeune homme de vingt-trois ans, à la figure sympathique et intelligente, fils adoptif de Tu-Duc. Il s'appelait Chanh-Mong, mais, selon l'usage, il devait changer de nom en montant sur le trône.

La veuve de Tu-Duc, qu'on appelait la grande reine-mère, adressa à cette occasion une proclamation au peuple, dans laquelle, après avoir exhalé l'indignation que lui avait causée, disait-elle, l'enlèvement du petit roi par Thuyet, elle ajoutait :

« Heureusement la France, voulant la paix, a dit que l'empereur d'Annam gouvernera comme par le passé, et que le gourvernement se reconstituera. Combien la France est généreuse envers nous ! Je me plais à le publier, afin qu'à l'intérieur de l'empire et dans les royaumes extérieurs, tout le monde le sache.

« Le gouvernement français vient d'envoyer un télégramme disant qu'il veut qu'il y ait un roi qui gouverne pour que la citadelle royale lui soit rendue. Moi, vieille femme, j'ai fait cette réflexion : si l'on n'agit pas selon les circonstances, les neuf autels des ancêtres des rois resteront déserts, les populations de l'Annam et du Tonkin ne sauront sur qui s'appuyer, car elles sont agitées depuis plus de quatre mois.

« Du reste, le grand trône ne doit pas rester plus longtemps inoccupé.

Entrée de la citadelle.

Il ne faut pas s'opposer aux bonnes intentions des hommes qui nous ont donné ce qui a été perdu, et qui ont rétabli ce qui a été rompu (ces hommes, ce sont les Français). Dans ce moment, si l'on s'oppose aux intentions de la majorité des gens du peuple, on causera du tort aux grandes affaires du gouvernement.

« Il a été écrit qu'il faut regarder le peuple et le pays comme dignes de toute sollicitude.

« Le général en chef résident général de Courcy, le chargé d'affaires de France de Champeaux, le chargé d'affaires du gouvernement provisoire prince de Thu-Xuan, etc., etc. (suivent beaucoup d'autres noms), nous demandent de couronner comme empereur Ung-Dau, duc de Kien-Gian. Moi-même j'en suis très satisfaite. C'est pourquoi j'ai choisi le 6 de ce mois (14 septembre 1885) pour l'accompagner dans la citadelle royale ; le 11 (19 septembre) aura lieu la cérémonie du couronnement. »

Et plus loin :

« Un royaume qui possède un souverain déjà parvenu à un certain âge possède le principal élément de son bonheur ; ainsi de nous, d'abord parce qu'il a été satisfait aux volontés des rois défunts, puis parce que nous contentons le vœu des populations. Le royaume a désormais son point d'appui, et moi, vieille femme, je pourrai revoir la magnificence des jours passés.

Sur le qui-vive.

« Il n'y a pas de bonheur plus grand. J'adresse cette proclamation aux mandarins et au peuple, qui sont invités à en prendre connaissance pour se conformer à tout ce qu'elle renferme.

« Respectez ceci. »

En effet le roi fut élu, à la date prescrite, sous le nom de *Khan-Ky* ou *Dong-Kan,* qui signifie *bonheur extraordinaire.*

Aussitôt reconnu, le jeune prince se rendit à la Légation pour faire visite au général. C'était une chose qui ne s'était jamais vue qu'un roi annamite sortît de son palais pour aller voir un Européen.

Le général à son tour accompagna le prince à son palais, pour l'installer en qualité de roi ou d'empereur d'Annam, sous le protectorat de la France, et lui demanda s'il désirait une garde d'honneur française ou annamite.

« Française, » répondit sans hésiter le jeune prince.

Peu de jours après, ainsi que l'annonçait la proclamation de la reine grand'mère, avait lieu le couronnement.

C'est le général alors qui se rendit au palais. Le prince l'accueillit par une chaleureuse poignée de main, marque de familiarité qui scandalisa un peu les Annamites. Quelques instants après le canon saluait le nouveau roi.

Si nous avons raconté si longuement cette révolution, c'est qu'elle a avec l'histoire du Tonkin un rapport beaucoup plus étroit qu'il ne semble au premier abord. En effet, une fois l'ordre rétabli en Annam et un gouvernement protégé par nous y étant installé, nous étions maîtres d'agir au Tonkin comme nous l'entendions, sans voir tous nos efforts pour la pacification entravés par les sourds agissements d'une puissance voisine et hostile.

Peu après le général quittait Hué, après avoir pris toutes les mesures capables d'assurer le bon fonctionnement d'un nouveau gouvernement laissant des troupes suffisantes pour faire respecter notre pavillon, et pour conseiller le jeune roi, M. de Champeaux, qui connaissait bien le pays, où il résidait depuis longtemps.

CHAPITRE LXIII

LA PACIFICATION DU TONKIN

Pendant que ces événements se passaient dans l'Annam, la situation au Tonkin ne s'était pas beaucoup améliorée. Les bandes de pirates et de Pavillons-Noirs, auxquelles s'étaient joints des Muongs et des irréguliers chinois très bien armés, continuaient à dévaster le pays, faisant des descentes le long du Fleuve Rouge, pillant et rançonnant les habitants. Ils avaient même brûlé des villages du côté de Hong-Hoa, et il fallait faire escorter par de forts détachements les jonques qui remontaient la rivière pour aller ravitailler les garnisons que nous tenions dans le haut du pays.

Une partie des bandes d'Annamites envoyées par Thuyet, qui avait eu soin, en s'enfuyant de Hué, d'emporter la moitié du trésor royal, étaient venues se joindre à ces brigands, et l'ex-régent même, de par une autorité qu'il n'avait jamais possédée, mais qu'il s'arrogeait et que ses partisans lui reconnaissaient, avait installé des mandarins comme gouverneurs dans les villes du Tonkin où nous n'avions pas de garnison.

Ces hommes étaient bien armés, plusieurs possédaient des fusils à tir rapide, et ils faisaient grand usage de fusées incendiaires pour mettre le feu aux toits, qui, pour la plupart couverts en paillotte, brûlaient comme des allumettes.

Ils étaient devenus si hardis, que leur ancien chef (on se rappelle qu'il nous avait offert ses services et qu'ils avaient été repoussés) eut l'audace et l'insolence de lancer cette proclamation :

« Moi, Luh-Vinh-Phuoc, chef des Pavillons-Noirs invincibles, j'ai fait la présente proclamation pour que vous sachiez, Français, que vous serez traités comme des rebelles pour lesquels notre nation n'aura aucune considération.

« Depuis que vous avez mis le pied sur la terre d'Annam, vous vous êtes conduits comme des fauves ; vous avez volé nos citadelles, vous avez tué nos mandarins, vous vous êtes emparés de nos douanes, et vous avez massacré sans pitié les défenseurs de nos institutions. Il vous serait plus facile de compter le nombre de cheveux que vous avez sur la tête que le nombre des forfaits que vous avez commis.

Hanoï. — La Concession française.

« Vous méritez la mort, et votre Ciel ne vous pardonnera jamais.

« J'ai reçu l'ordre de vous exterminer. Je reste dans Phong, mes drapeaux et mes lances obscurcissent la lumière du soleil, et mes sabres sont aussi nombreux que les arbres de nos forêts.

« Je ne vous livrerai pas bataille à Hanoï, parce que je ne veux pas la ruine de ses habitants.

« Voleurs, envoyez vos soldats à Phong pour se mesurer avec mes terribles guerriers, ou, si vous voulez en finir, apportez-moi, soldats français, la tête de votre commandant en chef, celle de votre consul et de vos officiers, et je vous ferai rentrer dans votre terre d'Europe.

« Rendez-nous nos citadelles, et je vous pardonnerai.

« Si vous tardez à accepter mes offres, je vous exterminerai sans pitié, pour effacer le souvenir de vos crimes.

« La mort est proche. Réfléchissez.

« Luh-Vinh-Phuoc. »

Exécution de pirates.

Ce manifeste, dans lequel éclatent l'enflure, la jactance, l'orgueil et la suffisance orientales, n'eut, paraît-il, pas d'effet sur ceux à qui il s'adressait, car presque chaque jour, en attendant une action décisive, des escarmouches s'engageaient avec les Pavillons-Noirs, qui étaient toujours repoussés.

De même nous faisions sans cesse des battues tout le long du Fleuve Rouge, pour chasser les pirates qui revenaient sans cesse à la charge.

Haï-Dzuong avait failli tomber entre leurs mains. Caï-Kin, un autre chef de bande marchant sur les traces de Luh-Vinh-Phuoc, avait assailli la citadelle avec des forces nombreuses. Il fut repoussé; mais on ne voulut pas le poursuivre : tant que duraient les chaleurs, on ne pouvait mettre les soldats en campagne sans qu'ils fussent décimés par les maladies et les insolations.

Mais avec la saison fraîche il fut possible de reprendre les opérations.

C'est ainsi qu'on s'empara du camp retranché de Than-Moï, que les rebelles avaient établi sur la péninsule formée par le Fleuve Rouge et la Rivière Claire. Elle était protégée par six forts et quatre villages fortifiés ; le tout hérissé de travaux considérables.

Voici la manière dont le général de Courcy rendit compte de cette opération.

« Than-Moï, 25 octobre 1885.

« Les trois colonnes du général Jamont entrent à Than-Moï après trois jours d'opérations.

« La résistance, vigoureuse le premier jour, au passage du Fleuve Rouge en amont de Hong-Hoa, et vaincue avec un grand succès par la colonne Mourlan, a molli ensuite chaque nuit.

« Les rebelles ont cherché à se frayer un passage, laissant beaucoup de cadavres sur le terrain.

« Than-Moï, entouré de six forts, était lui-même formidablement retranché. Trois chefs commandant les Pavillons-Noirs ont été tués.

« Nous n'avons perdu que huit hommes, grâce à un grand déploiement de forces et aux mesures fort habiles et fort sages prises par le général Jamont. En outre, cinq sont grièvement blessés.

« De nombreux rebelles, cachés dans les hautes et épaisses broussailles, sont ramassés par nos troupes. Nous avons trouvé de grands approvisionnements en vivres et en munitions.

« Grand résultat au point de vue de la pacification : Than-Moï, un des derniers et des plus sérieux centres de résistance, ayant été fortement organisé pendant la période des chaleurs.

« Je quitte Than-Moï et vais à la colonne Négrier, qui poursuit les pirates dans la portion du territoire comprise entre le canal des Bambous et le canal des Rapides.

« De Courcy. »

Quelque temps après, on s'empara d'un des principaux lieutenants de Luh-Vinh-Phuoc, qu'on appelait Nhu. C'est lui qui en décembre 1883 défendait le fort de Phu-Sa, et qui fit décapiter tous ceux de nos malheureux soldats qui tombèrent entre ses mains. Il avait été placé là par les Chinois.

Il fut décapité, et son exécution eut lieu avec une certaine solennité. Elle produisit un grand effet. Les Annamites virent que nous étions déci-

Officier décapité.

dés à employer, pour vaincre les rebelles, les moyens violents, les seuls qu'ils soient capables d'apprécier.

Vers la même époque, le chef d'une des bandes de rebelles les plus nombreuses, qui tenait le pays entre Bac-Ninh et Kep, fit aussi sa soumission, ou pour mieux dire il fit savoir au général en chef qu'il n'était pas venu dans le Tonkin en ennemi, mais simplement pour exploiter des mines. C'était une singulière manière de se présenter pour un paisible industriel.

Le général lui fit répondre que s'il en était ainsi il fallait qu'il commençât par déposer les armes, ce à quoi le brigand converti se décida.

Quant aux pirates, ils continuaient toujours leurs déprédations. Le général envoya deux canonnières pour les déloger de Cat-Ba, sur la baie d'Along, qui leur servait de repaire.

Ces pirates étaient en force ; néanmoins ils furent contraints, après une vigoureuse résistance, d'abandonner leurs positions ; mais jugeant qu'il serait dangereux, vu le peu de forces qu'on avait à sa disposition, de les poursuivre dans la montagne, on se contenta de détruire leurs fortifications et d'enlever les sampans et les armes.

D'un autre côté, les opérations du général de Négrier dans ce qu'on appelle les *Montagnes de marbre* étaient terminées ; des cavernes défendues par les rebelles avaient été prises. Dans l'une d'elles, cent pirates avaient été tués, et une grande quantité d'armes et de munitions capturées.

La pacification de la région comprise entre le canal des Rapides et le canal des Bambous était terminée par cette opération.

Du canal des Bambous à la mer, le général Munier, aidé par une partie de la flottille, avait poursuivi la répression des désordres causés par les pirates ; deux villages retranchés avaient été enlevés, et sept jonques de guerre coulées.

Et de même sur tous les points.

Ainsi l'œuvre de paix s'accomplissait peu à peu ; tous les jours de nouvelles bandes étaient vaincues ou faisaient leur soumission, de nouveaux brigands étaient exécutés.

De plus, nous étions débarrassés de Luh-Vinh-Phuoc, appelé à Canton, avec les cinq mille hommes qu'il commandait encore, pour répondre aux autorités chinoises, qui se plaignaient des déprédations que ces hommes exerçaient sur la frontière.

CHAPITRE LXIV

PAUL BERT AU TONKIN

La pacification complète du Tonkin étant en bonne voie, ainsi que celle de l'Annam, le gouvernement pensa qu'il était temps de remplacer le commandement militaire, qui jusque-là avait régi ces deux pays, par un commandement civil qui exercerait sur les deux provinces le protectorat français.

A l'avenir, un fonctionnaire ayant le titre de *résident général* concentrerait toute l'administration.

Le choix se porta sur M. Paul Bert, dont on connaissait le talent et la volonté.

Le général de Courcy fut donc rappelé, ainsi que le général de Négrier.

Le commandement militaire des forces laissées au Tonkin pour faire respecter notre pavillon et pour garder nos forteresses, fut remis entre les mains du général Warnet.

C'était un excellent officier, qui remporta bientôt un avantage signalé sur les Pavillons-Noirs; il leur enleva Lao-Kaï, poste important situé dans le haut Tonkin, clef du commerce avec la Chine, que les rebelles tenaient encore.

Les jonques purent ainsi remonter le Fleuve Rouge jusqu'au Yunnan sans être arrêtées au passage.

Le général Warnet s'empara aussi de Lang-Son, et il faut espérer que cette fois c'est pour de bon.

Le résident général, M. Paul Bert, partit de Marseille le 14 février

1886; il s'arrêta à Saïgon, d'où il alla faire une visite à Norodom, roi de Cambodge, et n'arriva à Hanoï que le 8 avril.

Voici les proclamations qu'il fit afficher aussitôt :

« *Aux Français de l'Annam et du Tonkin.*

« Chargé par le gouvernement de la République française de l'organisation de son protectorat sur l'Annam et le Tonkin, je fais appel à votre concours pour l'accomplissement de cette œuvre de paix.

« Les vertus guerrières de nos soldats ont ouvert à notre commerce et à notre industrie un magnifique champ d'action; c'est à vous qu'il appartient de l'exploiter, pour le plus grand bien de la France et de l'Annam, dont les intérêts sont maintenant intimement et indissolublement unis.

« La bienveillance du gouvernement royal et l'appui de mon administration sont acquis à vos entreprises.

« Je tiens à honneur non seulement de vous assurer la sécurité due à tous, mais de vous aider par tous les moyens qu'autorisent la justice et les traités.

« A vous de faire, en vous aidant vous-mêmes, que tant de sacrifices faits à la patrie portent enfin leurs fruits, et que la France récolte la moisson qu'elle a fécondée de son or et de son sang. »

« Officiers, sous-officiers et soldats,

« Je vous apporte le salut affecteux et reconnaissant de la patrie. Elle a souffert et triomphé avec vous. Votre constance et votre courage, que n'ont pu ébranler, à quatre mille lieues du sol sacré, ni les fatigues, ni les combats, ni les maladies, l'ont émue et enorgueillie. Elle a mis en vous sa confiance, car vous vous êtes montrés et elle sait que vous vous montrerez à la hauteur de tous les devoirs.

« Beaucoup d'entre vous vont revoir la terre maternelle. Ils y recevront l'accueil mérité par leurs vertus. Dans les villages de France comme dans les douars d'Algérie, on attend avec impatience et on saluera avec respect ceux qui ont affronté ensemble tant de périls et mêlé fraternellement leur sang sur les champs de bataille.

« Ce sang et celui des morts glorieux n'aura pas été versé en vain. Grâce à tant de sacrifices, la suprématie politique et morale de la France est définitivement établie sur cette terre si disputée. Les traités l'ont consacrée. Vous avez bravement et utilement travaillé pour la fortune et la grandeur de votre pays. Sur ce sol même, un peuple honnête et laborieux vous devra la richesse, qui suit la sécurité.

« Car vos efforts héroïques ont pacifié une fertile contrée. Cette paix, que votre présence assure, je l'emploierai à assurer l'œuvre de répara-

Hanoï. — Intérieur de la citadelle.

tion et d'organisation commencée par les chefs qui avaient su vous conduire à la victoire.

« Comme eux aussi, officiers, sous-officiers et soldats, je me montrerai jaloux de votre honneur et soucieux de votre bien-être. Ma tâche sera facilitée par l'officier général (le général Jamont) qui est chargé de me seconder et dont vous avez pu apprécier les éminentes qualités. Quant à moi, par ma sollicitude et mon dévouement pour vous, je veux me rendre digne de l'honneur que m'a fait le gouvernement de la République — honneur le plus grand que j'aie reçu dans ma vie — en me donnant le droit de vous parler au nom de la France et de vous dire que vous avez bien mérité d'elle. »

La troisième était adressée aux indigènes.

« *Le membre du Hann-Linn (Académie) de France, envoyé extraordinaire et résident général en Annam, aux populations tonkinoises.*

« Le gouvernement de la République française m'a choisi pour le représenter et être ici l'interprète de ses volontés.

« Depuis longtemps, dans mon pays, je me suis appliqué à connaître et à défendre les intérêts de ce peuple d'Annam, si laborieux et si intelligent.

« L'ardent désir qu'en toute occasion j'ai manifesté de le voir prospérer et jouir en paix du fruit de ses riches cultures, a été la cause déterminante de la mission que l'on m'a confiée et que j'ai acceptée avec bonheur, bien que j'aie dû pour la remplir abandonner provisoirement mon pays et d'importants travaux scientifiques et législatifs.

En vedette.

« Je viens chez vous avec la ferme intention d'examiner sur place la situation du pays et de m'enquérir de vos besoins.

« Des malentendus nous ont divisés ; nos relations ont été gravement troublées ; au lieu d'échanger paisiblement de la soie, nous avons brutalement échangé du plomb ; le sang a coulé, et nous avons senti que les sentiments d'estime dont nous étions réciproquement animés s'altéraient dans nos cœurs.

« J'ai scrupuleusement étudié les causes de ces divisions regrettables, et mon premier soin sera d'éviter de faire prendre à mon gouvernement les chemins difficiles et dangereux où d'autres se sont précédemment engagés.

« La France est un pays prospère et riche en ressources de toute nature. Si des Français, quittant leur famille, viennent se fixer sur votre territoire, il faut que vous sachiez que ce n'est nullement dans la pensée de s'emparer de vos terres ni de vos récoltes, mais au contraire avec l'intention d'augmenter la prospérité générale en donnant de la plus-value à vos domaines, en facilitant vos exploitations agricoles, déjà si habilement conduites, par la création de voies de communication aisées, par la mise en valeur des richesses que recèlent vos mines, et par la protection que nous accorderons à vos transactions commerciales avec les peuples étrangers.

En tirailleurs.

« Les Français ont pour cela des moyens que les Annamites ne possèdent point ; ils ont les capitaux, l'outillage et une grande connaissance des affaires ; ils sont vos frères aînés. De même que les Chinois autrefois ont amélioré votre état social en vous apportant leur civilisation, en vous initiant aux travaux de leurs législateurs, de leurs philosophes et de leurs littérateurs, de même les Français, qui viennent aujourd'hui chez vous, amélioreront votre situation agricole, industrielle et économique, et élèveront votre niveau intellectuel par l'instruction.

« Les Français n'ont pas davantage l'intention d'usurper les fonctions publiques. Elles seront confiées par mes soins aux plus dignes d'entre vous.

« Rien ne sera changé dans vos usages : vos traditions seront respectées ; vous continuerez à être soumis à vos mêmes lois et règlements, et je veillerai avec soin à ce que pas un Tonkinois ne fournisse indûment une journée de corvée ni ne paye indûment une sapèque d'impôt.

« Les cantons et les villages seront administrés comme autrefois ; votre système communal ne sera pas modifié ; vous choisirez vous-mêmes vos notables ; ils seront spécialement chargés de la répartition de l'impôt, et prendront, sous leur responsabilité, dans l'étendue de leur territoire

Clairon.

administratif, telles mesures de police qui leur paraîtront utiles pour la sauvegarde de vos biens et de vos personnes.

« Pour m'éclairer dans les graves questions d'intérêt général, je réunirai à Hanoï un conseil composé de délégués que vous élirez dans chaque province parmi vos notables.

« Ils me transmettront les vœux de la population, et m'éclaireront sur ses besoins. Je m'inspirerai de leurs conseils dans toutes les questions qui l'intéressent directement, comme celles de création ou d'entretien de voies de communication et d'exploitation des mines.

« Je les tiendrai au courant de mes actions et leur indiquerai les volontés de la France, qu'ils feront ensuite connaître aux habitants.

« Je ne puis vous donner une plus grande preuve de ma confiance et de ma sincérité. Les populations m'en sauront gré, et je compte sur leur concours dévoué pour faire prospérer à jamais, sous le protectorat définitivement établi de la France, ce pays du Tonkin, berceau de l'Annam, où tant de dynasties illustres se sont succédé. »

Si j'ai cité tout au long ces trois proclamations, c'est qu'elles donnent un aperçu général sur l'état de notre colonie, sur les intentions du gouvernement et sur les travaux que le résident général se promettait d'accomplir.

En effet, le premier soin de M. Paul Bert fut de faire ouvrir des routes, de fonder des écoles et de s'efforcer d'établir tous les services publics et de les faire fonctionner avec régularité.

« J'entends, dit-il encore, que mon administration représente ici la France *maternelle,* et je serai, pour emprunter une expression chinoise, un *frère aîné* pour tous les fils de la France qui réclameront de moi le concours bienveillant que j'ai mission de leur apporter. »

Hélas! cette mission, M. Paul Bert ne put l'accomplir entièrement. Il était à la tâche depuis quelques mois seulement, quand la mort le prit, l'enlevant à ses projets et ses travaux (novembre 1886).

Mais la situation de notre colonie asiatique n'est pas compromise pour cela, et les projets qu'il avait formés pour sa grandeur et sa prospérité, ses successeurs l'accompliront.

CHAPITRE LXV

LE RETOUR

Mais l'heure du départ a sonné. Les troupes sont rangées sur le rivage au bord duquel sont amarrés de grands sampans qui vont nous faire descendre le Song-Hoï jusqu'à Haï-Phong. Là nous trouverons le bâtiment qui doit nous ramener en France et n'a pu remonter le Fleuve Rouge.

L'embarquement se fait en bon ordre; chaque sampan porte le numéro de la compagnie qui doit l'occuper. On s'installe de son mieux pour ce voyage de quelques heures. et on regarde défiler des deux côtés du bateau les rives plates et verdoyantes, coupées de canaux innombrables. qui arrosent les rizières formant le Delta du Fleuve Rouge.

Nous voici à Haï-Phong. On y remarque quelques nouvelles constructions à l'européenne. Elle est très animée par le passage des troupes; les zouaves et les turcos qui vont continuer à y tenir garnison sont venus serrer la main aux camarades qui partent; on les charge de commissions pour ceux qu'ils vont retrouver, on échange des poignées de main et des souhaits de bonne santé: on fait des vœux pour se rencontrer de nouveau.

Nous sommes sur le vaisseau : les constructions d'Hanoï, surmontées de la citadelle au milieu de laquelle s'élève le mirador, où flotte le drapeau aux trois couleurs, se groupent sur les quais. La ville aussi a beaucoup gagné; de belles maisons bordent la plage et se mêlent aux toits relevés à la chinoise des pagodes.

Parviendra-t-on à tirer parti de cette conquête lointaine? Je ne sais; mais que de richesses renferme le pays qui disparaît à nos yeux, si on peut les arracher de ses entrailles : du fer, de l'argent, du cuivre, du kaolin, des marbres, de l'antimoine, etc.; puis, dans ses forêts, des bois superbes, le tek, le bambou; dans les plaines, du riz, du coton, du maïs.

Notre bâtiment file sur les eaux tranquilles de la baie, croisant une multitude de sampans et quelques jonques de toutes tailles. Les voiles de ces embarcations, formées de joncs tressés, ne ressemblent pas mal à des ailes de chauves-souris. Fidèles à la forme arquée aimée des Chinois, elles se creusent au milieu pour se relever aux deux extrémités.

Réembarquement.

Nous traversons la baie d'Along, qui présente un des spectacles les plus extraordinaires. Figurez-vous, disséminés dans toutes les parties de la baie, un assemblage de rochers de formes si étranges qu'on croirait que tous les monstres dont parlent les temps fabuleux s'y sont donné rendez-vous. Le bâtiment se faufile entre d'énormes colosses aux formes bizarres, dont quelques-uns semblent avoir servi de modèle au artistes chinois pour les aider à concevoir les créatures fantastiques dont ils se plaisent à décorer leurs monuments et les objets qu'ils fabriquent. Puis ce sont des tours à demi ruinées, des clochers aux formes invraisemblables, des tronçons de colonnes formant d'énormes amoncellements aux silhouettes les plus étranges. Pendant toute une journée on peut naviguer au milieu de ce peuple de géants à demi submergés et de ces édifices bizarres, où à chaque instant l'œil est attiré par des aspects nouveaux et qui semblent de plus en plus extraordinaires. On pense à

La baie d'Along.

ces villes dont parlent les anciennes légendes, qui, un jour, envahies par les eaux, ont disparu au fond de quelque retraite sous-marine, et on se demande si ce n'est pas l'une d'elles qui reparaît à la lumière.

Puis, pendant quarante jours, nous n'allons pas voir autre chose que le ciel et l'eau, et nous traverserons de nouveau la mer Rouge, et nous franchirons le canal de Suez, et les eaux bleues de la Méditerranée, et notre cœur battra de joie en revoyant la terre de France, dont nous avons été séparés pendant si longtemps.

EXPLORATION DU MÉKONG

EXPLORATION DU MÉKONG

(1866-1868)

Les provinces dont se compose la colonie française de l'Indo-Chine ont fait jadis partie du royaume de Cambodge. Un souverain de ce pays assigna des terres à des émigrés chinois fuyant leur pays. Ils y firent souche, et se sont en partie civilisés. Leur histoire est peu connue.

Le Cambodge, petit État, comparé à ses voisins les Siamois et les Annamites, a été tour à tour la proie des uns des autres. En 1862, après des débats politiques et diplomatiques, les droits de la France sur quelques-unes de ses provinces furent reconnus par l'empereur d'Annam, et la nouvelle colonie qui lui fut cédée eut pour chef-lieu Saïgon. Cette ville est située sur une rivière qui porte son nom et qui communique par un canal avec le Mékong ou Cambodge, grand fleuve qui vient déverser ses eaux dans la mer de Chine, après avoir arrosé, dans la partie supérieure de son cours, la province chinoise de Yunnan, puis, sur la rive droite, la Birmanie, et sur la rive gauche, la plus intéressante pour la France, le royaume du Cambodge et une partie de celui de Siam.

Le ministre de la marine d'alors, voulant se rendre compte des ressources que présentait l'intérieur du pays, décida l'exploration du Mékong.

Les cartes anciennes, fort imparfaites, devaient être rectifiées, les niveaux relevés; les observations géographiques, hydrographiques et ethnographiques, celles qui avaient rapport aux différents dialectes et à l'histoire naturelle, botanique et zoologie, devaient avoir une solution.

Surtout il s'agissait de savoir si le Mékong était navigable sur tout son parcours, et si, par conséquent, il pouvait servir de débouché aux richesses naturelles du pays.

L'instigateur de l'entreprise, celui qui, par les travaux auxquels il s'était livré, sa connaissance du pays et de la langue, pouvait en faire espérer la réussite, était le lieutenant de vaisseau Francis Garnier. Néanmoins, le chef choisi pour cette difficile expédition fut le capitaine de frégate Doudart de Lagrée, résident de France au Cambodge. Il avait sur Francis Garnier l'autorité du grade et de l'âge. Les fonctions qu'il remplissait depuis cinq ans le désignaient d'ailleurs pour cet emploi. Les autres membres de l'expédition étaient M. Thorel, chirurgien de marine et savant naturaliste, M. Delaporte, jeune lieutenant de vaisseau, dessinateur, photographe et même bon musicien; le docteur Joubert, médecin et géologue, et M. de Carné, attaché aux affaires étrangères.

On y joignit quelques hommes du pays, soit comme soldats, soit comme domestiques; on réunit les provisions nécessaires, et une portion de l'argent accordé par le ministre fut convertie en monnaies siamoises: car on devait passer par une partie du royaume de Siam avant d'entrer dans le Laos, qui du reste ici est tributaire de ce royaume et qui est arrosé par le Mékong.

Il fallut demander des passeports à quatre gouvernements : la Birmanie, l'Annam, la Chine et le Cambodge.

En attendant le complément des préparatifs de l'expédition, on résolut d'aller, non loin de là, visiter les ruines fameuses d'Angkor, dont les rares voyageurs qui avaient pu les voir racontaient tant de merveilles.

Elles avaient déjà été observées au seizième et au dix-septième siècle ; mais depuis il n'en avait plus été question, jusqu'à ce qu'un Français, le naturaliste Mouhot, les remît en mémoire, au commencement de celui-ci.

Les hardis explorateurs quittèrent Saïgon le 5 juin 1866. Trois jours après on arrivait à Compong-Luong, situé sur un affluent du Mékong, non loin de Pnom-Penh, où le commandant de Lagrée devait présenter au roi de Cambodge son remplaçant dans les fonctions qu'il avait remplies auprès de lui.

Angkor était la capitale de l'ancien royaume des Kmers : c'est pour cela que ces ruines sont souvent nommées les monuments kmers. Elles se trouvent sur une colline dont le pied est souvent submergé dans les grandes eaux, et qu'on appelle le mont Chrom.

Une forêt cache les restes de ce qui fut un sanctuaire. Tout a disparu de cette nation : puissance, organisation ; rien n'est resté qu'un nom et ces admirables ruines.

Le peu de ressemblance qu'il y a entre ces monuments et ceux de l'Europe, leur forme sévère, élégante, et surtout originale, provoquent l'admiration en même temps que la surprise, quelque prévenu que l'on soit et de quelque défiance que l'on se soit armé.

Une terrasse en forme de croix les précède ; au delà s'élèvent trois tours qui couronnent la triple entrée du temple. De chaque côté s'étend une galerie à colonnade, ornée de fines sculptures ; c'est la première enceinte du monument.

On y arrive par une chaussée peuplée de dragons fantastiques en pierre, qui traverse un fossé rempli d'eau et large de deux cents mètres. La porte aux trois tours franchie, on aperçoit à deux ou trois kilomètres en avant de soi le temple lui-même, vaste et sombre édifice surmonté de neuf tours.

La chaussée, qui mérite bien son nom de « Chaussée des géants », et qui se continue entre deux immenses pièces d'eau, conduit au premier péristyle de la pagode elle-même.

Elle est construite sur une seconde terrasse, élevée de trois mètres environ, plus richement décorée que la première et soutenue par des colonnes rondes et sculptées. C'est dans cette partie de la construction, sous le temple lui-même, que sont les logements des bonzes, prêtres de Bouddha, et ceux des pèlerins qu'attire le saint lieu.

Il est difficile de se rendre compte tout d'abord de la forme de ce palais religieux, qui compte plusieurs kilomètres de tour. Les détails, qui cachent la symétrie, empêchent d'en saisir l'ensemble aisément.

Cependant les explorateurs parvinrent à se retrouver dans ce dédale, et, après plusieurs jours d'observations, ils réussirent à fixer la forme qu'avait eue autrefois l'édifice.

L'enceinte mesure trois mille cinq cent cinquante mètres. Sa forme est celle d'un carré long. De larges fossés remplis d'eau entourent le tout et semblent le défendre. Le monument principal est composé, semble-t-il, de trois monuments complets, formant étages rentrants, et s'élevant les uns au-dessus des autres. Le premier, qui a sept cent cinquante mètres de circuit, est entouré d'une ceinture de bas-reliefs représentant des combats, des scènes religieuses, et est terminé par une tour centrale, malheureusement découronnée à cette heure, mais dont la hauteur est cependant encore de cinquante-six mètres.

Des traditions historiques et mythologiques ne peuvent manquer de se rattacher à ces constructions extraordinaires. On ne sait ni à quelle époque elles se rapportent ni quels moyens ont dû être employés pour les élever. Les nombreuses inscriptions gravées sur les pierres ne peuvent donner à cet égard aucune indication. C'est une langue perdue.

Quoi qu'il en soit, l'âme reste muette d'admiration devant l'immensité de cet édifice.

Les ruines de ce temple ne sont pas les seules que l'on trouve à Ang-Kor. Toute une ville est enfouie à quelques kilomètres plus loin ; il est évident qu'il y a eu là une civilisation assez avancée, dont les révolutions que le pays a subies ont fait perdre la trace.

Peut-être découvrira-t-on dans les environs d'Angkor-Wat (la pagode) ou d'Angkor la Grande (la ville) d'autres ruines qui mettront sur la trace de l'histoire mystérieuse de ce royaume kmer, enseveli à cette heure dans des forêts devenues impénétrables.

La France, se demande Francis Garnier, à qui nous empruntons cette description, pourrait-elle quelque chose pour la préservation de ces merveilles en s'entendant avec les autorités du Cambodge, sur le territoire desquelles elles sont placées? S'il est vrai que les indigènes ont la croyance qu'une nation étrangère doit les relever, ne serait-ce pas à la France, ayant pris le Cambodge sous son protectorat, que devrait revenir cet honneur?

Après quelques jours passés dans les ruines, pour en relever les plans autant qu'il était possible, le commandant revint faire ses adieux au roi de Cambodge, à Pnom-Penh, sa capitale, ville située sur le Mékong. Il visita encore un ancien monument consacré à Bouddha et qui est même censé conserver une relique de Çakia-Mouni. Autrefois, disent les habitants, la pyramide qui termine l'édifice contenait un gros diamant, mais il fut volé par les Portugais. Rien ne prouve la vérité de ce fait, bien que ce soient les Portugais qui les premiers aient pénétré dans l'extrême Orient.

La religion bouddhique, qui est celle de ces contrées, les a couvertes autrefois de monuments religieux ; mais, soit que la dévotion se soit ralentie, soit que l'argent ait manqué pour leur entretien, soit encore que les tremblements de terre aient profondément bouleversé le sol, toujours est-il que ce ne sont plus que des ruines qui s'offrent aux regards des voyageurs, et l'ignorance des bonzes aussi bien que le manque de relations historiques jettent sur toutes un manteau d'oubli.

De Compuong-Long à Pnom-Penh, les bords de la rivière sont couverts de villes, de villages et de champs fertiles. Au delà de Pnom-Penh, la canonnière dut faire place aux barques. On était parvenu aux rapides de Samboc-Sombor, point extrême des reconnaissances hydrographiques précédentes, et l'on entrait dans l'inconnu.

Huit barques composaient la flottille. C'étaient de simples troncs d'arbres creusés. Les voyageurs furent donc obligés d'y faire certains travaux indispensables pour les mettre en état de résister aux forts courants, aux rapides et à toutes les difficultés de la navigation sur ce fleuve immense, dont la largeur est très variable. On établit sur chacune d'elles deux plate-formes, un petit toit et un endroit spécial pour placer la barre.

Pendant que les Cambodgiens attachés au service des explorateurs faisaient ces changements aux embarcations, ceux-ci commençaient leurs observations, tant sur le pays que sur ses habitants. Le travail, qui est la loi de l'Europe, ne paraît pas apporter le même profit à ces régions. Le roi et quelques grands personnages paraissent seuls exercer le commerce ; le reste travaille pour ainsi dire au jour le jour. Quand il a pourvu à ce qui lui est nécessaire pour sa consommation, le Cambodgien se repose. L'insouciance semble être le partage de ces populations ; non qu'elles manquent d'intelligence proprement dite, mais, le sol donnant presque tout sans compter, elles ne comptent pas non plus. Pourtant les impôts sont lourds, et les exactions et injustices nombreuses.

Si les jours se passaient à manœuvrer sur le Mékong, à relever des plans, à se défendre contre les rapides, les nuits aussi étaient souvent difficiles. Quand ils pouvaient, comme à Sambor, trouver un mandarin qui leur offrait l'hospitalité, grâce à leurs titres de Français et de protégés du roi, les voyageurs se hâtaient d'en profiter ; mais cette aubaine était rare, et ils durent souvent passer la nuit dans les champs : la pluie, les moustiques, le froid et le chaud tour à tour étaient leur seule compagnie.

A partir de Sambor, les rives, peu habitées, permettaient aux regards de se porter sur les magnifiques forêts qui s'étendent jusqu'au fleuve. Nombre de beaux arbres que l'Europe ne connaît pas venaient réjouir leurs yeux : les uns remarquables par la hauteur de leur tronc, d'autres par la disposition de leurs branches, tous pour leur utilité. Les séjours que M. de Lagrée avait faits depuis longtemps soit en Cochinchine, soit au Cambodge, lui avaient appris leurs noms et le profit qu'on en peut tirer.

A mesure que les voyageurs avançaient, les difficultés devenaient plus grandes. La crue, qui avait augmenté, couvrait le fleuve de débris qui entravaient la marche des embarcations; des orages violents vinrent ajouter aux dangers et aux fatigues du voyage: car, de peur d'être emportés au large pendant leur sommeil, les explorateurs passaient la nuit dans leurs pirogues, à peine préservés de la pluie par leur toit de feuilles et de bambous.

Cependant on était parvenu à Stung-Treng, limite du Cambodge et du Laos ; le fleuve, après une inflexion à l'ouest, revenait au nord, sa direction naturelle.

On entrait sur les possessions de Siam, et là, outre les difficultés de la nature, on allait se trouver aux prises avec les complications politiques. Le gouverneur siamois de Stung-Treng montrait de la malveillance, et malheureusement la faute en était à un de nos nationaux qui avait négocié dans ces parages peu de temps auparavant. Il avait usé envers ces populations douces et craintives de tant de violence et de mauvaise foi, qu'il les avait remplies de défiance.

Le commandant de Lagrée, joignant la fermeté à la douceur, finit néanmoins par obtenir les deux choses qu'il désirait, des embarcations nouvelles, les premières devant redescendre le fleuve et retourner à Pnom-Penh, et, en attendant que ces embarcations fussent prêtes, une habitation aussi confortable que possible. Les échanges de cadeaux sont indispensables dans ce cas-là, et le gouverneur du pays reçut quelques objets de fabrication française, ce qui aplanit les difficultés. Les bateliers cambodgiens retournèrent donc chez eux, emportant les marques de la générosité de ceux qui les avaient engagés, provisions de riz et autres, ce qui avait aussi pour but de faire voir aux Laotiens que leurs services seraient également bien rétribués.

Cependant la navigation précédente, n'ayant eu lieu que sur la rive gauche du fleuve, n'avait pas permis de faire toutes les observations hydrographiques nécessaires. Francis Garnier fut alors chargé par M. de Lagrée de redescendre jusqu'au point où les rapides de Sambor les avaient interrompues, afin de réparer les omissions qui avaient été commises.

Avec un matelot français du nom de Renaud, qu'un long séjour au Cambodge avait familiarisé avec la langue du pays, et dans une des pirogues qui redescendaient la rivière, il s'embarqua, lui quatrième, avec deux rameurs cambodgiens des plus renommés. La nuit étant venue, on fit halte dans une exploitation forestière en pleine activité. Les bûcherons n'y restant que pendant le jour, Francis Garnier et ses hommes trouvèrent un refuge dans une petite case perchée sur des piquets, à plus de trois mètres en l'air. Cette disposition a pour but de mettre les occupants à l'abri de la dent des bêtes féroces.

Le Mékong, dans cette partie de son cours, atteint une largeur d'un kilomètre environ; il est semé d'îles innombrables. Le courant était si fort que les rameurs refusaient de s'engager dans certains passages; mais c'étaient justement ceux-là que Garnier était venu reconnaître, et, moitié de gré, moitié de force, il obtint de ses bateliers de le maintenir sur la rive droite, et put ainsi constater la profondeur de la rivière en cet endroit.

La légère embarcation, poussée par une force impétueuse, ne mit que douze heures pour redescendre à Sambor, au lieu des six jours qu'il avait fallu précédemment pour remonter le courant.

Mais que de dangers on avait eus à vaincre! La violence des eaux, ravageant tout sur son passage, traversait une partie de la forêt et y entraînait les pirogues avec la rapidité de la flèche; le péril était grand; il fallait tout le sang-froid de l'officier, joint à l'adresse des bateliers, pour tirer les embarcations de péril.

Quelques jours après Garnier rejoignait le commandant. La population avait fait connaissance avec les membres de l'expédition, et les approvisionnements de tout genre affluaient à la mission. Du reste les Français pouvaient chasser aussi bien que pêcher et faire de belles promenades. Des ruines même se trouvaient aussi en ce lieu, mais moins curieuses que celles d'Angkor.

Le village de Stung-Treng est l'intermédiaire commercial entre le haut et le bas de la rivière.

Les échanges se font souvent en nature, d'où il suit que le commerce est fort restreint. Les Laotiens sont aussi indolents que leurs voisins, et sans les Chinois ils n'auraient aucune relation extérieure.

Pendant l'expédition de Francis Garnier, M. de Lagrée avait aussi été en reconnaissance. Il avait remonté le Se-Long, affluent du Mékong, et de ce côté encore il avait trouvé des ruines. Après son retour, on s'embarque pour les cataractes de Khon, où un autre transbordement allait avoir lieu; chaque gouverneur de province devant fournir des relais jusqu'à la province suivante; seulement, au lieu de chevaux ou de voitures, c'était des barques qu'on réquisitionnait.

Après Stung-Treng, le fleuve forme un véritable bassin, dont l'étendue est de près d'une lieue, et est parsemé d'îles, au travers desquelles il faut se faire passage. Deux de ces îles seulement sont habitées. La plus grande, celle de Khong, donne son nom à la province. Ici la population est confiante encore. Peu d'Européens ont pénétré aussi loin. Les cadeaux firent merveille, et les voyageurs obtinrent en échange ce dont ils avaient besoin, c'est-à-dire des denrées.

La position de Khong donnera probablement à ce point une importance considérable, si l'on parvient jamais à faire pénétrer le commerce au fond de ces pays reculés. Jusqu'ici ce sont les Chinois qui font tout le trafic.

De Khong à Bassac, le Mékong court au nord, au pied de hautes montagnes. Bassac, sur la rive droite du fleuve, fait partie du Laos, dont il était jadis la capitale. Sa situation aussi bien que la beauté de la nature dans cette région en font une station remarquable. Ici, grâce aux montagnes, le climat devient plus frais, plus vivifiant. Les voyageurs, fatigués des chaleurs tropicales, reprirent des forces et s'y reposèrent plus même qu'ils ne l'eussent désiré, car les pluies les y retinrent une dizaine de jours. Mais aussi pendant ce temps la curiosité des indigènes eut tout loisir pour se satisfaire. Ces pauvres Laotiens n'avaient jamais vu de mandarins (les voyageurs avaient reçu ce titre) qui payassent ce qu'ils prenaient et qui portassent des barbes touffues. Ils n'avaient jamais vu non plus de savants se livrer à certaines opérations, comme celle qui consiste, par exemple, à mesurer la hauteur du soleil. Avant Mouhot, les derniers explorateurs avaient été des Hollandais, au dix-septième siècle.

Quelques explications historiques trouveront donc leur place ici.

Les Laotiens, venus des haux plateaux du Thibet vers le septième siècle avant notre ère, formèrent aux frontières mêmes de la Chine un puissant royaume.

Plus tard une partie de la nation, descendant le fleuve, s'établit plus bas et fonda la nation siamoise. Les langues des deux peuples ainsi que leur religion offrent beaucoup de ressemblance entre elles. A plusieurs reprises, les Chinois dominèrent au Laos; les dissensions intestines, aussi bien que les guerres avec les Annamites, en furent la cause. La décadence de l'empire dont Angkor était la capitale permit aux Laotiens de s'étendre toujours vers le sud. Au seizième siècle, un roi habile avait su réunir en faisceau toutes les tribus laotiennes. Une révolution le chassa. Au dix-septième siècle, un père jésuite y vint prêcher la religion chrétienne, et c'est la relation de son voyage qui jette quelque clarté sur l'histoire obscure du Laos. Vers le milieu du dix-huitième siècle, le Laos était devenu en quelque sorte vassal de Siam. Des guerres civiles ou étrangères, qui se renouvelaient sans cesse, portèrent le dernier coup à la puissance du pays, et le roi de Tienchang (nom que portait à cette époque le Laos) fut vaincu, livré par les Annamites aux Siamois, et mourut prisonnier à Ban-Kok.

Peut-être les Laotiens portent-ils le joug de cette domination avec impatience; cependant leurs mœurs et leur caractère sont doux. Ils sont bien faits et ne manquent pas d'intelligence. Ils ont de la grâce et de la dignité dans le maintien et drapent avec goût autour de leur corps les étoffes de soie ou de cotonnade de couleurs voyantes qui, selon leur rang, forment leur costume. Ils se couvrent la tête d'un grand chapeau de paille quand ils travaillent au soleil; autrement la coiffure de même que la chaussure leur sont inconnues.

Les femmes ont des cheveux noirs et abondants, qu'elles relèvent très haut, et auxquels elles mêlent des fleurs et des rubans de paille tressée. Elles portent bagues et bracelets, et même, aux jambes, des anneaux d'or, d'argent ou de cuivre, selon leur richesse. Les hommes aussi aiment les bijoux. Ils mettent des amulettes au cou de leurs enfants pour les préserver des maladies ou des sortilèges.

La polygamie est permise, quoique peu en fassent usage; l'esclavage existe et se recrute de plusieurs manières. On devient esclave pour dettes, quelquefois aussi par nécessité, pour avoir de quoi manger. Mais ce sont surtout les tribus sauvages de l'est qui sont réduites à cet état. On les emploie aux travaux domestiques ou à ceux des champs. Ils so néanmoins traités avec douceur et font partie de la famille.

Comme dans beaucoup de pays qui se croient et qui se disent civilisé le travail est en horreur aux Laotiens; aussi forcent-ils les femmes à a complir les plus rudes besognes. La chasse et la pêche, voilà toutes l occupations d'un riche de ce pays.

Il en est pourtant une autre qu'on ne peut passer sous silence. C'e celle qui consiste à chiquer ; elle est commune à toutes les nations (l'Indo-Chine.

On étend de la chaux sur une feuille de bétel, plante aromatique ; u noix d'arec, autre production du pays, est découpée en minces rondelle ces ingrédients mélangés forment une sorte de pâte que les habitants m chent avec délices, et dont un des résultats les plus apparents est de rend les dents noires et les lèvres sanguinolentes.

Le tabac avec le thé jouent également un grand rôle dans la vie de population, et on ne manque pas de les offrir aux hôtes de distinction.

Quant au gouvernement politique, il dépend de Ban-Kok, quoiq presque toujours le gouverneur de la province, en mémoire de s nom ou de ses anciennes alliances, prenne le titre de roi.

Pour ce qui est des affaires civiles, elles se traitent souvent à coups rotin ; et un homme est d'autant moins déshonoré pour en avoir reç qu'aucun n'est à l'abri de ce châtiment, ce qui n'empêche pas les di tinctions de classes d'être fort rigoureusement observées.

Les bonzes, prêtres de Bouddha, forment la classe la plus instruit mais les révolutions ont détruit leurs archives, et les traditions sc mêlées de tant de fables qu'on ne peut se fier à elles.

Les bonzes sont nombreux au Laos, et ils vivent seulement d'a mônes ; c'est la loi de Çakya-Mouni, fondateur du bouddhisme. La nou riture qu'ils reçoivent de ceux qui veulent bien remplir leur panie provisions ne doit être prise qu'après le soleil couché, car il ne leur pas permis de faire plus d'un repas par jour.

Ils sont chargés de l'éducation des enfants, et ceux d'entre leu élèves qui se destinent au sacerdoce sont, comme leurs maîtres, vêt d'une robe jaune, insigne de leur dignité. Les vœux ne sont pas perp tuels ; aussi les grands et même les princes embrassent-ils pendant qu que temps l'état religieux, soit par piété, soit par politique. Plusieu élèvent des pagodes, comme autrefois les seigneurs féodaux, au moyen âge, fondaient des monastères pour y être enterrés.

Les bonzes font des prières en commun. Il en est une touchante, qui se dit à deux personnages. Le plus jeune confessant ses fautes, l'autre plus âgé répond : « Je n'ai rien à te reprocher, mon frère, car moi aussi j'ai péché. » Dans les premiers âges, disent les vieillards, cette prière était d'or ; maintenant elle n'est plus que de plomb.

D'autres fois ils récitent de longues litanies, des chapelets, et même ils en portent à leur ceinture, comme les moines chez nous.

De grandes fêtes religieuses ont lieu aussi à de certaines époques de l'année, et elles se célèbrent avec beaucoup de pompe. On porte alors à la pagode des offrandes, surtout des fruits. Le village est en joie tout le jour, quoique souvent le soir des orgies bruyantes viennent donner un démenti momentané à la douceur des Laotiens.

Le bouddhisme a beaucoup de points de ressemblance avec le christianisme dans quelques-unes de ses pratiques: le célibat des prêtres, entre autres, et les longues prières. Mais la fin suprême de l'homme n'est pas considérée au même point de vue. Tandis que chez le chrétien la récompense d'une bonne vie est une délivrance qui le mène au Créateur, près de qui il doit jouir d'une félicité sans terme, le bouddhiste, croyant à la métempsycose, pense que d'une vie il passe à une autre, jusqu'à ce que, les ayant épuisées toutes, il arrive, s'il a toujours été vertueux, à l'anéantissement final, auquel il donne le nom de *nirvâna,* et après lequel il n'y a plus rien.

Peut-être les populations soumises à cette loi religieuse sont-elles moins croyantes à ce dernier endroit qu'on ne le suppose habituellement, et c'était l'avis de Francis Garnier.

La morale du bouddhisme est pure et élevée ; elle embrasse dans une grande mansuétude tous les êtres animés, depuis l'homme jusqu'au dernier animal. Cette doctrine est encore très forte dans le Laos.

Les voyageurs, s'étant reposés pendant quelques jours, purent reprendre leurs courses aux environs de Bassac. Ils voulurent en vain arriver en haut des montagnes qui fermaient l'horizon. Ces monts, formés de rochers en escaliers gigantesques, opposèrent à leurs efforts une barrière infranchissable. Après un escalier, un autre escalier ; il fallut renoncer à l'entreprise.

Francis Garnier fut encore chargé d'aller explorer le Se-Don, gran affluent de la rive gauche du fleuve. Le matelot Renaud fut de la partie avec M. Thorel, et un mandarin qui avait ordre de pourvoir à tous le besoins et à la sûreté des étrangers. Le paysage n'était plus le même Le Se-Don, beaucoup plus étroit que le Mékong, est entouré de grande forêts; son aspect est dur et sauvage. Cependant les habitants de s vallée étaient toujours aussi doux et bienveillants. Leur curiosité éta aussi toujours la même, et toujours les petits cadeaux terminaient le rencontres.

L'intérêt principal de cette excursion était d'examiner des chute considérables qui viennent brusquement interrompre le cours de l rivière, et sur lesquelles le commandant voulait avoir des données sûre Entre temps, on aurait bien voulu chasser aux caïmans, dont les têtes s montraient au-dessus de l'eau; mais les projectiles d'un fusil de chass sont trop faibles contre ces terribles sauriens, et cette fois encore le voyageurs en furent pour leurs frais.

Furent-ils plus heureux en allant visiter des mines d'argent situé dans la montagne? Des éléphants furent mis à leur disposition, et parm eux deux femelles, suivies chacune de leurs petits. Ces animaux folâ traient autour de leurs mères, qui, sans changer l'allure qu'on leur im primait, jetaient un coup d'œil attentif du côté de leurs nouveaux né Ceux-ci obéissaient avec promptitude. En traversant un torrent, un de jeunes éléphanteaux, effrayé par le bruit des eaux, se rejeta en arrière mais la mère le prit entre ses jambes, et, le faisant rouler de celles d derrière à celles de devant, elle lui fit ainsi accomplir la traversée.

La force et l'adresse des éléphants tient parfois du prodige; chacu marche en avant à son tour. Un gros arbre se présente-t-il : le front d l'animal s'y appuie, l'arbre s'incline et tombe. Quant aux lianes, l'élé phant les rompt comme un fil, et toujours à la hauteur nécessaire pou celui qui le monte.

De mines d'argent, point. Soit qu'il y eût malentendu dans les expl cations, soit bien plutôt qu'on ne voulût point dévoiler à un Europée l'existence de ces mines, le mandarin qui conduisait la caravane pré tendit qu'il ne savait ce qu'on lui demandait. Il fallut se contenter d cette déclaration.

Cependant, les eaux ayant baissé, les populations s'apprêtèrent à célé brer la fête qui inaugure la belle saison. On était au 24 octobre. De tous les villages environnants on voyait accourir une foule nombreuse qui se dirigeait vers les pagodes. C'est cette époque que choisit le roi de Siam pour faire renouveler le serment de vasselage que lui doivent les rois et gouverneurs de provinces. La mission en bénéficia aussi d'une autre façon, car ses membres reçurent des visites sans nombre, et naturellement les petits cadeaux reçus de France eurent un grand succès. Les fêtes, qui durèrent plusieurs jours, se terminèrent par des illuminations et des feux d'artifice, genre de divertissement fort prisé des Laotiens, qui y sont habiles, de même que les Chinois.

Cependant les difficultés surgissaient autour des voyageurs. Pendant que le sud était fermé pour eux, car la guerre civile s'y était déchaînée, ils ne pouvaient poursuivre leur voyage vers le nord sans avoir reçu de Pékin des passeports qu'on leur avait promis et qui n'arrivaient pas. La saison pouvait devenir assez mauvaise pour rendre le fleuve absolument impraticable. C'était alors d'un an que le voyage se trouverait retardé !

M. de Lagrée se décida à ne pas attendre les passeports. Les Laotiens de Bassac furent bien affligés de voir partir ces Français qui s'étaient fait aimer de tous, soignant les malades sans leur demander rien, et se montrant d'une bienveillance dont ils promirent de garder la mémoire.

La navigation reprit son cours, mais le fleuve changeait d'aspect ; il faisait un coude en se dirigeant brusquement à l'ouest, entre deux murailles de rochers très rapprochées l'une de l'autre et où le courant a une force et une profondeur énormes. Au delà du Se-Moum, affluent venant du sud-ouest, le Mékong est coupé de rapides, qu'on ne parvint à franchir qu'à grand'peine, les officiers donnant le coup de main, au profond étonnement des indigènes. En dépit de ces efforts réunis, on ne parvint, dans l'après-midi de ce jour, 31 décembre 1866, qu'à remonter le fleuve d'un kilomètre.

Dans ces parages on passait sans cesse de rapides en rapides. Heureusement, la rivière étant redevenue paisible, l'expédition prit terre à Oubôn. Moitié ville, moitié village, avec quelques rues et de nombreuses boutiques, Oubôn est le chef-lieu d'une province gouvernée par un roi, comme à Bassac ; ce titre de roi est l'indice d'une origine ancienne et de la liberté qu'avaient ces contrées avant la conquête qu'en fit Siam.

M. de Lagrée n'ayant pas encore reçu le courrier de France et de Saigon, sans lequel la mission ne pouvait pas continuer sa route, envoya Francis Garnier l'attendre à Pnom-Penh. En arrivant dans cette ville Garnier y causa une vive et joyeuse surprise ; tous croyaient les membres de l'expédition devenus la proie des sauvages ou tout au moins celle des terribles maladies dont le Laos est trop souvent infesté. Le lieutenant apprit à Pnom-Penh les événements dont l'Allemagne et l'Autriche avaient été le théâtre, la bataille de Sadowa et ses suites ; sans perdre de temps, muni des passeports chinois enfin arrivés, il retourna vers le commandant de Lagrée, qui avait été forcé de continuer sa route vers le nord et qu'il devait rejoindre un peu plus loin. Il partit à pied avec un Annamite, repassa par les ruines d'Angkor sans se lasser de leur contemplation, traversa une forêt si touffue que les hommes qui l'escortaient ne se faisaient passage que par la hache et y campa plusieurs nuits.

Des aventures semi-burlesques marquèrent cette partie du voyage : telle fut l'obligation de laisser un grand du Laos se revêtir de son nouvel uniforme galonné pour faire bonneur au représentant de France, ou bien la fugue d'un autre, allant se marier quand on attendait ses services.

Une fois Garnier sauva la vie à un enfant, qu'un tigre était venu saisir sous les yeux de sa mère. La joie des parents est sans bornes. Le tigre avait-il été tué ou seulement blessé? Qu'importe ? Tous les habitants accourent, remerciant le sauveur comme un dieu, voulant le retenir parmi eux.

Quelques jours plus tard, le héros de cette aventure avait rejoint le reste de l'expédition.

Pendant que Francis Garnier était envoyé pour chercher les dépêches égarées, le lieutenant de vaisseau Delaporte avait lui-même poussé quelques pointes sur le Se-Long, affluent du Mékong. Là encore il trouvait les ruines d'autres monuments kmers. L'examen auquel il se livra confirma les voyageurs dans cette opinion que les Laotiens avaient commencé par construire avec des blocs de pierres, puis avec de grosses briques qu'ils ornaient de sculptures, puis avec des briques moins fines, moins serrées de grain, et qui ne sont pas, comme les premières, destinées à résister à l'action du temps. De plus, quand une pagode a été bâtie, ils ne l'entretiennent pas, et elle ne tarde pas alors à tomber en ruine.

Cependant le climat produisait sur les étrangers les pernicieux effets dont ils avaient, du reste, été prévenus; plusieurs déjà avaient été atteints soit de la dysenterie, soit des fièvres. Parmi eux, Garnier fut un des plus fortement pris; mais la vigueur de sa constitution jointe aux soins intelligents et affectueux des docteurs Joubert et Thorel vinrent à bout de surmonter la maladie. M. de Lagrée ne fut pas aussi heureux et ne se remit jamais complètement de ces premières atteintes, qui ne devaient pas lui permettre de mener à fin l'expédition.

Cependant ils approchaient de la grande cataracte de Khon. Spectacle unique! Une quantité innombrable de chutes d'eau, s'étendant sur plus de dix kilomètres et parsemées d'îles qui font elles-mêmes partie de ce barrage, paraissaient devoir interdire tout accès aux explorateurs. Mais une petite plage, située tout auprès de la cataracte, leur permet d'aborder.

Pendant leur séjour à Bassac, la chasse et la pêche, les excursions sur les montagnes à la recherche des plantes nouvelles, occupaient ceux que ne retenait pas la maladie. Ils suivaient aussi avec attention les coutumes domestiques ou religieuses de leurs hôtes. C'est ainsi qu'ils assistèrent à une cérémonie funèbre. Au Laos on brûle les morts, on les enterre ensuite. Les funérailles s'accomplissent avec des luttes, des jeux, qui semblent rappeler ceux de l'antiquité.

A Oubôn, où les voyageurs s'arrêtèrent, ils furent témoins de la cérémonie d'inauguration du roi dans ses nouvelles fonctions. Le souverain, entouré de sa cour et monté sur un grand éléphant, se dirige vers la pagode, où l'attendent les bonzes. Il se dépouille de ses vêtements, qui sont aussitôt remplacés par une pièce d'étoffe blanche. Puis, pendant que les prêtres chantent une sorte de psalmodie, le roi reçoit la douche d'eau consacrée, sortie de la gueule d'un dragon; après quoi, revêtu de nouveaux habits, il va reprendre sa place.

Un grand repas termine la fête, repas pendant lequel les Européens, peu au fait de certains usages ou plus maladroits que leurs hôtes, leur donnent quelque peu la comédie. Ils ont quelque répugnance à se servir de leurs doigts comme de cuillers et fourchettes, et manquent d'habileté dans la confection des petites boulettes de riz. Aussi les dames laotiennes, qui les regardent au travers d'un rideau, font-elles éclater leur rire et leur joie.

La musique tient une place assez grande au Laos. Les indigènes sont surtout sensibles à celle qui est mélancolique. Aussi le violon du lieutenant Delaporte était-il toujours entouré d'une foule d'amateurs attentifs.

On a dit que la pêche était un des passe-temps des voyageurs. Les Laotiens y sont aussi fort adroits, mais le plus souvent ils n'emploient ni lignes ni filets. Ils se dépouillent de leurs vêtements et se mettent à l'eau, assis ou accroupis près des rochers. Quand le poisson paraît, ils le happent au passage avec beaucoup d'habileté. Celui de la rivière Sé-Moun était tout particulièrement renommé. Les Laotiens sont également hardis à la nage ; les femmes comme les hommes excellent dans cet exercice, à peu près nécessaire, du reste, dans un pays dont les rives sont si souvent inondées.

Au village de Khémarat, sur le Mékong, où le commandant de Lagrée avec le plus grand nombre de ses officiers étaient arrivés par terre, montés sur des éléphants, les voyageurs firent une entrée triomphale.

Ils furent reçus à merveille par le mandarin gouverneur, grâce, il est vrai, aux cadeaux qu'ils avaient soin de distribuer, car sans cadeaux ces personnages faisaient la sourde oreille aux ordres reçus de Siam d'avoir à pourvoir aux besoins et à la sûreté de l'expédition.

Il faut dire pourtant que l'hospitalité est largement exercée au Laos, et particulièrement par les bonzes, dont les pagodes servent de refuge, sans que jamais ils demandent à l'étranger ni d'où il vient, ni où il va, ni quelles sont ses affaires. Quoique fort attachés à leur culte, ils ont la plus grande tolérance religieuse. Plus tard les voyageurs retrouveront cette même tolérance en Chine, seulement dans ce pays elle provient d'une indifférence extraordinaire en matière de religion.

Vastes forêts, villes, villages, pagodes modernes ou pagodes en ruine, défilaient sous les yeux des explorateurs sans présenter beaucoup de variété; mais par malheur, si les bords du fleuve étaient peu accidentés, il n'en était pas de même de son lit.

A Khémarat, il faut se rendre à l'évidence et reconnaître qu'il est impossible, comme on l'avait espéré jusque-là, de faire du Mékong une grande voie commerciale. Les rapides qui se succèdent, les rochers qui arrêtent le cours du fleuve, le rendent impraticable aux bâtiments à vapeur modernes. Seules les pirogues peuvent affronter ces obstacles.

Khémarat est un grand village, situé sur une presqu'île formée par le Mékong et l'un de ses affluents, la rivière d'Oûbon, qu'avait explorée seul le lieutenant de vaisseau Delaporte.

La navigation devient de plus en plus difficile.

Après plusieurs haltes, passant le plus souvent la nuit dans les pirogues, M. de Lagrée et sa suite prirent terre au village de Phnom, centre religieux dont la pagode attire un grand nombre de pèlerins.

Pendant plusieurs jours de retraite, beaucoup de ces pèlerins revêtent la robe jaune des bonzes, en signe de pénitence, quitte à reprendre leur costume ordinaire en retournant chez eux.

A Lakon, ville qui paraît riche et populeuse pour le pays, les explorateurs trouvèrent établis des Annamites habitants de notre colonie de Cochinchine, qu'une terrible famine avait obligés à s'expatrier. Quelle joie pour eux de voir des Français ! On s'installa dans la grande case que ces émigrés avaient construite et arrangée à la manière des cultivateurs de leur pays, et nos compatriotes jouirent d'un divertissement auquel ils ne s'attendaient guère : leurs hôtes leur donnèrent une représentation de marionnettes.

C'est de là que M. de Lagrée partit pour aller faire une excursion dans les montagnes environnantes, qui sont extrêmement pittoresques et animées par la présence d'un grand nombre d'éléphants.

La saison des pluies s'approchait; il fallait gagner au plus vite Louang-Prabang, seul point où l'on pût faire séjour.

Les villages se succédaient sur les bords du fleuve : après Lakon, Houten; après Houten, Saniaboury, où se fabrique certaine poterie. Le massif de Phou-Hong remplace celui de Phou-Ngou; puis le village assez commerçant de Bouncang se montre sur les rives du fleuve.

Mais on approche de la Chine, et déjà son influence se fait quelque peu sentir. Les communications ne se font plus toutes par eau : il y a des routes.

Bientôt on allait voir Nong-Kay, près de Tien-Chang, ancienne métropole du Laos et terme d'un voyage accompli par un Hollandais en 1641. On n'espérait pas trouver là, comme à Angkor, des merveilles d'architecture, mais on comptait aussi pouvoir y lire une histoire curieuse et plus moderne.

Un sentier à demi caché sous l'herbe conduit à ce qui fut le palais du roi, alors que le Laos, loin d'être tributaire de Siam, en était pour ainsi dire le suzerain. L'histoire de la destruction de Tien-Chang date seulement de 1828, et déjà les pagodes, les palais, les maisons mêmes sont presque introuvables. C'est là qu'on voit avec quelle rapidité la nature tropicale reprend la place qu'elle a parfois été forcée d'abandonner à l'homme.

A cette époque, le roi de Tien-Chang, ayant eu de justes réclamations à faire à la cour de Ban-Kok, capitale du royaume de Siam, et n'en étant point écouté, leva une armée pour se faire justice lui-même ; mais, vaincu et fait prisonnier, il fut emmené à Ban-Kok, où on l'enferma dans une cage de fer et où il mourut peu de temps après.

Quelques édifices ont survécu à la destruction qui suivit cette guerre. La pagode royale nommée Wat-Pha-Kéo est de ce nombre. La richesse et les dorures avaient été prodiguées sur les colonnes et les portiques, et justifiaient ainsi la renommée dont ce temple jouissait au loin. Il renfermait une statue de Bouddha, une des plus anciennes, disait-on, sculptée dans une seule pierre verte et ayant environ cinquante centimètres de hauteur. On croit que cette pierre est une sorte d'émeraude, et on lui donne la valeur d'un million.

Au-dessus de Tien-Chang, le cours du Mékong se modifie ; ses eaux se déroulent en méandres étroits entre deux barrières de rochers. Il n'a plus que cinq à six cents mètres de largeur : c'est peu, comparé à celle qu'il a plus bas. Son lit est irrégulier, tourmenté et semé de fragments de marbre, de jades et autres pierres. Il fallut des efforts extraordinaires pour franchir le rapide de Keng-Chan : pendant que les passagers, descendus à terre, suivaient le rivage, on fut obligé de remorquer les barques à l'aide de cordes.

Comme on arrivait à Luang-Prabang, M. de Lagrée apprit que, des discussions s'étant élevées entre l'État de Xieng-Maï et les Anglais, ceux-ci avaient envoyé des officiers dans la région. Les Français, ajoutait-on, ne devaient pas manquer de les rencontrer, car l'intention de ces Européens était de redescendre le fleuve.

« Ce fut un véritable coup de massue, dit Francis Garnier. Nous nous crûmes devancés par une expédition scientifique rivale. Combien nous regrettâmes le temps perdu à Bassac à attendre des passeports, qu'au bout de quatre mois il avait fallu aller chercher !

« Ainsi, notre voyage, et toutes nos peines, et nos souffrances, étaient donc inutiles, et là où nous avions espéré arriver les premiers, il ne nous restait plus qu'à glaner après les Anglais ! »

Le commandant de Lagrée était désespéré. Mais le désir de reconnaître au moins les sources du Mékong, en naviguant toujours plus au nord, lui rendit le courage.

On se remit donc en route, et l'on passa devant l'embouchure du Nam-Leui, à quelques milles en avant de Xieng-Lang. Cette rivière, déjà reconnue par Mouhot, donnait un point de repère. On savait qu'on n'était plus éloigné de Pak-Lay que de dix à douze milles.

C'est de ce dernier endroit, d'après les rapports faits aux voyageurs, que les Anglais dont on leur avait parlé étaient partis peu de temps auparavant ; ils allaient indubitablement les rencontrer en remontant la rivière. A midi, en effet, les embarcations attendues se montrèrent ; Francis Garnier fut chargé d'aller ouvrir des négociations avec ces nouveaux venus.

Quelle ne fut pas sa surprise ! Au lieu des uniformes anglais qu'il s'attendait à voir, il trouva un Européen, vêtu en simple pékin, qui lui souhaita le bonjour en français. C'était un Hollandais, le géographe du roi de Siam, accompagné de ses domestiques. Il avait grand'peur de la saison pluvieuse et s'empressait de redescendre la rivière.

Quelle joie pour les pauvres savants ! Le géographe hollandais était bien chargé de lever des plans, mais ce qu'il pouvait faire était bien peu de chose en comparaison de la mission de Lagrée. Son étonnement fut sans égal quand il sut que, loin de se prévaloir de leur qualité d'Européens, nos compatriotes avaient payé, et au delà, tout ce qu'ils avaient pris, et qu'encore ils avaient semé des présents tout le long de leur route.

Le soir même les maisons de Pak-Lay, le premier village de la province de Luang-Prabang, se montraient sur la rive. Non loin de là se trouve le tombeau que le roi de Luang-Prabang fit élever à un Français, le naturaliste Mouhot, mort victime de son amour pour la science, six ans auparavant.

Mouhot avait entrepris d'explorer le bassin du Ménam et une partie de celui du Mékong. Il partit seul; c'était une entreprise au-dessus des forces humaines. Il succomba, laissant un journal de ses recherches, que la mort seule vint interrompre. L'amiral de La Grandière, qui commandait à Saïgon, avait chargé M. de Lagrée de rendre un dernier hommage à cet infortuné compatriote.

Pendant trois jours on ne vit aucune habitation. Le fleuve traversait une forêt profonde. Les rapides et les difficultés que présentait leur passage étaient les seules distractions offertes aux voyageurs. Des rochers s'avançaient au milieu du fleuve, barrant la route, et il fallait beaucoup de présence d'esprit et d'adresse pour se diriger entre eux et échapper aux dangers qui se renouvelaient sans cesse; souvent on était forcé d'avoir recours à la corde pour haler les barques. On les déchargeait alors, et on transportait les bagages à dos d'homme, le long du fleuve.

Les indigènes que l'on rencontrait dans ces endroits déserts étaient exposés aux mêmes inconvénients : ils perdaient même souvent à la fois pirogue et marchandises ; mais ils se remettaient immédiatement à l'œuvre pour construire un autre radeau et rembarquer ce qu'ils avaient pu sauver du désastre.

Le Mékong fournit d'excellent poisson, et les riverains font, comme les Chinois de la basse classe, leur principale nourriture des produits de leur pêche. Un jour, les voyageurs en achètent un pour la somme énorme d'un franc vingt-cinq. Comme il pesait environ soixante kilos, toute la suite trouva là un repas copieux à bon compte.

Avant d'arriver à Luang-Prabang, capitale du moderne Laos, on jugea à propos de faire un peu de toilette, pour y entrer avec honneur. C'était la plus grande ville qu'on eût encore vue depuis le départ. Elle s'étend au pied d'un monticule surmonté d'une pagode. Une seconde cité composée de bateaux couvrait les bords de la rivière. Des barques nombreuses chargées de marchandises entraient ou sortaient du port, cherchant à se faire place. Un mandarin vint au-devant de la mission et la conduisit à une pagode qui lui était assignée pour demeure.

La température était plus modérée ; on trouva à Luang-Prabang des pêchers, des pommiers, des lauriers-roses. C'était jour de marché, à peu près comme on l'entend en Europe, et les rues, quoique larges, l'étaient à peine assez pour contenir la foule qui s'y pressait. Cette activité commerciale devait avoir et a pour cause en effet une liberté plus grande que dans le Laos méridional. Soit par suite de l'éloignement du centre, soit par crainte des révoltes, le gouvernement de Siam fait moins sentir sa tyrannie ici que dans les provinces qui sont plus rapprochées de lui. Celle de Luang-Prabang a su se ménager l'appui, qui n'est pourtant que nominal, de la Chine, moyennant une redevance de deux éléphants qu'elle envoie en tribut tous les huit ans. Un autre tribut, payé à l'empereur d'Annam, tous les trois ans cette fois, la met encore à l'abri des exactions de ce côté. Prabang, grâce à l'énergie de ses habitants, a pu résister à toutes les guerres civiles ou autres qui ont dévasté les pays limitrophes : la Birmanie, le Tonkin et la province chinoise du Yunnan, dans laquelle les mahométans venaient de se révolter.

Francis Granier aurait voulu que M. de Lagrée profitât de son séjour pour établir dans ce pays l'influence française, en faisant comprendre au roi de Luang-Prabang quel avantage il en pouvait tirer pour lui-même ; que cette influence devait un jour ou l'autre se faire sentir à Hué et qu'il était d'une bonne politique de prendre les devants.

Le souvenir du naturaliste Mouhot s'était conservé intact dans le pays. Fidèle aux recommandations qui lui avaient été faites, le commandant de Lagrée fit élever un tombeau à son compatriote. Il en commanda le dessin. Le roi voulut s'associer à cette œuvre, dont le culte des morts, si fortement pratiqué en Indo-Chine, lui faisait un double devoir. Il fournit les matériaux nécessaires, et, le mausolée terminé, la mission se transporta à Ban-Naphao, aux environs de Luang-Prabang, pour assister à son inauguration.

Cet édifice consiste en une plaque de grès poli portant cette inscription :

MOUHOT, MAI 1867.

La mission avait besoin de nouveaux passeports pour poursuivre son voyage : ils finirent par arriver ; néanmoins les étrangers n'étaient pas bien vus dans le pays, et ils n'étaient pas sans courir des dangers en dehors d'une certaine région. La révolte des musulmans au Yunnan avait mis le brigandage à l'ordre du jour. Le roi s'efforçait de détourner nos compatriotes de continuer leur voyage. Il n'y put parvenir.

La glace avait fini par se rompre avec les indigènes ; aussi les simples habitants en profitaient-ils pour rendre visite aux Français et pour en obtenir des présents. Les pains de savon obtinrent un grand succès, auprès des femmes surtout. Elles attribuaient à sa mousse blanche la couleur de peau des étrangers, et se persuadaient qu'elles deviendraient blanches à leur tour en s'en frottant régulièrement.

Il ne faudrait pas conclure de cette circonstance qu'au Laos les femmes seules soient coquettes ; les hommes le sont tout autant, mais ils le sont à leur manière. Chez les Laotiens du nord, c'est-à-dire à Luang-Prabang, le tatouage est presque général, ce qui leur a fait donner le nom de Ventres noirs, par opposition à ceux du sud, qu'on nomme Ventres blancs, et chez lesquels le tatouage est beaucoup plus rare. C'est dans la jeunesse qu'on l'exécute, et le corps est quelquefois entièrement couvert de dessins représentant des fleurs, des oiseaux et des animaux fantastiques et de couleur violette.

Cette opération, qui se fait au moyen d'une sorte d'aiguille en fer s'ouvrant au bout comme une plume, est fort douloureuse et occasionne généralement plusieurs jours de fièvre, et quelquefois pis encore.

Les Laotiens du nord, moins favorisés du climat que ceux du sud, sont devenus par cela même plus actifs et plus industrieux. Un état de guerre presque perpétuel les tient en haleine. Par malheur aussi, les vices des nations plus civilisées se montrent souvent parmi eux. Les maisons de jeu y sont nombreuses, et des personnes de tout rang, jeunes et vieux, hommes et femmes, s'entassent dans ces bouges repoussants, y perdant tout ce qu'ils possèdent : signe certain qu'on était voisin de la Chine, où la corruption est grande et générale.

En mai, après un séjour d'un mois, les voyageurs reprirent leurs pérégrinations. Ils s'étaient reposés ; et, les renseignements qu'ils avaient recueillis leur ayant assuré un apaisement réel dans le Yunnan, le commandant de Lagrée se décida à prendre cette route.

On reprit donc la voie du Mékong. Mais il fallut laisser à Luang-Prabang nombre d'objets formant les collections des savants explorateurs. Le roi promit de les faire parvenir à Ban-Kok. En remerciement des services qu'ils avaient rendus aux Français et de la généreuse hospitalité qu'ils leur avaient accordée, le roi et son fils reçurent des présents magnifiques : une carabine à balles explosibles, un fusil à deux coups. Leurs parents et les principaux fonctionnaires furent également bien partagés. Le souverain, de son côté, pour ne pas rester en arrière, envoya des objets du pays à ceux qui allaient le quitter.

A Xieng-Khong, seconde ville de l'État de Muong-Nan, les autorités vinrent au-devant des voyageurs et les conduisirent aux cases qui leur étaient destinées ; mais on leur annonçait en même temps qu'on ne pouvait les laisser aller plus loin, n'ayant pas d'ordre de Ban-Kok ; d'ailleurs le fleuve, ajoutait-on, cessait d'être navigable à la frontière. Cette déclaration n'était pas pour arrêter le commandant.

La région qui sépare la principauté de Xieng-Tong de celle de Xieng-Maï est presque inhabitée : il n'en a pas toujours été ainsi, ce que prouvent les nombreuses ruines éparses de tous côtés, aussi bien que les traditions locales. Le fleuve présentait des obstacles de plus en plus nombreux ; on abandonna la voie du Mékong pour cheminer par terre, et on quitta les rives de ce fleuve, sans savoir où on les retrouverait.

On se mit en marche par des chemins presque impraticables. Les bœufs réquisitionnés n'étaient pas en nombre suffisant, et le trajet fut très difficile pour arriver jusqu'à Muong-Lim, grand village dont le commerce est assez considérable. Là le système de monnaie devient chinois, et il est fort incommode. L'argent se pèse, et il y a presque toujours confusion entre la manière de compter des Birmans et celle des Chinois ; ces derniers s'arrangent généralement de façon que la balance est toute en leur faveur.

Quelques jours après, ayant reçu des permis signés de la cour d'Ava (Birmanie), et la navigation du fleuve ne présentant plus autant de difficultés, on put reprendre la vallée du Mékong, dont on s'était éloigné pendant quelque temps.

Mais la santé des membres de la mission se ressentait de plus en plus des privations et des fatigues qu'ils subissaient depuis si longtemps. Le lieutenant Delaporte était dans un tel état d'affaiblissement qu'il était incapable de marcher ou de monter à cheval. Il fallait le porter dans un hamac : grosse affaire ; les porteurs craignaient non pas que la maladie fût contagieuse, mais qu'elle ne fît tomber sur eux un mauvais sort. Le revolver vint seul à bout de leur mauvais vouloir.

Les difficultés se multipliaient. Les bagages furent encore réduits, quoique depuis le départ ils eussent été bien amoindris par les cadeaux répandus à profusion. Au lieu de petits matelas, sur lesquels du moins on pouvait s'étendre, on dut se contenter de couvertures; les instruments, les munitions pour les armes, surtout la pharmacie, devenue de plus en plus indispensable, furent répartis entre chacun.

L'argent aussi fut divisé en deux colis; mais il nécessitait une vigilance incessante, ceux qui en étaient chargés craignant à chaque instant d'être volés.

Le commandant avait fait prendre les devants à son interprète pour prévenir les autorités et leur demander le passage. Il n'avait eu garde d'oublier les cadeaux, terme indispensable de toute négociation. Aussi, quand les voyageurs arrivèrent à Siemlap, ils trouvèrent un logement et un repas dont ils avaient grand besoin. Leur moral commençait à s'ébranler : tant de souffrances, auxquelles venait se joindre le mauvais vouloir des autorités, étaient bien faites pour amener le découragement.

On leur avait assigné pour demeure une pagode; ils s'y trouvèrent en quelque sorte confinés, car la saison des pluies dure trois mois, et ils purent étudier les mœurs religieuses du pays. Des prières se succédaient sans interruption, pour fêter l'arrivée de ces pluies qui doivent plus tard amener la fertilité. Après plusieurs jours d'attente, le commandant reçut une lettre du roi de Xieng-Tong qui l'invitait, lui et sa suite, à se rendre chez lui et à s'y arrêter; mais cette offre mettait trop de retard dans l'expédition, il fallait revenir sur ses pas : on y renonça.

On reçut en revanche une réponse favorable du roi de Muong-You ou Xieng-Kheng, frère de celui de Xieng-Tong. Il accordait la permission de traverser ses États; mais quatre des malades de l'escorte durent rester à Siemlap, sous la garde d'un bonze dont on n'avait eu qu'à se louer jusque-là, mais qui plus tard montra une rapacité révoltante.

Les autres voyageurs, ayant enfin réussi à trouver des porteurs, se dirigèrent vers Sop-Yong, situé au confluent du Mékong et du Nam-Yong, un de ses affluents.

La beauté et la grandeur du paysage les dédommageaient en quelque sorte des fatigues que leur faisait endurer le mauvais état des routes à peine tracées, ainsi que les souffrances causées par les insectes malfaisants, tels que mouches, moustiques, pucerons ailés, qui infestaient le pays, sans compter les sangsues, qui leur mettaient les jambes en sang.

Le Nam-Yong fut traversé en barque, et l'on s'installa au village de

Sop-Yong, toujours dans une pagode. Nos compatriotes y trouvèrent des voyageurs indigènes qui vendaient de l'opium et des pierres précieuses. Ils n'étaient guère en meilleur état que les Européens. Les sangsues leur avaient aussi causé des piqûres cruelles. Le docteur Thorel put heureusement adoucir leurs maux. Ces hommes, en reconnaissance du service que le savant Français leur avait rendu, l'engagèrent vivement, lui et ses compagnons, à ne pas poursuivre leur entreprise : mais ce qu'ils purent dire et la peinture qu'ils faisaient des souffrances qui les attendaient encore n'étaient pas capables d'arrêter les hardis aventuriers. Le désir d'ajouter une page importante à l'histoire de la science et à celle de leur pays les poussait au contraire à se hâter.

Le village de Sop-Yong était si pauvre qu'il fallut renoncer à l'espoir, pour les membres de la mission, de partir tous ensemble, les porteurs faisant défaut. On se sépara donc en deux bandes : celle qui était commandée par Francis Garnier arriva la première à Ban-Passang, village situé sur un plateau et cultivé en rizières, après avoir eu à traverser des torrents et des marécages où l'on enfonçait souvent jusqu'à la ceinture. La seconde bande arriva cinq jours après.

Pendant une courte absence du commandant, qui était allé aux environs visiter un temple célèbre, des émissaires birmans vinrent s'enquérir des intentions des Européens. Ils leur apportaient l'ordre, auquel il fallut bien obtempérer, de passer par Muong-Yong. Le pays était arrosé par plusieurs cours d'eau ; il y avait même un pont sur le plus important, le Nam-Ouang. Cet indice d'une civilisation plus avancée réjouit fort les voyageurs. Les villages prenaient un aspect plus confortable, et l'architecture devenait tout à fait chinoise ; mais aussi le mauvais vouloir des autorités augmentait et leur suscitait de plus en plus d'empêchements : nos malheureux compatriotes étaient exposés à chaque instant à être forcés à revenir sur leurs pas et à redescendre le fleuve jusqu'à Saïgon sans avoir achevé la mission dont ils étaient chargés.

Mettant à profit le séjour forcé qu'ils étaient obligés de faire à Muong-You, les explorateurs continuèrent, comme précédemment, à visiter les ruines qui abondent aux environs des villages, car tous ont fait partie de pays plus ou moins puissants autrefois, et les monuments qui restent en sont la preuve. Ils trouvèrent là une pagode dont les dispositions principales leur rappelèrent les ruines d'Angkor, et à laquelle se rattachent des souvenirs historiques très anciens.

A quelques kilomètres au nord, ils découvrirent un autre jour un beau village, bien peuplé et pourvu d'un marché où l'on pouvait acheter toutes les choses nécessaires à la vie, tandis qu'au chef-lieu qu'ils habitaient le peu qu'on trouvait était hors de prix. Ils se l'expliquèrent par la présence du gouverneur, dont les exactions ruinent les marchands et la contrée. Heureux pays, où la présence des grands et des riches, au lieu d'amener comme partout la prospérité, cause la pauvreté et la misère !

Cependant le commandant retournant lui-même en arrière était allé chercher les passeports à Xieng-Tong. Le roi le reçut bien ; mais le gouverneur représentant la Birmanie voulut infliger des formalités humiliantes à M. de Lagrée, comme celle de quitter ses chaussures pour l'audience qu'il accordait. Devant le refus hautain du commandant, il se radoucit, lui donna la représentation d'un ballet, l'emmena à la chasse, et accepta de bonne grâce les présents qu'on lui offrit.

Pour le roi, dont le titre du reste n'est guère qu'honorifique, il était de meilleure composition.

Il invitait souvent le commandant à venir chez lui, se faisait parler de l'Europe, des usages français, surtout de Saïgon, de la Cochinchine française. La botanique du docteur Thorel l'intéressait vivement, ainsi que les instruments dont il se servait pour examiner les plantes. Le roi fit présent au chef de la mission d'un joli cheval, qui reçut le nom de Royal, en raison de son origine, et qui fut très utile à M. de Lagrée.

A Muong-You, à leur grand étonnement, nos compatriotes découvrirent une scierie, où plusieurs ouvriers travaillaient le bois. Plus loin même, des sauvages connus sous le nom de Docs fabriquent des couteaux, des sabres, des fusils; leur industrie a déjà un siècle d'existence. Les Chinois leur fournissent la matière première.

Le roi de Muong-You, auquel les voyageurs allèrent également faire visite, les reçut fort bien aussi. Son palais s'élevait sur un des mamelons qui dominent la ville; il donna audience à ses visiteurs dans une grande salle où le jour ne pénétrait qu'au travers de tentures de soie. C'était un jeune homme de vingt-six ans, à la figure gracieuse. Il était vêtu de satin brodé à fleurs, portait des boucles d'oreilles en rubis, et était assis sur des piles de coussins brodés d'or : un vrai prince des *Mille et une nuits*. Il daigna inviter les Européens à « chiquer » avec lui et leur adressa les paroles les plus aimables. Il les interrogea sur la France. Ce jeune homme intelligent ne supportait qu'avec impatience le joug birman. « Là où sont les Européens, disait-il, la guerre et les troubles cessent ; le commerce, les populations, augmentent. » On sentait qu'il aurait aimé à faire par lui-même l'expérience des moyens européens pour le bonheur de ses sujets.

Il aurait voulu aussi conduire en cachette le chef de l'expédition aux mines qui, paraît-il, abondent dans son pays ; mais cette démarche eût été trop dangereuse pour tout le monde. Quand il vint faire visite aux explorateurs, il était accompagné de sa famille. Les cadeaux s'échangèrent selon la coutume, et même le roi favorisa d'un petit présent tous les hommes de l'escorte, indice remarquable de l'effet qu'avaient produit sur lui les membres de l'expédition française.

Ayant repris leur voyage, traversé des rivières au courant rapide, gravi des pentes rocailleuses et difficiles, les voyageurs arrivèrent à un gros village, Muong-Long, sur les rives du Nam-Kam, affluent du Nam-Nga, affluent lui-même d'une autre rivière. On y parvenait par un pont en pierre, dont la vue excita autant de plaisir que de surprise.

On allait donc quitter les pays sauvages!

Espoir encore déçu. Au Yunnan, province chinoise, on voulait bien laisser passer des marchands, des trafiquants, mais non des officiers. D'après les ordres, les autorités de Muong-Ho (Yunnan) devaient être prévenues de la présence des étrangers qui arrivaient. Ce n'est qu'à grand'peine que M. de Lagrée parvint à lever les difficultés.

Au bout de trois jours on arrivait près de Xieng-Hong, non loin de la frontière où l'interprète attendait la mission. On retrouva là le Mékong, qu'on avait quitté depuis quelque temps, et on reconnut définitivement en cet endroit que le fleuve venait bien du Thibet et que c'était bien dans les montagnes de cette contrée qu'il prenait sa source.

La saison des pluies finissait : ce moment se célèbre par des fêtes. Des courses de pirogues sur le fleuve et des illuminations, pour lesquelles les gens du pays ne montrent pas moins de talent que les Laotiens, avaient amené tous les habitants des villages environnants.

Cependant il ne s'agissait plus de perdre du temps. Les mandarins, travaillés sous main par le gouverneur birman qui avait mis tant d'entraves à l'exploration, continuaient à montrer de la mauvaise volonté. Le commandant avait beau exhiber un à un les passeports qu'il avait reçus des différentes autorités, ceux à qui il les montrait ne reconnaissaient pas ou feignaient de ne pas reconnaître les signatures. C'est alors que le passeport ou plutôt la lettre du prince Kong au vice-roi de Yunnan fut tirée de son enveloppe avec cérémonie. Quoiqu'on ne fût pas encore en Chine, dès qu'un scribe en eut pris connaissance, tous les fronts s'inclinèrent, et on déclara que les voyageurs étaient bien des Français d'un rang élevé, et qu'on devait se mettre à leur disposition.

La réception royale eut donc lieu. Le pauvre petit souverain, costumé dans le genre de nos paillasses de la foire, parut avec cérémonie. Un chapeau chinois orné de clochettes couvrait sa tête; le reste à l'avenant.

Du reste, cette royauté était assez éphémère, les compétitions, les querelles entre les mandarins venus d'Ava, la perception inique des impôts par le gouverneur même, tout jetait ce pays dans un désordre effroyable et pouvait mettre le pouvoir royal sans cesse en question. La mission avait hâte de le quitter et de se trouver en Chine.

La route allait maintenant se poursuivre par terre ; on entrait dans une région montagneuse : descentes et escarpements se suivaient sans interruption; les villages qu'on traversait étaient sales et pauvres. Cependant on était parvenu à rassembler des porteurs en assez grand nombre, et quelques-unes de ces journées de marche furent des journées de promenade. Fidèle aux habitudes qu'elle avait prises, la caravane payait largement, ne voulant pas laisser un mauvais souvenir de son passage.

C'est ainsi qu'elle gagna le petit village de Muong-Pang, situé au fond d'une gorge et cependant élevé de onze à douze cents mètres au-dessus du niveau de la mer. Si les maisons étaient misérables, les habitants, à demi Chinois, étaient industrieux. On trouvait chez eux ces ustensiles de ménage dont la privation avait été si pénible aux explorateurs. Manger devant une table bien servie et assis sur des sièges, c'est une satisfaction banale, dont on ne sent pas la portée en Europe; mais pour de pauvres savants qui depuis de longs mois en étaient réduits à s'accroupir pour prendre leurs repas, les petites aises qu'ils trouvaient là avaient leur prix. La cordialité des habitants, hommes et femmes, vint ajouter au plaisir. Ils reprirent leur route, et virent combien déjà la transformation de l'agriculture était marquée.

Aux rizières perpétuelles qu'ils avaient vues jusque-là avaient succédé le maïs, l'ortie de Chine, plante textile, les arbres fruitiers, les légumes. La forêt avait presque partout fait place à la culture. Les animaux domestiques étaient plus nombreux et mieux traités.

Le pays était décidément et complètement chinois ; la langue laotienne n'était plus comprise. Pendant qu'on rassemblait les porteurs, Garnier lia conversation avec les habitants, à l'aide de quelques mots chinois qu'il avait appris autrefois. Les Annamites qui composaient la suite retrouvaient là comme un pays natal ; du moins ils voyaient dans chaque maison l'autel des ancêtres, comme en Cochinchine.

En beaucoup d'endroits néanmoins le pays ne présentait que des ruines ; il avait été quelques années auparavant le théâtre de la guerre faite au gouvernement par les musulmans chinois qui avaient livré la contrée au pillage.

Jusque-là cependant on n'avait pas vu de ville chinoise proprement dite. La première fut Se-Mao. Les gens du gouverneur vinrent au-devant de l'expédition, ainsi que tous les habitants. Les voyageurs faisaient pourtant mince figure. Leurs habits déchirés par la route, leurs souliers usés, ne devaient guère représenter une grande nation. Seuls les galons du commandant, quoique ternis, et la prestance digne et martiale de tous imposaient le respect. Il y avait dix-huit mois qu'ils avaient quitté Saïgon, passant par toutes les misères, la fatigue, les privations, les maladies, suites inévitables d'un voyage entrepris dans un pays que la civilisation n'avait pas encore visité, et où ils étaient presque les seuls Européens qui y eussent pénétré.

D'ailleurs les Occidentaux exercent dans ces provinces reculées un prestige inouï. Tout ce que les habitants en avaient appris : le Céleste Empire vaincu deux fois par eux, les découvertes et les inventions qu'on leur attribuait ; la vapeur, les machines, les armes perfectionnées ; l'industrie de ces barbares (c'est le nom que les Célestes donnent aux Européens) reconnue supérieure à l'antique industrie chinoise, tout enflammait leur imagination, à ce point qu'un jour un mandarin, passant adroitement derrière le commandant, lui enleva son chapeau. Questionné sur ce geste bizarre et sur cette grave infraction à l'étiquette, à laquelle les Chinois sont habituellement fort soumis, il répondit qu'il avait voulu s'assurer de l'existence de ce troisième œil que les Européens portent, dit-on, derrière la tête et qui leur sert à découvrir les trésors cachés sous terre.

Enfin ils atteignaient cette province du Yunnan, si riche en productions de toutes sortes, en mines d'or, d'argent, de pierres précieuses, en thé, en gomme, en plantes médicinales.

Les voyageurs étaient si heureux de se trouver en Chine, après avoir douté d'eux-mêmes et du succès de leur entreprise, qu'ils accueillaient tout le monde avec gaieté et entrain. Le lendemain, le mandarin qui les reçut officiellement se montra plein de bienveillance et se mit à leur disposition pour la durée de leur séjour à Se-Mao. Ce personnage avait pris part lui-même à la guerre contre les musulmans et s'appliquait autant que possible à réparer les désastres causés par la rébellion. Il déployait dans ce but une activité dont ses compatriotes donnent rarement l'exemple. Cependant il faut dire que tous ces préparatifs de guerre dont il faisait grand étalage n'étaient qu'un épouvantail bon contre des enfants. Les armes blanches ou à feu étaient de si ancienne date ou de forme si baroque que les étrangers ne pouvaient s'empêcher d'en rire.

Les envoyés français, déjà bien vus des autorités, devinrent bientôt tout à fait populaires, grâce à une circonstance qui mit en lumière les talents du docteur Joubert. Un soldat chinois ayant été blessé et laissé pour mort, le docteur entreprit de le guérir. Il y parvint. Aussitôt tous les malades, infirmes, estropiés de toute sorte, arrivèrent à la mission française ; les bénédictions se répandirent sur les médecins. Mais quand les riches, les mandarins, vinrent demander un remède contre l'opium : « Il n'y en a pas d'autre, dit le docteur, que de renoncer à le fumer. » C'est, il est vrai, un excellent remède à l'occasion, et Francis Garnier, tombé malade d'une toux opiniâtre, fut promptement guéri grâce à une prise d'opium que le mandarin chez lequel il était logé lui fit fumer.

Il ne faut pas abuser des bonnes choses.

Ayant repris des forces à Se-Mao, les voyageurs se dirigèrent vers Yunnan, capitale de la province de ce nom. Quelle satisfaction pour eux de marcher sur une route dallée et en bon état, avec des chaussures qu'enfin ils avaient pu renouveler. Ils déjeunèrent à Na-Kou-Li, village autrefois prospère et figurant sur les cartes anciennes, mais aujourd'hui ruiné. Ils y visitèrent des mines de sel. Ce fut là qu'ils abandonnèrent l'espoir de remonter entièrement le Mékong; le pays dévasté par les musulmans, qu'on craignait tous les jours de voir revenir, ne leur offrait aucune sécurité. Les autorités, du reste, devenaient plus courtoises; maintenant les voyageurs, au lieu d'offrir des cadeaux, en recevaient à leur tour; l'obligation où ils étaient de les accepter ne leur était pas agréable, mais ils ne pouvaient s'y soustraire. De plus les denrées étaient rares, le trésor fort allégé, et il leur répugnait de prendre quoi que ce fût sans le payer à de pauvres gens réduits par les musulmans à une misère lamentable.

A mesure qu'ils avançaient, le pays devenait froid. Dans cette région les femmes n'ont pas les pieds mutilés comme dans les villes; elles sont alertes et hardies : elles aident les hommes dans leurs travaux. La culture des champs était admirable; malgré les montagnes, les rochers, les torrents et la profondeur des gorges, pas un coin n'est perdu, et en plusieurs endroits les ouvrages d'art, les canaux d'irrigation, des machines portant l'eau à des hauteurs considérables, excitent l'admiration des voyageurs.

Aussi devenait-il difficile de faire des cadeaux aux gens de l'endroit; ils montraient aux nouveaux venus des longues-vues, des stéréoscopes et autres objets de provenance européenne. Les armes seules ne perdaient point leur valeur.

Voyant que le Mékong ne donnait pas aux produits du Yunnan le débouché sur lequel il avait compté, Francis Garnier pensa que le but qu'il poursuivait pourrait être atteint, du moins en partie, par un autre chemin. A quelque distance de Se-Mao, à Yuen-Kiang, on était arrivé sur les bords d'une rivière qui, elle aussi, descendait des montagnes du Thibet. Informations prises, Garnier reconnut que cette rivière, qui en cet endroit portait le nom de Ho-ti-Kiang, devait être la même que le Song-Koï ou fleuve du Tonkin. Avec l'agrément de son chef, il résolut de le descendre pendant quelque temps; mais forcé de rejoindre ses compagnons, il ne put pousser bien loin sa reconnaissance. Il acquit néanmoins la conviction, d'après ce que lui dirent les gens du pays, qu'à partir d'un point peu éloigné ce fleuve était navigable jusqu'à la mer. En retournant près de M. de Lagrée, le lieutenant fut plus d'une fois en butte à la curiosité des indigènes : curiosité si indiscrète qu'un jour Francis Garnier n'eut pas d'autre moyen de s'y soustraire que d'user du revolver. Quelques coups tirés en l'air eurent bien vite fait fuir la foule.

A Tong-Hay, la même curiosité indiscrète vint forcer les portes de la demeure mise à la disposition des Français, et il fallut encore recourir aux grands moyens. La vue des sabres-baïonnettes mis au bout des fusils jeta le désarroi parmi les assaillants. Le lendemain il en fut de même : le lieutenant Delaporte étant sorti dans la campagne pour dessiner, il se vit entouré d'une foule compacte qui voulait voir ce qu'il faisait. Les uns poussant les autres, ils en arrivèrent à une véritable bagarre, qui aurait pu mal finir, sans l'arrivée de deux membres de la mission, M. de Carné et le docteur Joubert, qui vinrent délivrer leur ami.

C'est ainsi que les moindres choses devenaient difficiles, ce dont ne peuvent se douter ceux qui ne font que lire les récits de ces hardis aventuriers.

A mesure qu'on montait vers le nord, la température se refroidissait de plus en plus. Les voyageurs n'étaient plus habitués aux rigueurs hivernales et à la neige, aussi leur semblaient-elles très dures. A Kiang-Tchouen, le thermomètre descendit à zéro, et on ne trouva qu'à grand'-peine du bois pour se chauffer.

A l'approche de Yunnan, capitale de la province, un mandarin remit une lettre au commandant, une lettre écrite en français ! Elle était du P. Protteau, missionnaire français établi dans la ville.

Quelle joie profonde pour ces malheureux, privés depuis si longtemps d'entendre les sons de la langue maternelle, que l'espoir de voir bientôt des compatriotes ! On devine quel accueil la mission reçut des bons pères.

Les autorités de la ville, les unes après les autres, tinrent à honneur de bien traiter les nouveaux venus. Entourées de tout l'appareil qu'elles pouvaient déployer, elles les reçurent en audience solennelle.

Les fonctionnaires mahométans, encore nombreux à Yunnan, malgré la révolte de plusieurs d'entre eux, ne voulurent pas être en reste et offrirent aussi à M. de Lagrée un grand repas. Ce qu'il y eut de particulier, c'est qu'ils n'y parurent point : ils observaient le jeûne du Ramadan. Les poissons laqués, les nids d'hirondelles, les queues et entrailles de poissons, furent les principaux mets du festin, auquel assistèrent de nombreux spectateurs.

Le lac de Yunnan, près duquel est située la ville du même nom, se déverse dans le Fleuve Bleu, nommé Yang-tsé-Kiang. C'est cette artère fluviale qui devait faire gagner aux explorateurs le grand fleuve chinois, qu'ils devaient descendre jusqu'à Shang-Haï pour retourner chez eux.

Cependant les ressources pécuniaires se faisaient de plus en plus réduites. Il fallut négocier un emprunt. Le P. Fenouil, de la mission apostolique, beaucoup plus au fait de la politique que le P. Protteau, mit le commandant en rapport avec le ma-ta-jen, ou fonctionnaire supérieur de la ville, qui consentit à avancer à M. de Lagrée l'argent dont il avait besoin. Il ne voulait être remboursé qu'en armes françaises, qu'on s'engagea à lui envoyer de Shang-Haï.

Cette première affaire menée à bien, il fallait décider quelle route on prendrait en quittant Yunnan. Celle de Taly était la plus courte, mais cette ville était au pouvoir des musulmans. On se décida pourtant à s'y rendre, et on s'adressa pour obtenir les recommandations nécessaires au lao-papa, qui avait une grande influence sur les musulmans de Taly et sur tous ceux du district, et qui représentait pour eux le gouvernement chinois.

Ce personnage, vieillard qui avait voyagé et qui connaissait quelques-unes des coutumes de l'Occident, se montra d'abord froissé que M. de Lagrée fût resté plusieurs jours sans lui faire visite. Quand le commandant se présenta, il lui fit dire qu'il était en prières. Le P. Fenouil arrangea l'affaire, et du reste le mécontentement ne pouvait tenir contre la curiosité de voir nos compatriotes, ces Européens extraordinaires.

Le lao-papa se disait ou se croyait savant en astronomie, ce dont les Français n'eurent garde de le détromper. Il possédait un magnifique télescope qu'il avait fait venir à grands frais de Singapour. Le maniement de cet instrument lui était inconnu, mais il n'en voulait convenir ni vis-à-vis des siens ni vis-à-vis de lui-même. Francis Garnier le fit manœuvrer, le mit au point, lui faisant croire avec courtoisie que quelque accident arrivé à la machine l'avait jusque-là empêchée de fonctionner.

La joie du lao-papa fut sans bornes. Toute l'assemblée, et elle était nombreuse, défila devant le précieux instrument.

On put alors demander au papa ce qu'on attendait de lui : des lettres pour ses coreligionnaires, lesquelles devaient donner toutes facilités aux explorateurs, tant pour effectuer leurs voyages que pour continuer leurs travaux. La mission quitta donc Yunnan.

Depuis longtemps déjà la santé de M. de Lagrée était fort mauvaise, et les travaux scientifiques auxquels il avait voulu se livrer lui avaient causé des fatigues qui, jointes à toutes celles qu'il éprouvait depuis plus de deux ans, avaient anéanti ses forces. De plus, il avait perdu Royal, l'excellent cheval que lui avait donné le roi de Xieng-Tong ; il dut prendre le palanquin, qu'il lui fallut même bientôt abandonner. Arrivé à Tay-Fou, il reconnut qu'il ne pouvait suivre la mission à Taly ; mais ne voulant pas priver ses compagnons de ce voyage, il remit ses instructions à Francis Garnier pour le remplacer, sans se douter qu'il accomplissait le dernier acte officiel de sa mission. Il gardait avec lui le docteur Joubert et donnait rendez-vous à ses compagnons à un point plus rapproché du but du voyage.

Depuis le temps de Marco Polo, nul pied européen ne s'était aventuré aussi loin de l'embouchure du Fleuve Bleu, que les Chinois appellent le Fleuve au sable d'or.

Le voyage à Taly était loin d'être facile.

Tout d'abord, quelle que fût l'énergie morale des hardis explorateurs, leur énergie physique s'épuisait de jour en jour. La neige vint augmenter leurs souffrances. Ils ne possédaient qu'un petit nombre de chevaux et étaient forcés de monter deux sur le même, ce qui provoqua les éclats de rire d'une tribu sauvage chez laquelle ils tombèrent inopinément.

A Tsang-Hi-Pa ils trouvèrent quelques chrétiens ; le signe de la croix servit de mot d'ordre pour se reconnaître ; mais les mandarins continuaient à témoigner de la mauvaise volonté aux explorateurs et à vouloir les empêcher de continuer leur route. Les marchands, d'un autre côté, les dupaient autant que possible; c'est ainsi qu'ils leur vendirent des mors cassés, des couvertures déchirées : les négociants chinois sont les premiers du monde pour ces tours de passe-passe.

Malgré le malaise qu'il éprouvait, et qui se manifestait surtout par une difficulté de respiration telle qu'il dut parfois se faire porter par son escorte, Garnier n'en continuait pas moins ses études, et le 10 février 1868 il allait visiter le confluent du Ya-long-Kiang et du Kin-cha-Kiang, qui n'est autre que le Fleuve Bleu sous un autre nom. C'était l'un des points géographiques les plus intéressants et les plus importants du voyage.

Un jeune prêtre chinois, le P. Lu, habitait un des villages situés sur leur route. Il donna quelques renseignements sur le pays et chercha, sans pouvoir y réussir, à inspirer aux Français la frayeur qu'il éprouvait quant aux mouvements insurrectionnels qui pouvaient se produire et qui auraient rendu leur voyage très dangereux.

Un missionnaire français, le P. Leguilcher, devait aussi rendre de grands services aux voyageurs. Il commença par les mettre au courant de la situation politique, qu'il ne leur peignit pas sous des couleurs de rose, ce qui ne l'empêcha pas de se décider à accompagner nos compatriotes à Taly, quelque risque qu'il courût lui-même.

Les environs de Taly présentent les plus beaux paysages que les voyageurs eussent vus depuis longtemps. La ville est bâtie sur un lac du même nom, dont les bords sont animés par de nombreux villages. La curiosité de la foule fut un peu moins bruyante qu'en Chine. Le sultan leur envoya un mandarin pour les recevoir. Le P. Leguilcher servait d'interprète. Garnier donna quelques explications sur le but de la mission, et s'excusa même sur le peu de valeur des présents qu'il pouvait offrir, mais ne consentit pas à faire les génuflexions habituelles, disant que ce n'était pas l'usage des Français, qui ne connaissaient que l'inclination de tête. On parut accepter ces explications. Le lendemain il n'en était plus de même. Le sultan non seulement ne voulait plus recevoir les voyageurs, mais il leur intimait l'ordre de sortir de la ville.

Leur qualité d'Européens sauva seule sans doute leur vie. Ils sortirent au plus vite d'un pays où, en dépit des lettres du lao-papa, leurs personnes n'étaient pas en sûreté.

A Mong-Kou, une nouvelle cruelle les attendait. Malgré les soins que lui avait prodigués le docteur Joubert, M. de Lagrée avait succombé à l'affection du foie dont il souffrait depuis longtemps.

Tous les membres restants de l'exploration se rendirent aussitôt à Tong-Tchouen, où le commandant était mort le 12 mars 1868. On lui avait élevé un tombeau dans un jardin dépendant d'une pagode. Mais craignant pour plus tard quelque profanation, on décida d'un consentement unanime qu'on emporterait le corps du chef de l'expédition, pour qu'il reposât en terre française. Les porteurs annamites s'offrirent de bonne volonté pour cette triste besogne.

Cette perte fut bien vivement sentie par les membres de la mission. Quelle douleur, en effet, ne devait pas laisser la disparition de l'homme en qui se personnifiait une entreprise engagée avec tant de dévouement à la science et à la patrie, et conduite avec tant d'énergie et d'habileté. Le caractère personnel de M. de Lagrée ajoutait encore aux regrets que causait cette perte immense. Sa bonté et sa gaieté, qui n'ôtaient rien à la fermeté de ses décisions, étaient inaltérables. Sa prévoyance avait épargné bien des privations; son habileté avait sauvé bien des fois la situation compromise. Il semblait qu'on perdît tout en le perdant. Et puis, il succombait au jour du triomphe, au moment où il allait recueillir le fruit de ses travaux!

On se décida à faire porter le cercueil à Siu-Tchéou-Fou; le trajet n'était pas aisé; mais, ce point atteint, le voyage se ferait par eau, c'est-à-dire avec toute facilité, jusqu'à une terre française.

Il était temps de repartir en effet. La mort du chef avait prouvé à l'expédition qu'elle était au bout de ses forces. Tous ses membres étaient atteints plus ou moins profondément; la fièvre les affaiblissait, la saison des pluies qui revenait forçait encore à se presser.

Francis Garnier devenait le chef de la mission. Il reçut à Tchao-Tong une lettre du mandarin militaire de Tong-Tchouen, à qui, en reconnaissance des soins et des services que ce personnage avait rendus à M. de Lagrée pendant sa maladie, il avait envoyé une excellente carabine, mais qu'il n'avait pu voir au moment du départ.

Cette lettre, en voici la traduction aussi latérale que possible :

« Aux très justes frères Ngan, Jou et Lo. (Ces noms sont la traduction chinoise des premières syllabes des noms Garnier, Joubert et Leguilcher.)

« J'ai appris par les lettres des mandarins Long-Yu-Hong et Tao-Tsin-Tsin votre heureuse arrivée à Tong-Tchouen. Je remercie Ngan-Ta-Jen de la carabine qu'il m'a fait parvenir; il m'est impossible de lui dire à quel point ce cadeau m'a été agréable. J'aurais eu le plus grand plaisir à aller visiter Son Excellence pour lui exprimer de vive voix toute ma reconnaissance; malheureusement la nécessité de m'opposer aux entreprises des rebelles me retient au milieu de mes soldats.

« Pourrai-je vous exprimer quelle vive et profonde douleur j'ai ressentie de la mort de Son Excellence l'envoyé français La (M. de Lagrée)!

Il n'a pas craint de sacrifier sa vie au bien de son pays. Sa mémoire devra rester parmi les plus illustres. Aussi ai-je appris sans étonnement que Ngan-Ta-Gen n'avait pas voulu que les restes mortels de La restassent sur une terre étrangère, et qu'il désirait les ramener dans sa patrie. J'ai donné, en conséquence, des ordres formels à Tao-Tsin-Tsin pour que celui-ci mît à votre disposition tous les soldats et tous les porteurs nécessaires. J'ai préposé un officier pour veiller sur vous pendant le reste de votre voyage : il doit s'appliquer à prévenir tous vos désirs.

« Je vous renouvelle, en terminant, tous mes regrets de n'avoir pu, à cause de mon absence, vous offrir moi-même, à votre retour à Tong-tchouen, une hospitalité digne de vous. J'espère que vous voudrez bien agréer mes excuses, et ne pas croire à une mauvaise volonté de ma part. Je vous adresse les souhaits les plus sincères pour votre santé et pour votre bonheur. Je vous salue respectueusement. Je suis, avec le cœur le plus reconnaissant, votre frère très humble.

« YANG-CHEN-TSANG. »

Le don d'un cheval noir accompagnait cette épître.

Grâce à cette lettre, le mauvais vouloir des autorités n'était plus à craindre, et la sécurité des voyageurs était complète, ce qui leur permit d'admirer le paysage, qui était des plus variés. Des plaines bien cultivées, coupées de belles rivières, réjouissaient la vue. Au village de Pou-Eul-Tou, ils éprouvèrent une joyeuse surprise : le drapeau français avait été arboré en leur honneur sur la demeure de Mgr Ponsot, vénérable prélat qui avait quitté la France sous le règne de Charles X, et n'y était jamais retourné.

La mission apostolique possédait une école fréquentée par un assez grand nombre de jeunes Célestes, et un séminaire où les jeunes Français s'exercent à la difficile étude de la langue chinoise.

Quand ils arrivèrent à Siu-Tchéou-Fou, ville importante située sur le Yang-tsé-Kiang, ils furent encore importunés par les bacheliers militaires qui y étaient réunis pour des examens ; mais quelques coups de rotin, suivis d'une charge à fond de train par les Annamites de l'escorte, en eurent raison.

On avait loué deux jonques pour descendre le fleuve : l'une destinée à l'escorte, l'autre aux officiers. La mission s'embarqua, après avoir fait ses adieux au P. Leguilcher, qui l'avait accompagnée jusque-là. On avait craint que les fonctions d'interprète qu'il avait exercées en faveur des Français lui portassent préjudice ; loin de là : avoir été pendant quelque temps dans la compagnie des « grands hommes » lui tint au contraire lieu du meilleur bouclier.

A partir de ce moment, la mission française navigua sur le Fleuve Bleu, dont les eaux, peu rapides en cette saison, coulaient entre deux rives couvertes de villes et de villages.

Les voyageurs s'arrêtèrent quelques jours à Tchong-Kin-Fou, ville importante de trois cent mille âmes environ, dont la population était loin d'être bienveillante pour les Européens. Logés chez Mgr Desflèches, vicaire apostolique du Se-Tchouen oriental, ils devaient croire qu'ils étaient en sûreté ; mais la curiosité des uns, la malveillance des autres, faillirent renouveler des scènes semblables à celles dont on a déjà lu le récit.

Trois Annamites et un matelot français avaient été laissés de garde auprès de la jonque qui contenait les restes du commandant de Lagrée. Quelques hommes de la populace ayant lancé des pierres sur le cercueil, les Annamites ripostèrent. Il s'ensuivit un combat qui, vu la disproportion du nombre, aurait pu mal tourner pour nos matelots, quand Francis Garnier fut averti de ce qui se passait. Il accourut et emmena prisonnier celui qui avait commencé la bataille. L'offense était d'autant plus grave qu'elle avait été commise contre un mort, et que les Chinois professent pour les morts une sorte de culte. Cependant, en face d'une émeute qui menaçait toute la mission, le commandant fut obligé d'user d'indulgence et relâcha son prisonnier, à la condition qu'il lui serait infligé une punition exemplaire.

Ce fut la dernière fois que nos compatriotes eurent à se plaindre des procédés des populations.

Après avoir parcouru les gorges pittoresques d'It-Chang, où le fleuve, réduit à cent mètres de largeur, bouillonne entre deux hautes murailles de rochers, et où les jonques furent assaillies par un vent violent qui les mit en péril, les navigateurs atteignirent un point où le Yang-tsé-Kiang prend un développement considérable. Ils continuèrent à le descendre pendant des jours et des semaines qui leur parurent interminables.

Enfin ils atteignirent Han-Kéou.

La meilleure hospitalité les attendait au consulat de France. Une des sensations qui causa le plus de plaisir aux voyageurs, fut celle qu'ils éprouvèrent à se coucher dans un lit garni de draps blancs, de vrais draps blancs, jouissance dont ils avaient été privés depuis deux ans.

Chacun leur fit le plus chaleureux accueil, mais ils avaient hâte de terminer leur expédition. Ils montèrent à bord du steamer américain le *Plymouth Rock*, et deux jours après ils jetaient l'ancre à Shang-Haï. La colonie française les reçut avec le plus grand enthousiasme. Pendant longtemps on les avait crus perdus ; leur retour était une occasion de faire éclater l'admiration et la sympathie de tous les gens de bien pour ces soldats du devoir qui avaient porté si loin l'honneur du nom français.

A la fin du mois de juin, les membres de la mission arrivaient à Saïgon, où le gouverneur de la Cochinchine française, le contre-amiral Ohier, fit rendre les plus grands honneurs au commandant de Lagrée, mort au champ d'honneur ! Un monument lui fut élevé dans le cimetière de la ville.

Ainsi finit cette importante expédition, commencée le 5 juin 1866, et qui revenait à Saïgon, son point de départ, le 29 juin 1868, deux ans et quelques jours après.

FIN

TABLE DES MATIÈRES

SOCIÉTÉ ANONYME D'IMPRIMERIE DE VILLEFRANCHE-DE-ROUERGUE
Jules Bardoux, Directeur.

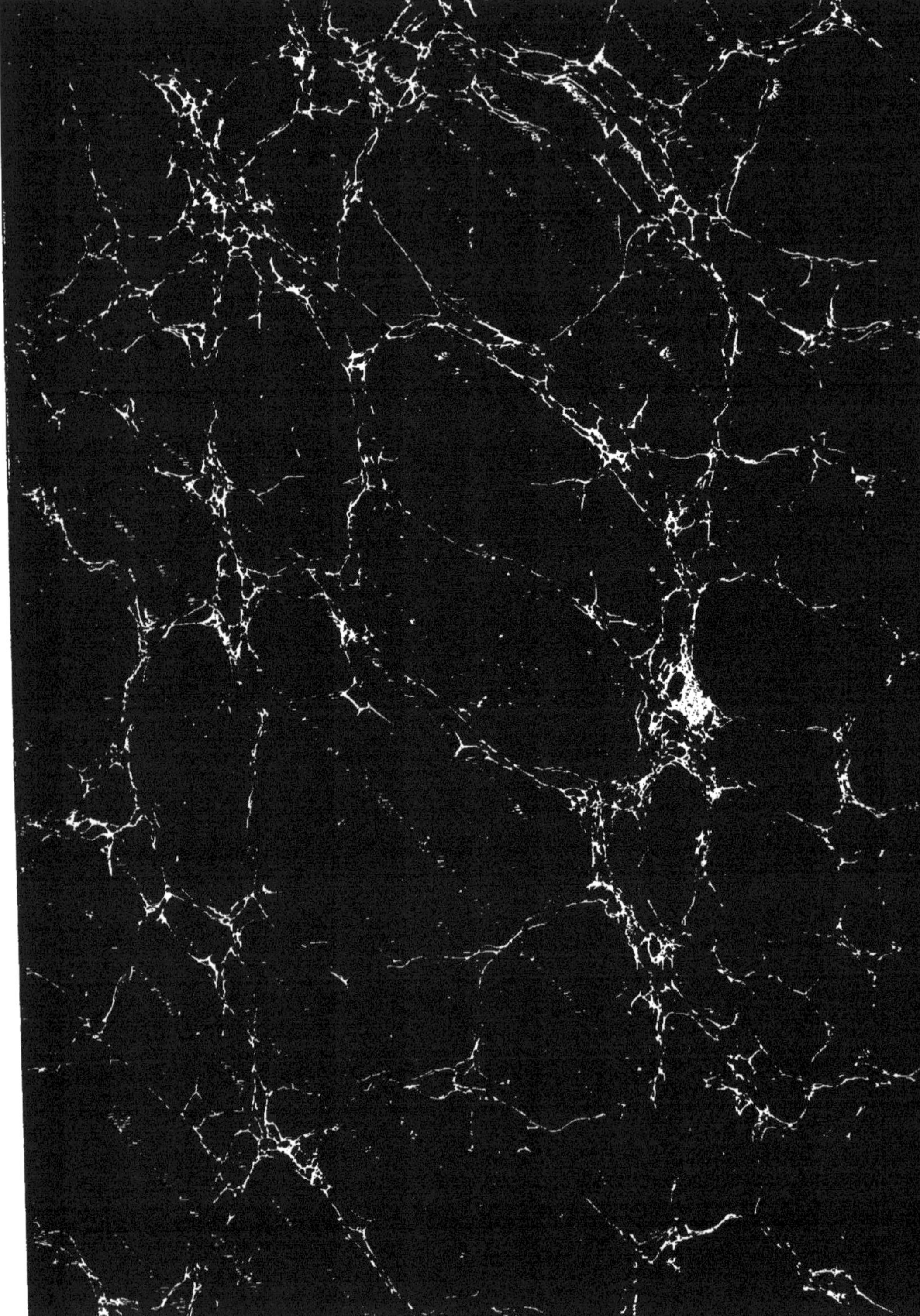

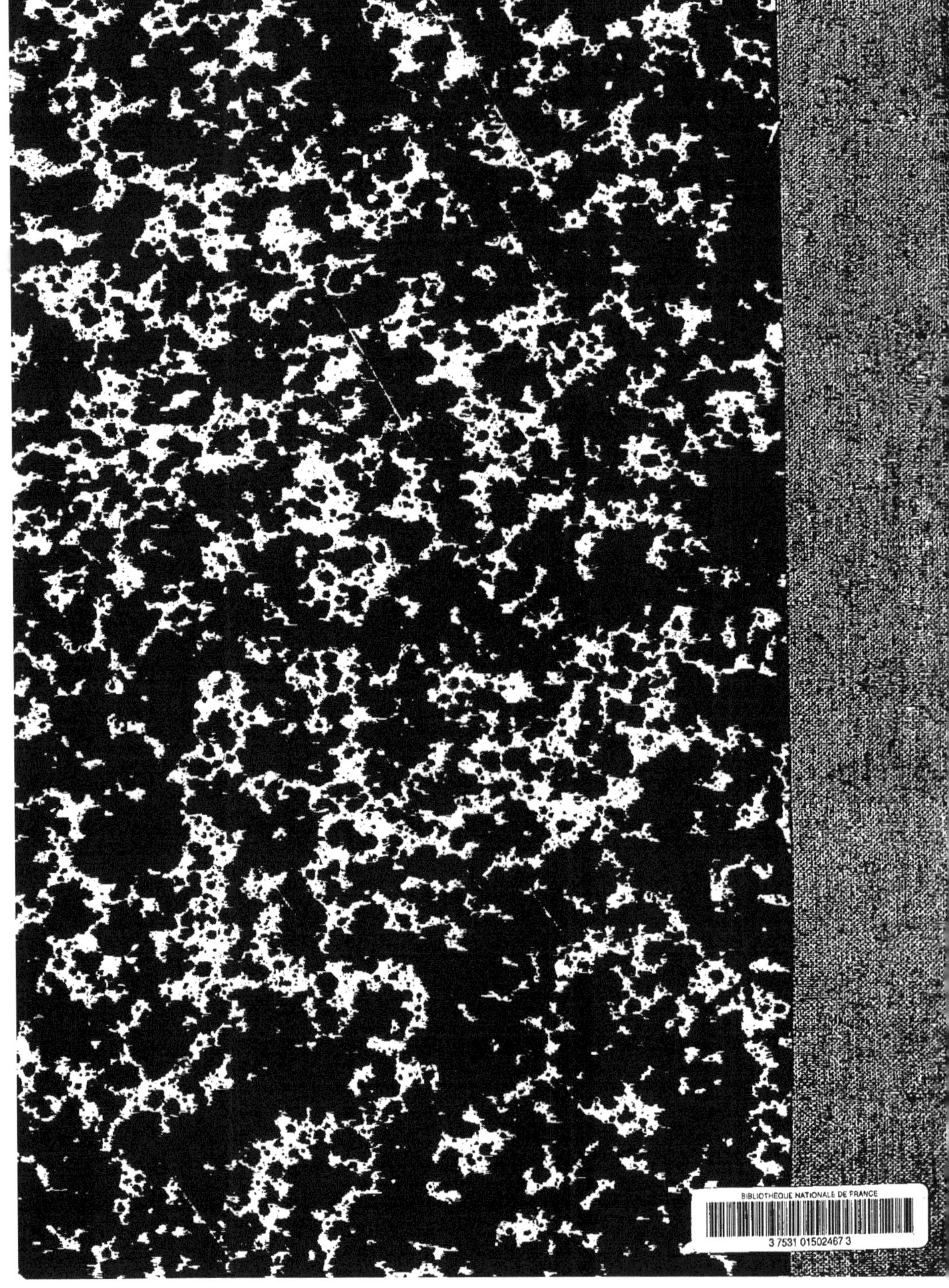

www.ingramcontent.com/pod-product-compliance
Ingram Content Group UK Ltd.
Pitfield, Milton Keynes, MK11 3LW, UK
UKHW020318200726
13857UKWH00001B/207

9 782012 996854